从零开始
Excel 电商数据分析

羊依军 三虎 编著

人民邮电出版社

北京

图书在版编目（CIP）数据

Excel电商数据分析 / 羊依军，三虎编著. -- 北京：人民邮电出版社，2022.2
（从零开始）
ISBN 978-7-115-57430-5

Ⅰ．①E… Ⅱ．①羊… ②三… Ⅲ．①表处理软件—应用—电子商务—数据处理 Ⅳ．①F713.36②TP274

中国版本图书馆CIP数据核字(2021)第198090号

- ◆ 编　　著　羊依军　三　虎
  责任编辑　赵　轩
  责任印制　王　郁　陈　犇
- ◆ 人民邮电出版社出版发行　北京市丰台区成寿寺路11号
  邮编　100164　电子邮件　315@ptpress.com.cn
  网址　https://www.ptpress.com.cn
  三河市中晟雅豪印务有限公司印刷
- ◆ 开本：787×1092　1/16
  印张：18.75　　　　　　　　2022年2月第1版
  字数：517千字　　　　　　　2022年2月河北第1次印刷

定价：79.90元

读者服务热线：(010)81055410　印装质量热线：(010)81055316
反盗版热线：(010)81055315
广告经营许可证：京东市监广登字 20170147 号

前言

进入大数据时代后,各种业务产生了海量的数据,如上百万条的用户行为数据,上千万条的销售数据等。随之而来的变化是,很多人或主动或被动地产生了想要学习数据分析的念头。不过,对绝大多数人来说,虽然知道数据分析非常重要,但学习起来却无从下手。

Excel 的数据分析功能其实非常强大,但很多人只用它来做一些简单的表格,存储一些数据,真正用它来进行数据分析的人非常少。在本书中,编者结合自己丰富的经验,帮助读者了解数据分析的本质和使用 Excel 进行数据分析的思路。

本书详细讲解使用 Excel 进行数据输入、编辑、清洗、整理、分析的方法与技巧,由浅入深地建立起数据分析的知识框架;最后通过数个实例,让读者能够在具体工作中学会数据分析。此外,本书还在最后一章中详细讲解如何撰写一份专业分析报告,以帮助读者在完成数据分析工作后,能编写出一份具有说服力、能打动受众的数据分析报告。

在基础知识章节中,每章开头均使用思维导图来说明本章知识框架,让读者对本章将要讲解的知识点和各知识点之间的关系一目了然;正文中凡涉及操作的部分,均配有大幅图片说明与清晰的操作指示,力求准确、快捷地让读者了解操作目标与操作步骤。书中还有很多有助于提升读者阅读效率的小栏目,如关键性的提示、巩固性的快速拓展等。本书使用 Excel 2019 版本进行讲解。

本书内容全面、丰富,难度深浅有序,非常适合有志于从事数据分析工作的新人阅读学习,同时也适合拥有一定经验的产品经理、运营人员、市场人员等相关从业者作为查漏补缺之用。

特别说明:书中所有数据信息仅用于帮助读者学习和练习数据分析,并无实际作用与意义。

编者
2021 年 12 月

目录

第一篇　原始数据的规范化处理

第1章　数据输入与编辑 …………… 2
- 1.1　数据类型 ………………………… 3
  - 1.1.1　常用的数据类型 …………… 3
  - 1.1.2　输入数据 …………………… 3
  - 1.1.3　设置数据格式 ……………… 4
  - 1.1.4　输入特殊符号 ……………… 6
- 1.2　快速输入数据 …………………… 6
  - 1.2.1　快速输入多个相同数据 …… 7
  - 1.2.2　快速输入多个有变化规律的数据 …………………………… 8
  - 1.2.3　批量输入多个字段相同的数据 …………………………… 10
- 1.3　导入外部数据 …………………… 13
  - 1.3.1　从 Access 数据库导入数据 …………………………… 13
  - 1.3.2　从 TXT 文档中导入数据 …… 14
  - 1.3.3　导入网页中的数据 ………… 16
  - 1.3.4　导入 Word 文档中的表格数据 …………………………… 18
- 1.4　综合案例：从网络中收集最近的物价数据 ………………………… 18
- 高手技巧 ……………………………… 23
  - 技巧1　在单元格中输入特殊的文本数据 ………………… 23
  - 技巧2　利用数字代替特殊字符 …… 24
  - 技巧3　自定义常用的填充序列 …… 24
- 动手练练 ……………………………… 26

第2章　数据清洗与格式设置 ……… 27
- 2.1　数据输入前的检查 ……………… 28
  - 2.1.1　设置数据输入选项 ………… 28
  - 2.1.2　输入提示信息 ……………… 29
  - 2.1.3　输入错误警告 ……………… 30
- 2.2　数据输入后的检查 ……………… 31
  - 2.2.1　去重检查 …………………… 31
  - 2.2.2　无效检查 …………………… 31
- 2.3　表格格式设置 …………………… 34
  - 2.3.1　重点单元格 ………………… 34
  - 2.3.2　数据条 ……………………… 36
  - 2.3.3　图标集 ……………………… 37
  - 2.3.4　隔行显示 …………………… 38
  - 2.3.5　套用单元格样式 …………… 40
  - 2.3.6　套用表格格式 ……………… 41
- 2.4　综合案例：清洗进销存数据并设置表格格式 ………………… 42
- 高手技巧 ……………………………… 45
  - 技巧1　让数字都能正确参与运算 … 45
  - 技巧2　不规范日期的整理技巧 …… 47
  - 技巧3　快速删除空白行（列）…… 49
- 动手练练 ……………………………… 50

第二篇　数据计算与呈现

第3章　数据排序、筛选与分类汇总 ………………………… 52
- 3.1　数据排序 ………………………… 53
  - 3.1.1　升序与降序 ………………… 53
  - 3.1.2　按单一条件排序 …………… 54
  - 3.1.3　按多个条件排序 …………… 55

3.2 数据筛选 ················· 56
  3.2.1 选择筛选 ············· 57
  3.2.2 条件筛选 ············· 58
  3.2.3 多列筛选 ············· 60
  3.2.4 高级筛选 ············· 61
3.3 数据分类汇总 ············· 63
  3.3.1 单重分类汇总 ········· 63
  3.3.2 多重分类汇总 ········· 65
3.4 综合案例：分类汇总部门工资并
    找出能力不足者 ·········· 67
高手技巧 ······················ 69
  技巧1 对数据进行自定义排序 ···· 69
  技巧2 对行数据进行排序 ······ 71
  技巧3 筛选出符合多个条件中
        任意一个条件的数据 ··· 72
动手练练 ······················ 73

第4章 公式与函数 ·········· 75

4.1 公式的功能与用法 ·········· 76
  4.1.1 公式的功能与应用场合 ···· 76
  4.1.2 公式的常用运算符 ······ 77
  4.1.3 输入公式 ············· 79
  4.1.4 复制公式 ············· 80
  4.1.5 引用单元格 ··········· 81
  4.1.6 跨表引用 ············· 83
  4.1.7 跨簿引用 ············· 84
4.2 函数的功能与用法 ·········· 86
  4.2.1 了解函数 ············· 86
  4.2.2 输入函数 ············· 88
  4.2.3 逻辑函数 ············· 89
  4.2.4 文本函数 ············· 91
  4.2.5 数学和三角函数 ······· 92
  4.2.6 统计函数 ············· 93
  4.2.7 日期与时间函数 ······· 95
  4.2.8 财务函数 ············· 96
  4.2.9 查找与引用函数 ······· 99
  4.2.10 其他函数 ············ 101
4.3 定义名称 ··················102
  4.3.1 名称 ··················103
  4.3.2 单元格名称 ··········· 103
  4.3.3 数据区域名称 ········· 105
  4.3.4 数据常量名称 ········· 106

  4.3.5 公式名称 ············· 107
  4.3.6 引用名称 ············· 108
  4.3.7 编辑名称 ············· 109
4.4 综合案例：使用函数分析库存
    数据 ······················ 110
高手技巧 ······················ 117
  技巧1 根据公式中错误值的
        含义解决问题 ········ 117
  技巧2 隐藏单元格中的公式 ····117
  技巧3 快速输入函数 ·········· 119
  技巧4 使用公式求值查看分步
        计算结果 ············· 120
动手练练 ······················ 121

第5章 数据透视表 ·········· 123

5.1 认识和创建数据透视表 ·······124
  5.1.1 数据透视表的功能 ······ 124
  5.1.2 数据透视表的结构 ······ 126
  5.1.3 创建一个数据透视表 ···· 128
  5.1.4 改变数据透视表的字段布局 131
  5.1.5 更新数据透视表 ······· 133
5.2 设置数据透视表字段 ········ 136
  5.2.1 自定义字段名称 ······· 136
  5.2.2 活动字段的展开和折叠 ·· 137
  5.2.3 隐藏字段标题 ········· 139
  5.2.4 删除字段 ············· 140
  5.2.5 设置字段的汇总方式 ····142
  5.2.6 更改值的显示方式 ······ 143
5.3 设置数据透视表的样式 ······ 145
  5.3.1 套用数据透视表的样式 ···· 145
  5.3.2 自定义数据透视表样式 ···· 146
  5.3.3 数据透视表与条件格式 ···· 149
5.4 筛选数据透视表中的数据 ········150
  5.4.1 通过下拉菜单筛选 ······ 150
  5.4.2 插入切片器 ··········· 153
  5.4.3 设置切片器样式 ······· 155
  5.4.4 插入日程表 ··········· 156
  5.4.5 设置日程表样式 ······· 157
5.5 数据透视图的应用 ············158
  5.5.1 创建数据透视图 ······· 158
  5.5.2 使用数据透视表创建数据
       透视图 ················ 160

	5.5.3 更改数据透视图的图表类型 …… 162		6.2.1 更改图表类型 …… 191
	5.5.4 调整数据透视图的布局样式 …… 163		6.2.2 编辑数据系列 …… 193
	5.5.5 在数据透视图中筛选数据 …… 165		6.2.3 编辑图表标题 …… 195
	5.5.6 设置数据透视图的样式 …… 168		6.2.4 编辑图例 …… 196
			6.2.5 添加坐标轴标题 …… 198
			6.2.6 设置坐标轴大小 …… 199
			6.2.7 添加数据标签 …… 200
			6.2.8 添加趋势线 …… 201
			6.2.9 添加并设置误差线 …… 202
5.6	综合案例：通过数据透视图快速发现最赚钱的商品 …… 168	6.3	创建动态图表 …… 204
			6.3.1 利用 VLOOKUP() 函数创建动态图表 …… 204
高手技巧 …… 174			6.3.2 利用控件创建动态图表 …… 206
	技巧 1 调整数据透视表中的分类汇总、总计的布局方式 …… 174	6.4	用样式美化图表 …… 208
	技巧 2 设置值字段的显示效果 …… 175		6.4.1 为图表应用样式 …… 208
	技巧 3 共享切片器，实现多个数据透视表的联动 …… 176		6.4.2 为图表应用其他颜色 …… 208
	技巧 4 用数据透视表进行数据分组统计 …… 177		6.4.3 设置图表区样式 …… 209
			6.4.4 设置绘图区样式 …… 211
			6.4.5 设置数据系列颜色 …… 212
动手练练 …… 178		6.5	综合案例：用图表展示销售额和增长率情况 …… 213
第 6 章 用数据绘制图表 …… 179		高手技巧 …… 216
6.1	了解图表 …… 180		技巧 1 快速放大图表 …… 216
	6.1.1 图表的功能 …… 180		技巧 2 将图表保存为图表模板 …… 218
	6.1.2 图表的组成 …… 181		技巧 3 巧妙制作信息图表 …… 219
	6.1.3 图表的类型 …… 182		技巧 4 用迷你图直观显示数据 …… 221
	6.1.4 3 步创建一个图表 …… 185	动手练练 …… 222
	6.1.5 使用系统推荐的图表 …… 187		
	6.1.6 为图表设置布局 …… 188		
	6.1.7 打印图表 …… 189		
6.2	编辑图表 …… 191		

第三篇　数据分析与报告

第 7 章 电商市场数据分析 …… 224	第 8 章 商业用户属性分析 …… 235
7.1 行业市场容量分析 …… 225	8.1 根据性别数据分析最佳的推广方式 …… 236
7.2 行业市场趋势分析 …… 227	8.2 分析地区用户关注度 …… 237
7.3 产品销量季节性分析 …… 229	8.3 分析用户使用不同终端的趋势 …… 238
7.4 产品搜索趋势分析 …… 231	8.4 分析用户阅读爱好 …… 239
高手技巧 …… 232	8.5 分析用户喜欢的热度关键词 …… 241
技巧 1 对数据透视表中的数据进行排序 …… 232	8.6 分析成交转化率 …… 242
技巧 2 将数据透视表转换为普通表格 …… 233	高手技巧 …… 244
动手练练 …… 233	技巧 1 在图表中实现数据筛选 …… 244
	技巧 2 将图表保存为 PDF 文件 …… 245

动手练练 ················· 245

第 9 章　进销存数据分析 ········· 247
9.1　采购货物的频次统计分析 ········ 248
9.2　销售数据同比分析 ············ 250
9.3　销售数据环比分析 ············ 254
9.4　使用移动平均法预测未来销量 ···· 257
9.5　库存数据统计 ··············· 258
9.6　库存不足自动补充提醒 ········· 259
　　高手技巧 ················· 260
　　　技巧 1　使用数据透视表进行
　　　　　　同比分析 ··········· 260
　　　技巧 2　使用数据透视表进行
　　　　　　环比分析 ············ 261
　　动手练练 ················· 263

第 10 章　薪酬管理分析 ············ 264
10.1　计算应付工资 ·············· 265
10.2　根据应发工资核算个人所得税 ··· 267
10.3　部门分类汇总统计 ··········· 269
10.4　统计实发工资的前 10 名 ······· 270
10.5　生成员工工资条 ············· 272
　　高手技巧 ················· 273
　　　技巧 1　图解 OFFSET() 函数具体
　　　　　　是如何实现偏移引用的 ··· 273
　　　技巧 2　两种快速替代函数中的
　　　　　　逻辑值参数 FALSE 的
　　　　　　方法 ··············· 274
　　动手练练 ················· 274

第 11 章　撰写专业数据分析报告 ···· 275
11.1　了解数据分析报告 ··········· 276
　　11.1.1　数据分析报告的几个撰写
　　　　　　要点 ··············· 276
　　11.1.2　数据分析报告的类型 ····· 277
　　11.1.3　数据分析报告的结构 ····· 279
11.2　用 Word 编写数据分析
　　　报告 ··················· 280
　　11.2.1　封面页 ··············· 280
　　11.2.2　目录页 ··············· 281
　　11.2.3　前言页 ··············· 282
　　11.2.4　正文部分 ············· 283
　　11.2.5　结论与建议部分 ········ 284
　　11.2.6　附录部分 ············· 285
11.3　用 PPT 制作数据分析报告 ····· 285
　　11.3.1　封面页 ··············· 286
　　11.3.2　目录页 ··············· 286
　　11.3.3　标题页 ··············· 286
　　11.3.4　内容页 ··············· 287
　　11.3.5　结束页 ··············· 288
　　高手技巧 ················· 289
　　　技巧 1　在 Word 文档中使用
　　　　　　Excel 文件 ·········· 289
　　　技巧 2　在 PPT 中使用 Excel
　　　　　　文件 ··············· 290
　　动手练练 ················· 292

第一篇
原始数据的规范化处理

数据是进行数据分析的原始材料,也是决定数据分析质量的关键所在。确定好数据分析的目的后,就要开始收集数据了。Excel中的数据主要来自输入和导入两种方式。获取到的原始数据一般是不能直接用于数据分析的,还需要进行规范化处理。这期间需要用到数据编辑、数据清洗、数据格式设置的相关技巧。本篇就将介绍如何规范化数据,从根源上提高数据分析的质量。

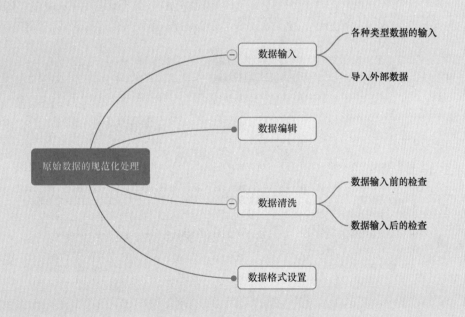

第1章

数据输入与编辑

数据输入与编辑的高效方法都在这里！

本章导读

要进行数据分析，首先要有原始数据。这些数据可以手动输入表格，也可以从其他地方导入表格。通常需要将原始数据编辑、整理为规范的数据，才能对其进行分析，否则分析结果会有较多错误。

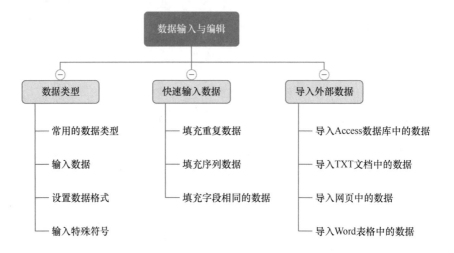

1.1 数据类型

Excel 中最基础的操作就是输入数据。Excel 中可以保存多种类型的数据，为了保证后续数据分析能顺利进行，在制作、收集数据初期，应该保证数据类型的正确性。本节就介绍数据的类型和具体输入方法。

1.1.1 常用的数据类型

Excel 中常用的数据大致可以分为数值、文本、日期/时间、公式/函数 4 种类型。只要掌握它们，就能解决大部分的难题。

- **数值**。用于表示数字数据，如 "123" "4.56" 等，常用于计算、统计。数值型数据还可以设置小数位数和使用千位分隔符等。
- **文本**。除数值型数据之外的字母、汉字、阿拉伯数字，以及其他符号等，例如，"商品" "姓名" 等。在表格中输入文本可以说明表格中的其他数据。
- **日期/时间**。用于表示日期或时间的数据，它们的表现形式比较多样，如日期型数据的表现形式有 "2021 年 2 月 13 日" "2021/2/13" "2021-2" 等，需要按 "年-月-日" 或 "年/月/日" 格式输入。时间型数据的表现形式有 "13:50" 等，需要按照 "时:分" 或 "时:分:秒" 格式输入。
- **公式/函数**。在 Excel 中，要计算和处理各类数据，需要在单元格中输入公式或函数。输入时全部要用半角英文符号，并从等号开始输入。

> **小提示**
>
> 需要注意的是，Excel 中有一些阿拉伯数字、日期与时间等虽然看起来和普通的数值型、日期/时间型数据无异，但它们实际上属于文本型数据，是不能参与计算的。还有，当输入数字的位数超过 11 位时，Excel 会自动以科学记数格式显示输入的数字，如输入的 "123456789123" 会在单元格中显示为 "1234567E+11"。此时需要将数据类型修改为文本型，才能正常显示输入的数据。

1.1.2 输入数据

所谓焦点单元格，就是当前能接收输入数据的单元格。单击某个单元格，此单元格就是当前的焦点单元格，输入的内容会自动保存在焦点单元格中，输入完成后按【Enter】键或单击其他单元格即可转换到其他焦点单元格中。

实战操作：打开一个空白的 Excel 文档，在 A1 单元格中输入文本型数据 "月份"（图 1-1）。

图 1-1

> **小提示**
>
> 在单元格中输入内容后,按【Tab】键,焦点将从当前单元格转移到右侧的单元格;按【Enter】键,焦点将从当前单元格转移到下方的单元格;按【Shift+Enter】组合键,焦点不变,仍然在当前单元格。

> **快速拓展**
>
> 尝试在单元格中输入"123""01""参考""2021-9-8""="123"&"准备好"",看看它们分别显示为什么效果。

1.1.3 设置数据格式

在默认情况下输入的数字和文本都采用常规数据格式,即没有任何特定格式。实际上,在 Excel 中可以为不同类型的数据设置不同的数据格式,如日期型数据有对应的日期格式、文本型数据有对应的文本格式。而数值型数据是 Excel 中的主要数据类型,也是实际工作中需要进行计算和分析的主要对象;Excel 中数值型数据的格式种类也最多,如数值、货币、会计专用、百分比、分数、科学记数和文本等。

1. 常见数据格式详解

在"设置单元格格式"对话框的"数字"选项卡中可以设置数据格式,只需要在左侧的列表中选择不同的数据格式。表 1-1 所示为常见数据格式的效果。

表1-1

数据格式	简介	示例
数值	设置为该格式后,还可以设置小数位数、负数显示格式和是否显示千位分隔符等	35,229.00 -35229.00 0.352
货币	在数据的前面显示货币符号,在数据中显示千位分隔符,还可设置小数位数,示例中的货币符号分别是人民币、美元和欧元	¥35,229.00 $35,229.00 €35,229.00
会计专用	在会计学中使用的数字格式,在数据中显示千位分隔符,还可设置小数位数,会自动对齐每列数据的货币符号和小数点	¥ 35,229.00 ¥-35,229.00
日期	用来显示某个日期的数据格式	1985年6月3日 1985/6/3 6月3日
时间	用来显示某个时间的数据格式	13:05 1:05 PM 13时05分
百分比	将数据显示为百分数形式	46% 45.7% 45.68%
科学记数	将数据显示为科学记数形式,适用于数字较长的情形	4.57E+04 -4.57E+04 4.57E-01 4.57E+00
文本	主要用于描述类字段,也可将不参与计算的数字设置为文本格式	销售量 经理办公室

> **小提示**
>
> 货币格式和会计专用格式的数据显示效果非常相似,都会在数据的前面显示货币符号。然而,它们的币种符号位置是有所不同的,货币格式数据中的币种符号是和数字连在一起靠右显示的,而会计专用格式数据中的币种符号靠左,数字靠右。

2. 设置数据格式

有时候需要为数据设置一些特殊格式,例如为表示价格的数据添加货币符号,保留某些数字小数点后 2 位等(图 1-2)。

图 1-2

实战操作:打开下载的"Excel 练习文档"中的"1-1 设置数据的格式.xlsx"表格,将表格中 C2 单元格的数据设置为含两位小数的货币格式(图 1-3)。

图 1-3

> **小提示**
>
> 在"设置单元格格式"对话框中,可以将数据设置为常见格式,并对具体的选项进行调整,大家可以尝试一下,这里就不详述了。此外,"开始"选项卡的"数字"组中也提供了一些按钮和下拉菜单,用于设置常见的数据格式、调整数据的小数位数等,非常方便。

> **快速拓展**
>
> 尝试在单元格中输入 -45678.00 | $0.5 | ¥-45,678.00 | 46% | 4.57E+02 | 2015年12月8日 | 3:45 PM,看看哪些内容可以直接输入,哪些内容需要设置数据格式才能输入。

1.1.4 输入特殊符号

在制作表格的过程中有时需要插入特殊符号，这些特殊符号有些可以通过键盘输入，有些无法在键盘上找到与之匹配的键位。此时可从 Excel 的"插入"选项卡入手，如在表格中插入★以表示不同的星级就是一个典型的例子（图1-4）。

图1-4

实战操作：打开下载的"Excel 练习文档"中的"1-3 输入特殊符号.xlsx"表格，在"星级符号"列中插入★（图1-5）。

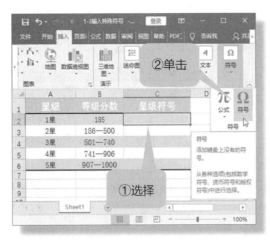
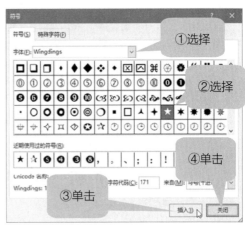

图1-5

小提示

如果需要在单元格中连续插入多个特殊符号，可以在"符号"对话框中单击要插入的符号，每单击一次"插入"按钮，就会插入一个所选符号，在该过程中还可插入其他符号，完成后单击"关闭"按钮关闭对话框。

快速拓展

尝试在单元格中插入 ✈、✂、☎、⌛、❸、🕷、▶、⊘ 等特殊符号。

1.2 快速输入数据

当需要输入具有重复性或具有一定规律的数据时，可以利用一些技巧让操作事半功倍。

1.2.1 快速输入多个相同数据

在制作表格的过程中，有时要输入一些重复的数据，根据这些数据所在单元格位置是连续还是不连续的，有两种不同的快速输入方法。

1. 为不连续的多个单元格输入相同数据

要为不连续的多个单元格快速输入相同数据，需要借助【Ctrl+Enter】组合键。例如，员工档案表的"性别"列中只有"男"和"女"两种数据，存在很多重复项，但是具体输入"男"还是"女"需要根据实际情况来定，一般不是连续的（图1-6）。

图1-6

实战操作：打开下载的"Excel练习文档"中的"1-4 重复填充.xlsx"表格，快速输入表格中"性别"列的数据（图1-7）。

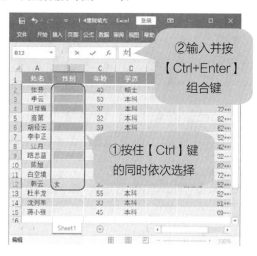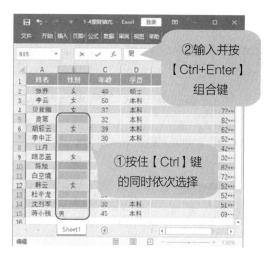

图1-7

2. 为连续的多个单元格输入相同数据

如果需要在连续的多个单元格中快速输入相同的数据，通常采用拖动填充控制柄的方法进行输入。填充控制柄的使用方法：将鼠标指针移动到选中的单元格的右下方，出现十字形符号时拖动，就可以完成填充操作。例如，员工档案表中的部门数据如果是一段一段集中显示某个部门的名称，就可以通过拖动填充控制柄实现快速输入（图1-8）。

图1-8

实战操作：在"1-4 重复填充.xlsx"表格中，利用填充控制柄在"部门"列中快速输入数据"销售部"（图1-9）。

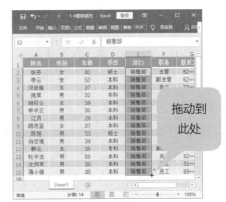

图1-9

> **快速拓展**
>
> 看看该表格的"学历"和"职务"列中的内容有哪些重复项，尝试快速制作两列相同的数据。

1.2.2 快速输入多个有变化规律的数据

工作中常常需要在表格中输入连续的编号、日期等具有某种变化规律的数据，此时也可以通过拖动填充控制柄来完成数据的快速输入。

1. 输入序列数据

工作中经常需要输入编号"1、2、3、4……"，这类有规律的数据通过拖动填充控制柄就能快速输入（图1-10）。

图1-10

实战操作：打开下载的"Excel 练习文档"中的"1-5 序列填充.xlsx"表格，在"编号"列中输入常见的编号"1、2、3、4……"（图1-11）。

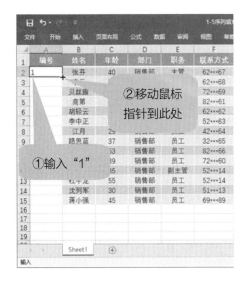 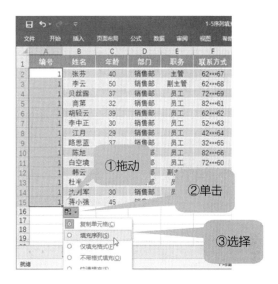

图 1-11

小提示

按住【Ctrl】键后，将鼠标指针移动到填充控制柄处，此时填充控制柄右下方会出现一个小的加号，之后再拖动填充控制柄，就可以直接进行序列填充。

2. 复制序列数据

有些内容需要按照一定规律重复显示，在记录这类数据时，可以通过拖动填充控制柄来重复填充某个已有的序列数据。例如，值班表中需要重复填充星期一至星期五（图1-12）。

图 1-12

实战操作：在"1-5 序列填充.xlsx"表格的"值班日"列中输入重复的"星期一"到"星期五"数据（图1-13）。

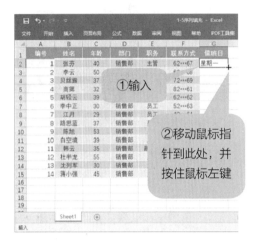
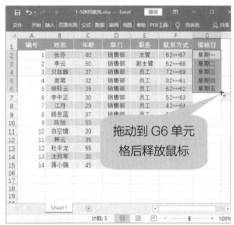

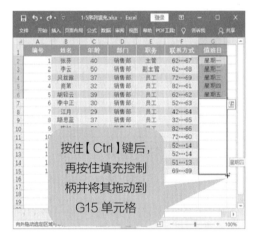

图 1-13

小提示

要让 Excel 重复填充其他内容，也可以先在单元格中输入一个周期的数据，然后选择这些单元格，拖动填充控制柄进行填充。例如，输入"香皂""肥皂""牙膏""牙刷"，然后选择这 4 个单元格，按住【Ctrl】键拖动填充控制柄即可快速输入多个同样的数据。

快速拓展

1. 尝试在"编号"列中输入"XX001"格式的序列，看看显示结果是否为需要的效果。
2. 尝试在表格中输入"1、3、5、7……""1、2、4、8、16、32、64、128、256、512、1024"。
3. 在一个工作表的 A1 单元格中输入"1"，在 B1 单元格中输入"星期一"，分别在按住【Ctrl】键和不按住【Ctrl】键的情况下拖动填充控制柄进行填充，观察二者在结果上的区别。

1.2.3 批量输入多个字段相同的数据

Excel 中有一项"记录单"功能，如果我们需要手动输入多个数据，且数据的字段相同，就可以使用该功能，既简单又方便。不过，Excel 2019 将"记录单"功能隐藏起来了。

1. 将"记录单"功能添加到选项卡

早期 Excel 版本的"记录单"功能方便实用，但 Excel 2019 的默认选项卡中没有提供"记录单"功能，需要手动将其添加到选项卡。添加操作非常简单，具体如下。

实战操作：将"记录单"按钮添加到"插入"选项卡的新建组中（图1-14）。

图1-14

2. 使用"记录单"功能输入数据

常见的表格第一行都是表头内容（用于对每一列数据的性质进行描述），对应着一列一列的数据记录。这类表格就非常适合使用"记录单"功能来完成数据的输入。例如，项目跟踪表中需要记录的每条数据包含的内容都是"类别""项目""开始日期""完成日期""责任人"，此时就可以使用"记录单"功能进行批量输入（图1-15）。

类别	项目	开始日期	完成日期	责任人
101	A807	2019/3/5	2020/10/25	李云
102	A808	2019/5/1	2019/12/26	张小强
102	A809	2019/6/3	2019/11/22	胡龙
106	A810	2019/7/10	2022/10/28	王思科
104	A811	2019/7/15	2020/11/29	章裕
101	A812	2019/8/10	2021/1/30	李云
101	A813	2019/9/20	2021/5/30	路小雨

图 1-15

实战操作：在一个空白工作表的 A～E 列中输入表头后，再利用"记录单"功能输入项目跟踪表中的多条数据记录（图 1-16）。

图 1-16

> **小提示**
>
> 使用"记录单"功能时，必须先在 Excel 中准备好要输入表单的表头，然后将所有表单部分选中，这样做的目的是"告诉" Excel 要制作的表单包含哪些字段。所以，在选择表单区域时一定要保证输入的表头在该区域的第一行。在记录单对话框中单击"新建"按钮即可追加一条记录；单击"上一条"或"下一条"按钮，可以滚动预览、核对或修改记录中的数据；单击"条件"按钮，可以在相应的字段中输入查询条件进行查询。

> **快速拓展**
>
> 1. 在 Excel 中准备好要输入表单的表头,将所有表单部分选中后,在搜索栏中输入"记录单",也可以开启"记录单"功能。
> 2. 尝试用"记录单"功能制作"Excel 练习文档"中的"1-4 重复填充.xlsx"表格。

1.3 导入外部数据

在实际工作中,除了可以直接输入数据以外,还可以导入一些外部数据,如数据库中的数据、保存为其他形式的数据文件,以及从网络中收集到的数据等。

1.3.1 从 Access 数据库导入数据

Access 主要用于数据库的制作与管理,在 Access 中制作的数据可以直接导入 Excel 使用。在记录大量数据时,一般都使用 Access,等到需要分析处理数据时,再将数据导入 Excel 中即可(图 1-17)。

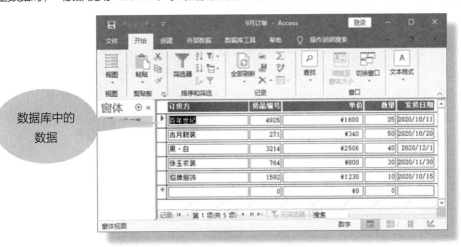

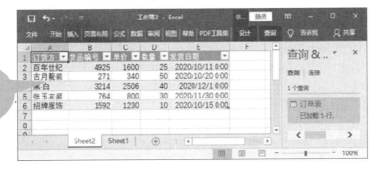

图 1-17

实战操作:打开下载的"Excel 练习文档"中的"1-7Access 数据库.accdb"文件,将订单数据导入 Excel(图 1-18)。

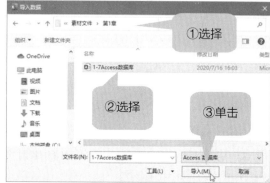

图 1-18

1.3.2 从 TXT 文档中导入数据

TXT 文档是常用的文本文档，有时也会用它来记录数据。TXT 文档中的数据可以作为数据源导入 Excel。在导入之前先打开文档，查看一下数据结构是否符合导入条件。

在 TXT 文档中记录数据时，每列数据之间常常会用空格、制表符、逗号等隔开。只要有 Excel 可以理解的分隔符号，就可以直接将 TXT 文档中的数据导入 Excel。在库存表格中，数据之间以制表符（按【Tab】键产生的空格）作为分隔符，这样的数据就可以导入 Excel（图 1-19）。

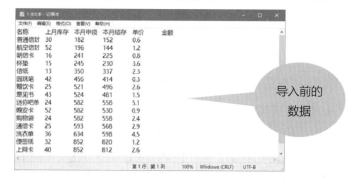

图 1-19

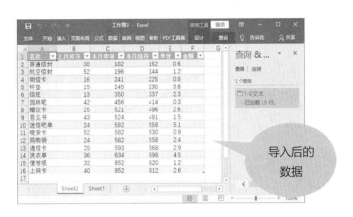

图 1-19（续）

实战操作：打开下载的"Excel 练习文档"中的"1-8 文本.txt"文件，将库存数据导入 Excel（图 1-20）。

> **小提示**
>
> 进入第 3 步的导入界面时，由于系统自动选择的文件原始格式不对，会出现乱码，因此这里选择"无"格式，直接采用 TXT 文档中的格式。在"分隔符"下拉菜单中根据文本特点选择合适的分隔符号，才能让下方的预览数据正常显示，这里 Excel 自动选择了"制表符"选项。

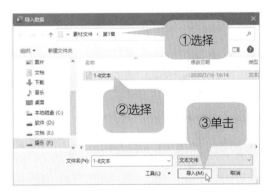

图 1-20

图 1-20（续）

> **快速拓展**
>
> 尝试通过单击"数据"选项卡的"获取和转换数据"组中的"获取数据"按钮，在弹出的下拉菜单中选择"自文件"–"从文本/CSV"命令来导入文本数据。

1.3.3 导入网页中的数据

现在的网络如此发达，收集数据的时候不能忘了网络。如果在某个网页中找到了需要的数据，记录下网址，将其导入 Excel 即可。例如国家统计局官网上就有很多官方的权威数据，将这些专业数据导入 Excel，然后对数据格式稍加调整就可以进行分析了（图 1-21）。

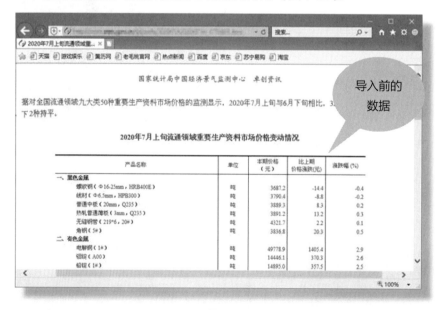

图 1-21

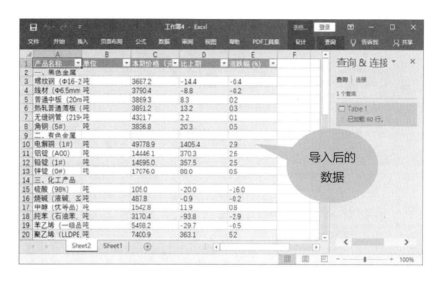

图1-21(续)

实战操作:将国家统计局官网上近期生产资料市场价格变动网页中"table 1"表格内的数据导入Excel(图1-22)。

图1-22

小提示

在导入网页中的数据时,系统会自动识别输入的网址中的所有表格数据,此时用户需要选择具体导入哪个表格的数据。

快速拓展

看看网络上都有哪些表格数据是你平时需要的,尝试将它们导入 Excel。

1.3.4 导入 Word 文档中的表格数据

有些时候,我们会直接在 Word 文档中插入表格,如果要将这些表格导入 Excel 使用,最便捷的方法便是"复制、粘贴"。

实战操作:打开下载的"Excel 练习文档"中的"1-10Word 表格.docx"文件,将第一个表格的内容复制到 Excel 中(图 1-23)。

图 1-23

快速拓展

尝试使用【Ctrl+C】和【Ctrl+V】组合键将该文档中的第二个表格复制到 Excel 中。

1.4 综合案例:从网络中收集最近的物价数据

想要了解最近的物价数据,只需要从网上找到想要的数据并将其导入 Excel,再进行数据格式的整理即可(图 1-24)。

图 1-24

实战操作：新建一个空白工作簿，并导入"中国统计数据"网页中最近的全国物价指数数据，为方便后期进行数据分析，对所有数据格式进行整理。

1. 导入网页数据

在网上找到含有所需数据的网页，并将其中的"以上年同期价格为 100"表格导入 Excel（图 1-25）。

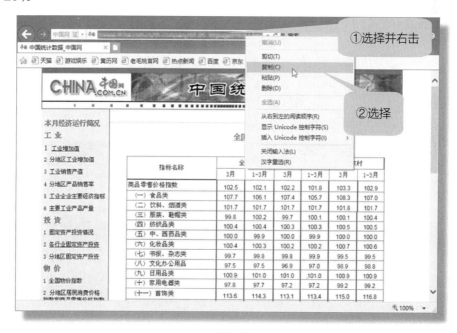

图 1-25

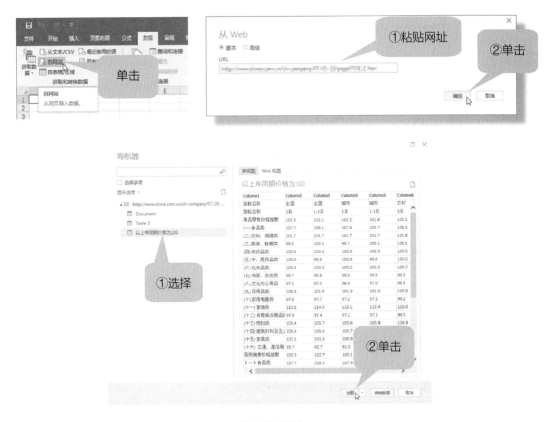

图1-25（续）

2. 编辑表格中的内容

从网页中导入的数据往往会因为数据格式不正确，从而影响后续的分析结果。所以，导入数据后最好将其设置为无格式，再为其设置合适的数据格式。在制作表格数据时，不仅要求数据内容严谨，还应适当美化，如设置单元格内容的对齐方式，表格数据的字体、字号、颜色等。

本例先将导入的数据以无格式的方式粘贴到空白工作表，然后删除多余的表头（目前的第一行），并对真正的表头内容（目前的第二行）进行加粗和居中显示设置。之后对第一列的宽度进行调整，使之能够完整显示最长的指标名称。最后分别合并B2与C2、D2与E2、F2与G2单元格，因为它们的内容是相同的（图1-26）。

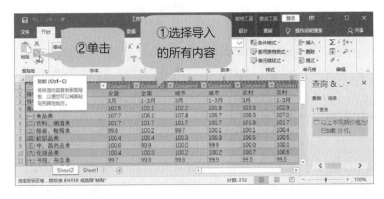

图1-26

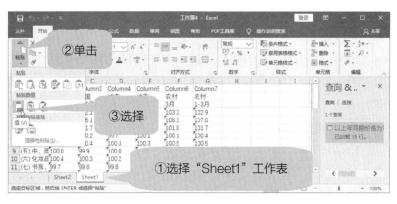
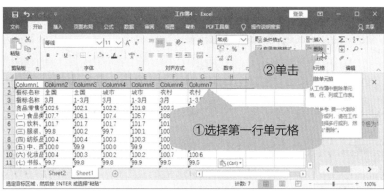
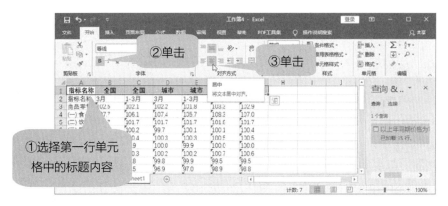
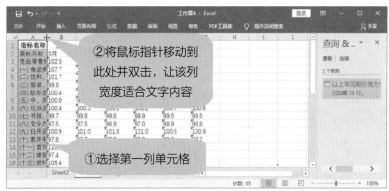

图 1-26（续）

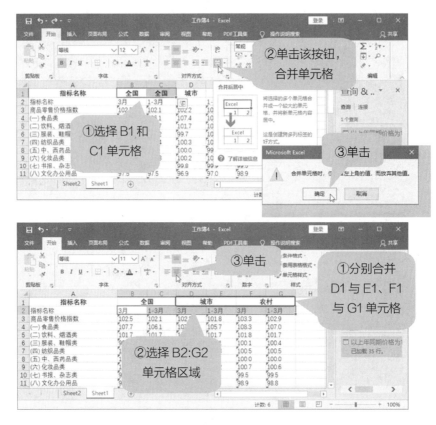

图 1-26（续）

3. 设置工作表名称

为了便于管理数据，可以为各个工作表设置合适的名称。这里将"Sheet2"工作表改名为"导入数据"，将"Sheet1"工作表改名为"全国物价指数"（图 1-27）。

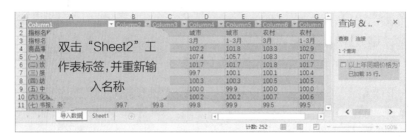

图 1-27

高手技巧

技巧 1　在单元格中输入特殊的文本数据

前面介绍的格式设置方法都是在输入数据后再进行设置，但有一些数据比较特殊，必须在输入前就为其设置合适的数据格式，才能保证数据的正确性。

例如，要在表格中输入以"0"开头的数据，如 01、02 等，如果直接输入编号"01"，按【Enter】键后数据将自动变为"1"，即使再设置数据格式为文本型，也仍然显示为"1"。

另外，当输入数字的位数超过 11 位时，Excel 会自动以科学记数格式显示；而且，当输入数字的位数超过 15 位时，Excel 会将 15 位以后的数字变为"0"。而我们的第二代身份证号码有 18 位，如果直接将其输入 Excel，就会导致最后 3 位数字信息丢失。如输入"123456198307262210"，单元格中将显示为"1.2345E+17"，编辑栏中将显示为"123456198307262000"。

对于这类特殊数字，我们需要将其以文本格式进行保存，并且要在输入具体数据前就设置好数据格式。除了可以用前面介绍的方法设置文本型数据格式外，还可以在输入具体的数据前先输入英文状态下的单引号"'"，让 Excel 直接将其理解为文本格式的数据。

实战操作：打开下载的"Excel 练习文档"中的"1-15 技巧 1.xlsx"表格，输入以"0"开头的学号和 18 位的身份证号码（图1-28）。

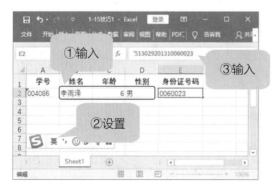

图 1-28

技巧 2 利用数字代替特殊字符

Excel 中的数据格式功能非常强大,用户可以通过设置包含判断条件的格式代码,让其他人在输入数据时,将数据自动显示为指定的字符。例如,要在单元格中输入"√"符号,就可以用一个数字来代替。

实战操作:打开下载的"Excel 练习文档"中的"1-16 技巧 2.xlsx"表格,通过设置让输入的"1"自动被替换为"√"符号(图1-29)。

图1-29

技巧 3 自定义常用的填充序列

前面介绍了等差序列和等比序列的填充方法,如果想填充特殊的序列,例如一年四季、十二生肖、二十四节气等,只需要通过"序列"对话框来自定义填充序列,就可以让 Excel 识别出填充数据时需要替换的数据。

实战操作：打开下载的"Excel 练习文档"中的"工作簿 7"表格，通过设置让 Excel 完成十二生肖的自动填充（图 1-30）。

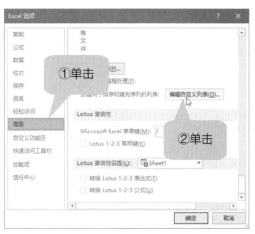

图 1-30

动手练练

新建一个空白工作簿，按照图 1-31 所示的效果输入表格内容，并在输入过程中思考哪些内容可以通过什么样的方法来提高输入效率。

	库存 ID	名称	描述	单位价格	在库数量	库存价值	续订水平	续订时间(天)	续订数量	是否已停产?
	IN0001	项目 1	描述 1	¥51.00	25	¥1275.00	29	13	50	
	IN0002	项目 2	描述 2	¥93.00	132	¥12276.00	231	4	50	
	IN0003	项目 3	描述 3	¥57.00	151	¥8607.00	114	11	150	
	IN0004	项目 4	描述 4	¥19.00	186	¥3534.00	158	6	50	
	IN0005	项目 5	描述 5	¥75.00	62	¥4650.00	39	12	50	
	IN0006	项目 6	描述 6	¥11.00	5	¥55.00	9	13	150	
	IN0007	项目 7	描述 7	¥56.00	58	¥3248.00	109	7	100	是
	IN0008	项目 8	描述 8	¥38.00	101	¥3838.00	162	3	100	
	IN0009	项目 9	描述 9	¥59.00	122	¥7198.00	82	3	150	
	IN0010	项目 10	描述 10	¥50.00	175	¥8750.00	283	8	150	
	IN0011	项目 11	描述 11	¥59.00	176	¥10384.00	229	1	100	
	IN0012	项目 12	描述 12	¥18.00	22	¥396.00	36	12	50	
	IN0013	项目 13	描述 13	¥26.00	72	¥1872.00	102	9	100	
	IN0014	项目 14	描述 14	¥42.00	62	¥2604.00	83	2	100	
	IN0015	项目 15	描述 15	¥32.00	46	¥1472.00	23	15	50	
	IN0016	项目 16	描述 16	¥90.00	96	¥8640.00	180	3	50	
	IN0017	项目 17	描述 17	¥97.00	57	¥5529.00	98	12	50	是
	IN0018	项目 18	描述 18	¥12.00	6	¥72.00	7	13	50	
	IN0019	项目 19	描述 19	¥82.00	143	¥11726.00	164	12	150	
	IN0020	项目 20	描述 20	¥16.00	124	¥1984.00	113	14	50	
	IN0021	项目 21	描述 21	¥19.00	112	¥2128.00	75	11	50	
	IN0022	项目 22	描述 22	¥24.00	182	¥4368.00	132	15	150	
	IN0023	项目 23	描述 23	¥29.00	106	¥3074.00	142	1	150	是
	IN0024	项目 24	描述 24	¥75.00	173	¥12975.00	127	9	100	
	IN0025	项目 25	描述 25	¥14.00	28	¥392.00	21	8	50	

图 1-31

第 2 章

数据清洗与格式设置

这样做让数据清洗更快、更有效!

本章导读

所谓数据清洗就是对数据进行规范化。在进行数据分析前,一定要对原始数据进行清洗,才能保证数据分析的正确性。数据清洗一般分为数据输入前的检查和输入后的检查。此外,还可以对表格进行一定的格式设置,以提高数据的可阅读性和美观度,对后续的数据分析也有帮助。

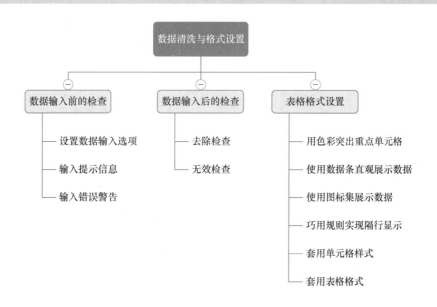

2.1 数据输入前的检查

为了确保数据分析的质量，可以对输入表格的数据进行有效性检查，这样既能事先提醒用户该单元格对输入数据的要求，又能在用户输入无效信息时，弹出相应的提示或警告信息（图2-1）。

关于输入数据的提示信息　　　数据输入出错警告

图 2-1

2.1.1 设置数据输入选项

"数据验证"功能最重要的作用就是可以通过设置数据输入选项来限制输入数据的范围，包括对输入数据的类型和输入值的具体范围进行设置，从而减少输入错误。

1. 数据验证的多种条件

有些单元格对输入的数据有格式或范围方面的要求，例如，记录年龄的单元格只允许输入正整数，或记录国庆值班表的时间的单元格只允许输入10月1日到10月7日之间的日期等。如果输入的数据不能通过预设条件的验证，就会被判定为无效数据。

Excel根据各种输入要求，制定了多种数据验证条件。它们都需要在"数据验证"对话框的"设置"选项卡中进行设置。操作方法也很简单，只需要在"允许"下拉菜单中选择不同的数据类型，并进一步设置允许范围即可。表2-1所示为可以设置的多种数据验证条件。

表 2-1

数据类型	简介
任何值	设置为该格式后，可以在单元格中输入任何数据类型的内容
整数	设置为该格式后，还可以在"数据"下拉菜单中设置数据的条件是"介于""等于""大于"或"小于"等，并可以设置具体的数据比对值。此后，就只能在单元格中输入符合条件范围的整数了
小数	与整数的设置方法相似，设置完成后就只能在单元格中输入符合条件范围的小数了
序列	设置为该格式后，可以在"来源"文本框中输入单元格中允许输入的多个内容，各内容之间需要用英文逗号隔开，如"男,女"。此后，选择单元格时就会看到这个序列的下拉菜单，单击某个选项即可快速输入所选内容
日期	与整数的设置方法相似，可以在"数据"下拉菜单中设置数据的条件是"介于""等于""大于"或"小于"等，并可以设置具体的日期比对值。此后，就只能在单元格中输入符合条件范围的日期型数据了
时间	与日期的设置方法相似，设置完成后就只能在单元格中输入符合条件范围的时间型数据了
文本长度	与整数的设置方法相似，设置完成后就只能在单元格中输入符合条件范围的文本长度的数据了
自定义	设置为该格式后，可以在"公式"文本框中输入公式，实现更多类型的数据有效性设置。如输入公式"=ISERROR(FIND(" ",A1))"，可以限制在单元格中输入空格

2. 设置允许输入的数据选项

前面已经介绍了Excel中允许设置的数据验证条件，下面以常用的日期类型来举例说明具体如何设置单元格中允许输入的数据选项，防止输入错误数据。

实战操作：打开下载的"Excel 练习文档"中的"2-1 设置数据输入选项.xlsx"表格，为表格中的 L 列设置验证条件，只允许输入 2021/12/25（含）以后的日期数据（图 2-2）。

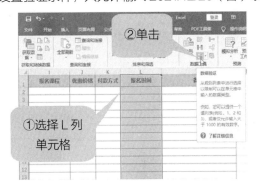

图 2-2

设置完毕后，如果在该列单元格中输入了比 2021/12/25 还早的日期数据，就会弹出提示框，提示输入的值与设置的数据验证条件不匹配，单击"重试"按钮可以重新输入数据。

快速拓展

1. 尝试在 C 列单元格中设置验证条件，允许输入的数据为序列选项，并设置该列单元格中只能输入"男"或者"女"。

2. 尝试在 D 列单元格中设置验证条件，允许输入的文本长度不超过 11 位。

2.1.2 输入提示信息

为单元格设置允许输入的数据选项后，在输入错误信息的时候会被拒绝输入。但如果能在输入前对用户进行必要的提示，就可以更好地提醒用户，从而减少不必要的错误。大家可以为指定单元格输入提示信息，当该单元格被选中时就会显示预设的提示信息。

实战操作：打开"2-1 设置数据输入选项.xlsx"表格，继续为表格中的 L 列设置输入提示信息，提示只允许输入 2021/12/25 以后的日期数据（图 2-3）。

图 2-3

小提示

单击"数据验证"对话框左下角的"全部清除"按钮,可以删除所选单元格中设置的所有数据验证条件、提示和错误警告信息。

快速拓展

尝试为 G 列单元格设置输入提示信息,提示用户应该在该列单元格中输入 QQ 或微信等联系方式,而非电话号码。

2.1.3 输入错误警告

为单元格设置允许输入的数据选项后,如果用户在单元格中输入了错误的数据,系统会自动弹出警告信息进行提示。为了让用户知道如何正确地输入数据,可以自定义警告的内容,以提供详细的输入建议。

实战操作:打开"2-1 设置数据输入选项.xlsx"表格,继续为表格中的 L 列设置输入错误警告,提示本次报名活动从 2021/12/25 开始,需要输入该日期后的数据(图 2-4)。

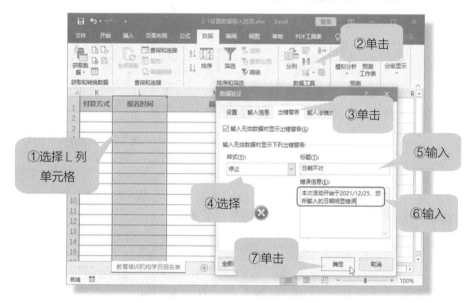

图 2-4

快速拓展

1. 尝试为 C 列单元格设置输入错误警告,警告样式为"停止",并提示"性别"列中只能输入"男"或者"女"。

2. 尝试为 D 列单元格设置输入错误警告,警告样式为"停止",并提示电话号码最多只有 11 位。

3. 尝试在"数据验证"对话框的"样式"下拉菜单中设置警告样式为"警告"或"信息",看看它们弹出的提示框有什么区别,单击提示框中的不同按钮时又会出现什么样的状态;能不能无视提示,继续输入错误的数据等。

2.2 数据输入后的检查

对于导入的外部数据或输入的数据，还可以进一步进行检查，将重复的、无效的数据清洗出去，留下有分析价值的数据。

2.2.1 去重检查

在收集数据的过程中，同一条数据记录可能由于获取渠道不同而进行了多次统计，在输入数据时，也可能因为操作失误重复输入了数据。总之，表格中出现重复数据是非常常见的现象。例如，在统计学生成绩时，就可能将某个学生的成绩记录了多次。通过"删除重复项"功能就可以实现去重检查，快速删除重复项。

实战操作：打开下载的"Excel 练习文档"中的"2-2 数据输入后检查.xlsx"表格，将表格中重复的学生成绩记录删除（图2-5）。

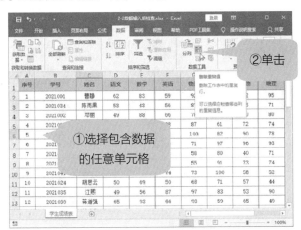
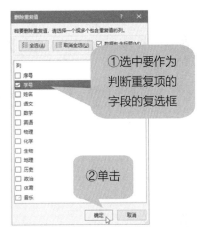

图2-5

小提示

如果表格中没有学号列，则需要选择除了学号以外的所有字段，才能准确判断数据是否重复。如果仅选择姓名进行检查，可能会筛选出同名同姓的两个人，如果删掉其中一个人的数据就出错了。因此必须要选择除了学号以外的所有字段，选出的同名且成绩相同的数据才是重复的数据。

2.2.2 无效检查

删除重复数据后，表格中的数据可能还存在无效的情况，如数据记录中缺失了某些字段，或者存在一些不符合常理的低级错误。例如，在成绩表中可能存在空白的单元格，或者超过总分的成绩。这些无效的数据也必须去除，才能保证数据分析的质量。

1. 处理缺失数据

用于分析的数据，必须有一条记录一条，所有单元格中都应该记录有数据，每一行数据都必须完整且结构整齐。如果表格中的某些字段出现了不齐全（通常显示为空白单元格）的情况，就需要进行处理，要么补齐缺失的数据，要么删除这些不齐全的数据，否则就会影响数据分析的结果。

最常见的就是有些函数不会统计空白单元格。例如，成绩表中如果存在空白的单元格，在统计平均成绩时就会出现错误。因此，成绩表中即使没有成绩也应该显示为零分（图2-6）。

图2-6

实战操作：打开"2-2 数据输入后检查.xlsx"表格，将科目成绩登记区域中的所有空白单元格替换为 0 值。具体操作大致分为两步：首先定位所有的空白单元格，然后使用组合键一次性为所有的空白单元格输入"0"（图2-7）。

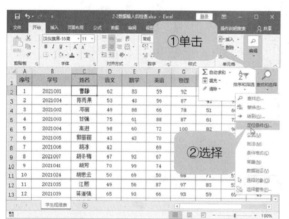

图2-7

> **小提示**
>
> 按【Ctrl+G】组合键，也可以快速打开"定位"对话框。使用"定位"功能前如果只选中了一个单元格，则会对整个工作表的数据进行查找定位；如果选中了两个或两个以上的单元格，则只会在选中的单元格中进行查找定位，使用的时候一定要注意这个区别。

2. 圈释无效数据

对于表格中具有某种规则的数据，可以通过"圈释无效数据"功能让无效数据突出显示出来。例如，成绩表中的各科成绩最低分都是 0 分，最高分也不会超过 100 分。所以，不在此范围内的成绩数据都是无效数据。

实战操作：打开"2-2 数据输入后检查.xlsx"表格，将科目成绩登记区域中小于 0、大于 100 的数据标注出来。操作步骤：先设置数据验证条件为介于 0～100 的整数，然后通过"圈释无效数据"功能让无效数据突出显示出来（图 2-8）。

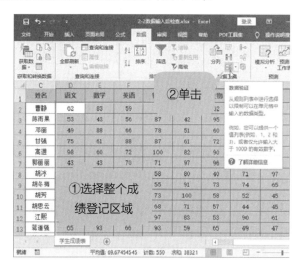

图 2-8

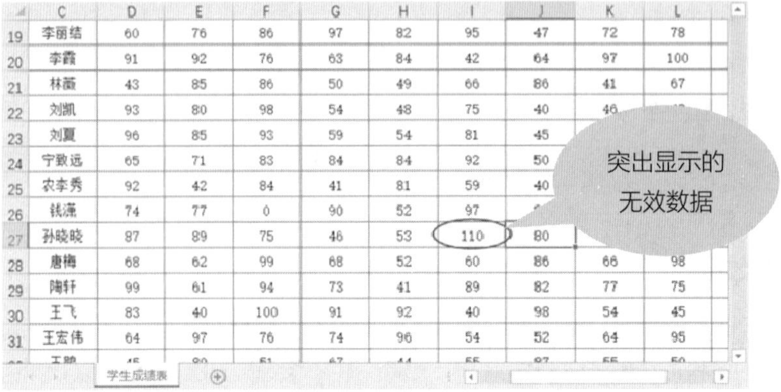

图 2-8（续）

2.3 表格格式设置

默认的表格都是无填充色、无边框线的。当表格中的数据比较多时，整个表格看起来密密麻麻的，不容易辨识。此时，可以为表格设置单元格颜色、文本颜色等表格格式，以突出重点数据、直观展示数据或实现隔行填色等。

2.3.1 重点单元格

对表格数据进行分析时可能会出现"哪些产品的年收入增长幅度大于 20%""某月，哪个型号的产品销量最高，哪个又最低"等问题。在 Excel 中使用条件格式可以基于设置的条件，采用色彩的方式突出显示用户所关注的重点单元格，轻松解决以上问题。

条件格式中的"突出显示单元格规则"和"最前/最后规则"都以增加单元格底色的方式突出显示符合特定要求的数据。

1. 突出显示符合条件的单元格

如果要突出显示单元格中的一些数据，如大于某个值的数据、小于某个值的数据、等于某个值的数据等，可以基于比较运算符设置这些特定单元格的格式。例如，要使用条件格式突出显示合计值超过 7300 的单元格数据（图 2-9）。

图 2-9

实战操作：打开下载的"Excel 练习文档"中的"2-3 表格格式设置.xlsx"表格，为表格中"合计"列数据大于 7300 的单元格设置"浅红填充色深红色文本"格式（图 2-10）。

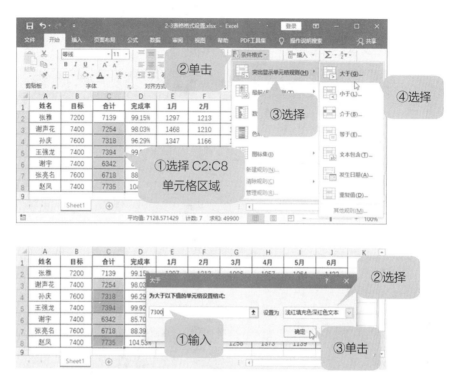

图 2-10

小提示

在"突出显示单元格规则"命令的子菜单中选择"文本包含"命令,可以将单元格中符合设置条件的文本信息突出显示;选择"发生日期"命令,可以将单元格中符合设置条件的日期信息突出显示;选择"重复值"命令,可以将单元格中重复出现的数据突出显示。

快速拓展

1. 尝试为"目标"等于 7600 的数据设置"红色边框"格式。
2. 尝试为"张"姓员工设置"黄填充色深黄色文本"格式。

2. 突出显示数据中值最大或最小的部分数据

如果要突出显示某个项目中值最大或最小的数据,或者前 5%、最后 5% 的内容,可以使用"最前/最后规则"来突出显示数据。"最前/最后规则"和"突出显示单元格规则"的设置方法类似,也只需要简单的几步就能完成。这里将为表格中"完成率"列数据排名前三的单元格设置格式(图 2-11)。

图 2-11

实战操作：打开"2-3 表格格式设置.xlsx"表格，为表格中"完成率"列数据最大的 3 项设置"绿填充色深绿色文本"格式（图 2-12）。

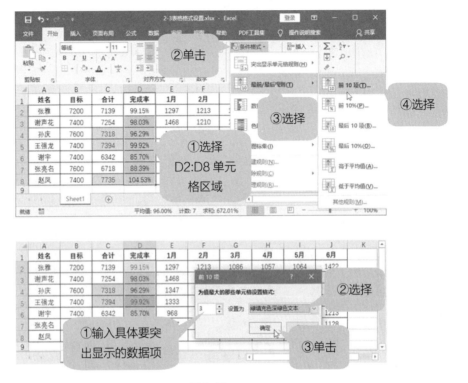

图 2-12

小提示

在"最前/最后规则"命令的子菜单中选择"前 10%"或"最后 10%"命令，将突出显示值最大或最小的 10% 的单元格；选择"高于平均值"或"低于平均值"命令，系统会自动计算所选单元格中数据的平均值，并突出显示高于或低于该值的单元格。

快速拓展

1. 尝试为"1月"销量倒数 5% 的数据设置"黄填充色深黄色文本"格式。
2. 尝试为"2月"销量低于平均值的数据设置"黑填充色白色文本"格式。操作方法：单击"设置为"右侧的下拉按钮，在弹出的下拉菜单中选择"自定义格式"命令，再在打开的对话框中设置需要的单元格格式。

2.3.2 数据条

如果某列数据的多个值差距不大，又想要直观展示出数据的大小区别，则可以在单元格中根据数值的大小添加长短不同的颜色条（又叫"数据条"）来进行表示。例如，为员工信息统计表的"年龄"列数据添加数据条格式，通过辨认数据条的长短来快速判断员工年龄的大小；数据条越长，表示年龄越大，反之，则表示年龄越小。若要在大量数据中快速看出较高值和较低值，使用数据条尤为方便。

为数据添加数据条，这里将为表格中的"1月""2月""3月"3列数据添加数据条（图2-13）。

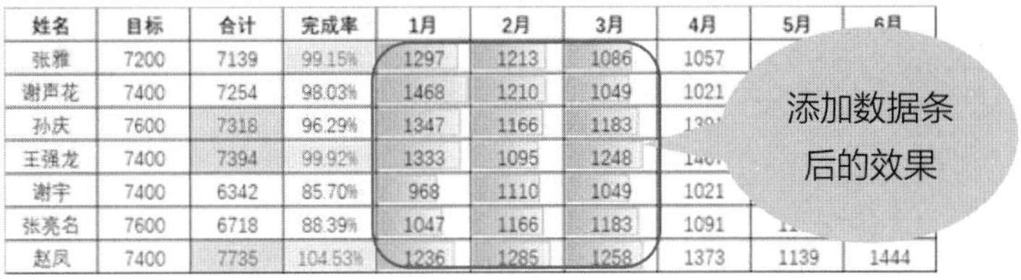

图2-13

实战操作：打开"2-3 表格格式设置.xlsx"表格，为表格中的"1月""2月""3月"3列数据添加绿色渐变数据条（图2-14）。

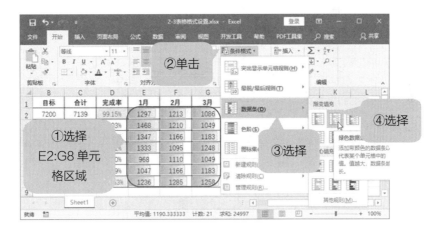

图2-14

2.3.3 图标集

"图标集"功能用于将很多数据简单地分为3~5个档次，并为每个档次赋予一个图标进行表示，方便用户直观地判断这些数据中各档次数据的比例，也能方便地判断某一个具体数据属于哪个档次。例如，在"三色交通灯"图标集中，红色代表较低值，黄色代表中间值，绿色代表较高值。这里将为表格中的"4月""5月""6月"3列数据添加"三色交通灯"图标集，将这些数据划分为3个类别（图2-15）。

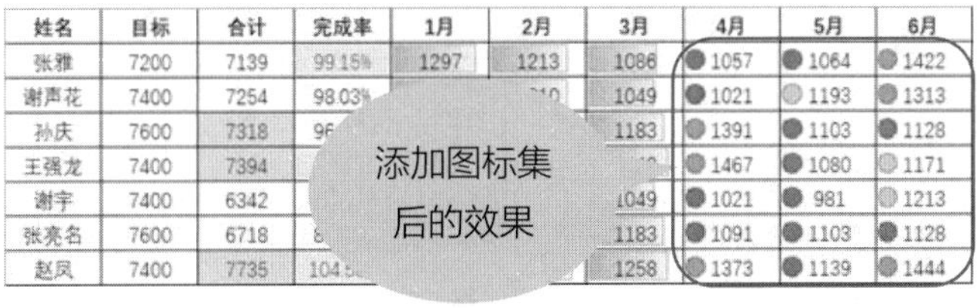

图2-15

实战操作：打开"2-3 表格格式设置.xlsx"表格，为表格中的"4月""5月""6月"3列数据添加"三色交通灯"图标集（图2-16）。

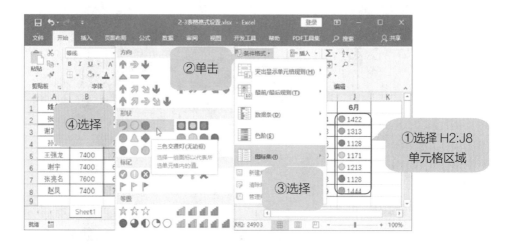

图 2-16

小提示

设置图标集格式时，如果要明确划分各图标代表的类别的数据范围，可以在“图标集”命令的子菜单中选择“其他规则”命令，在打开的对话框中进行设置。如对“6 月”列数据进行定义，将销量大于 1400 的数据定义为绿色图标，销量小于 1200 的数据定义为红色图标，销量介于 1200 ~ 1400 的数据定义为黄色图标。

快速拓展

尝试为“合计”列数据设置“三色箭头图标”格式。

2.3.4 隔行显示

如果想让表格中的某列隔行填充颜色，避免错行查看，例如，要将“销售额（元）”列中的数据隔行显示，可以通过自定义规则来实现（图 2-17）。

商品编号	售价（元）	销量（件）	销售额（元）	销售片区
CH00152	255.52	698	178352.96	高新区
CH00153	264.52	748	197860.96	成华区
CH00154	300	182	54600	培云区
[illegible]	[illegible]	418	52496.62	成华区
[illegible]	[illegible]	284	53676	成华区
[illegible]	[illegible]	182	46655.7	成华区
[illegible]	[illegible]	628	411340	高新区
[illegible]	[illegible]	418	237361.3	高新区
[illegible]	[illegible]	4186	4010188	培云区
[illegible]	[illegible]	188	101896	培云区
CH00162	265	824	218360	高新区
CH00163	425.5	628	267214	培云区
CH00164	352	418	147136	培云区
CH00165	625.5	286	178893	高新区
CH00166	451	248	111848	高新区

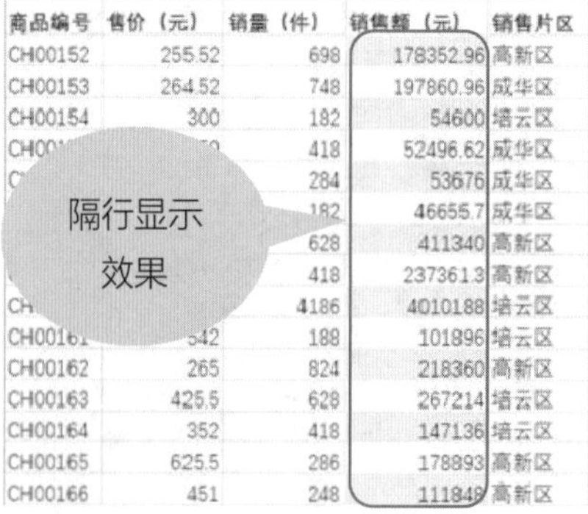

图 2-17

实战操作：打开下载的“Excel 练习文档”中的“2-4 隔行显示.xlsx”表格，为表格中“销售额（元）”列的数据隔行填充浅蓝色（图 2-18）。

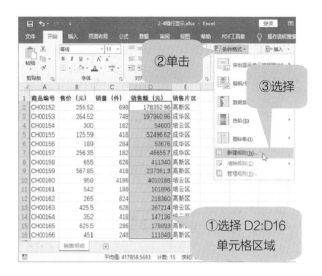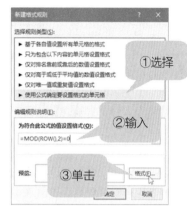

图 2-18

"=MOD(ROW(),2)=0"公式表示取单元格所在行号除以 2,判断余数是否为 0。读者若看不懂也不要紧,照着公式输入就可以实现隔行填充颜色(图 2-19)。

图 2-19

小提示

在"条件格式"下拉菜单中选择"色阶"命令,可以在其子菜单中选择不同的颜色来显示数据。通过颜色深浅就可以直观对比数据大小。例如,在绿色和红色的双色刻度中,可以指定较高值单元格的颜色更绿,而较低值单元格的颜色更红。

快速拓展

1. 尝试让整个表格实现隔行显示效果。
2. 尝试为"售价（元）"列设置三色刻度的色阶效果，并观察各种颜色的大致取值范围。

2.3.5 套用单元格样式

如果想为具有特殊含义的单元格赋予单独的格式，可以快速套用单元格样式，例如为所有得分为100的单元格填充红色的底色。

单元格样式是一整套预设的文字格式、数字格式、对齐方式、边框和底纹效果等样式的模板，仅需一步操作就可以将其快速套用到选中的单元格里。这里为表格的"录用情况"列中显示"录用"的单元格套用样式，使其凸显出来（图2-20）。

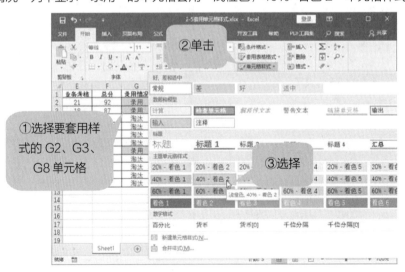

图2-20

实战操作：打开下载的"Excel 练习文档"中的"2-5 套用单元格样式.xlsx"表格，为表格的"录用情况"列中显示"录用"的单元格套用"浅橙色，40%-着色2"单元格样式（图2-21）。

图2-21

小提示

在"单元格样式"下拉菜单的某个单元格样式上右击，在弹出的快捷菜单中选择"修改"命令，可以在打开的对话框中修改所选单元格样式的文字格式、数字格式、对齐方式、边框和底纹等的具体效果。

快速拓展

尝试为"总分"列中数据大于 90 的单元格套用"好"单元格样式,为数据小于 65 的单元格套用"差"单元格样式。

2.3.6 套用表格格式

前面介绍过为表格设置相邻行显示不同颜色的方法,如果想要对整个表格快速设置隔行显示效果,可以套用表格格式。与单元格样式相似,表格格式也是预设的格式模板,可以方便快捷地套用到整个表格中。这里为表格套用蓝白色间隔的表格格式(图 2-22)。

图 2-22

实战操作:打开下载的"Excel 练习文档"中的"2-6 套用表格格式.xlsx"表格,为表格中含有数据的所有单元格套用"蓝色,表样式中等深浅"表格格式(图 2-23)。

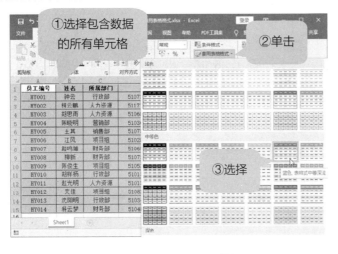

图 2-23

小提示

在"套用表格格式"对话框中,如果所选单元格区域中包含表头,就应选中"表包含标题"复选框;反之,则不选中。套用表格格式后的单元格区域会自动转换成"表"的格式,这种格式有多种好处,极大地方便了后续的数据分析。如插入数据时公式可以自动填充、增加了"自动筛选"功能。如果不需要数据的"表"功能,可以单击"表格工具-设计"选项卡下"工具"组中的"转换为区域"按钮,将"表"转换为普通区域。

2.4 综合案例：清洗进销存数据并设置表格格式

老板希望进销存数据中各产品的库存数量能够一目了然，还希望表格看上去清晰明白，不易出错，并具有一定的美观度（图2-24）。下面介绍操作方法。

图 2-24

实战操作：打开下载的"Excel练习文档"中的"2-7综合案例.xlsx"表格，先清洗表格中的数据，修正错误数据，删除或修正无效数据；然后为表格套用表格格式，使数据隔行填充颜色，方便查看；最后根据需求对"库存数量"列中较大的数据进行突出显示，并使用数据条对该列数据进行展示。

1. 检查并修正表格中的错误数据

将数据输入表格后，可以对基本的逻辑进行检查，以防出现错误数据。例如，本例对"单价（元）"列数据进行检查，根据实际情况得知所有产品的最低价格为500，如果此列中出现了低于500的数据即为错误数据，需要更正。首先圈释无效数据，发现C23单元格中的数据出错，然后进行更正即可，这里根据实际情况修改该产品的单价为"2620"（图2-25）。

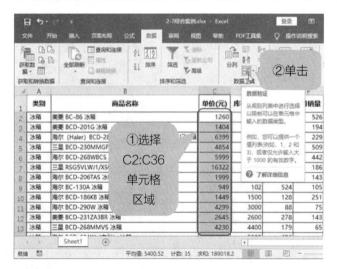

图 2-25

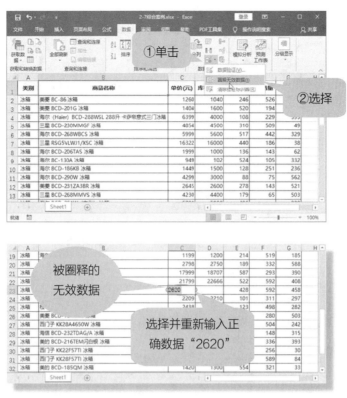

图 2-25（续）

2. 处理表格中的无效数据

本例中有部分单元格为空，经过分析明确了本例中的库存数量可能为 0，所以需要将该项数据为空的单元格替换为 0 值；而销售数据不可能为 0，出现空缺的原因要么是产品被召回了，要么是数据缺失。为了避免数据分析失误，可以不分析这类数据，对这类无效数据进行删除。

因此，本例可以先定位空值，并将其替换为 0 值，然后根据上述两类情况判定值为 0 的数据到底是否需要删除。这里将 D23 单元格中的库存数据修改为 0 值，并保留；F14 单元格中的销量数据不能为 0，判定该数据为无效数据，将该行数据全部删除（图 2-26）。

图 2-26

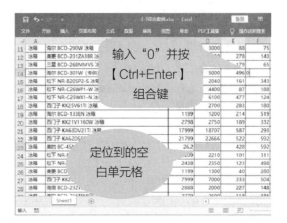

图 2-26（续）

3. 设置表格格式

完成数据的清洗操作后，可以为表格套用格式，形成隔行显示的效果，有利于在面对这类数据较多的表格时减少看错数据的情况。这里为表格套用"绿色，表样式中等深浅 7"表格格式。然后将用户最关心的"库存数据"列中库存积压较多的前 20% 的数据进行突出显示，并为该列设置数据条格式，方便查看库存数据，以便对库存量少的产品进行补货，对库存量大的产品采取合适的销售手段来减少库存积压（图 2-27）。

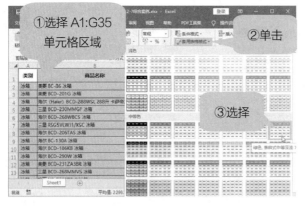

图 2-27

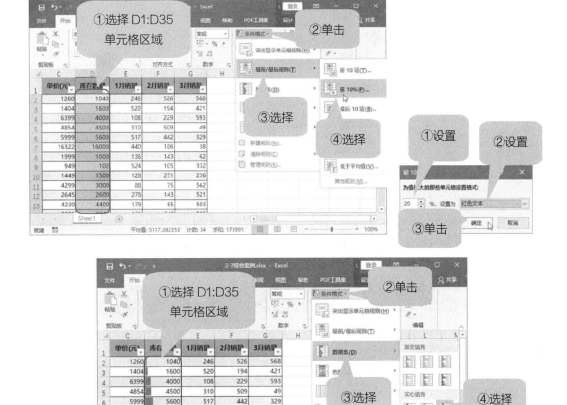

图 2-27（续）

高手技巧

技巧 1　让数字都能正确参与运算

经常使用 Excel 的用户可能都遇到过这种情况：单元格中明明有数值，但是计算的结果却明显不正确，甚至"数值"求和的结果为"0"。此类情况大多出现在从其他系统导出的数据中，其最明显的标志就是单元格左上角有"绿色倒三角形"。

这类伪装成数字的文本内容无法正确参与数值计算。默认情况下，无论将 Excel 中的数值设置成什么数据格式，其总会以右对齐的方式显示在单元格中，而文本总是左对齐的。当我们将其他系统中的数据导入 Excel 时，就可以根据这个规律快速判断出导入的数据是否能直接参与运算。

对于无法参与运算的数字，可以通过选择性粘贴中的"运算"功能来实现转换。最常见的方法就是让文本型的数据乘以 1 或加上 0，强制进行转换。这里将销量数据乘以 1，将其转换为能正确参与运算的数据，可以看到这样操作后得到的季度总额数据才是正确的（图 2-28）。

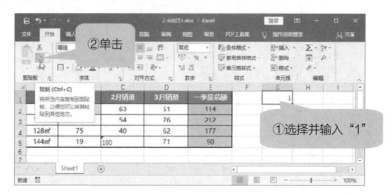

图 2-28

实战操作：打开下载的"Excel 练习文档"中的"2-8 技巧 1.xlsx"表格，通过对数据乘以 1，让表格中 B2:D5 单元格区域中的数据转换成能正确参与运算的数值。首先在任意空白单元格中输入"1"，然后执行"选择性粘贴"操作，并设置运算方式为"乘"（图 2-29）。

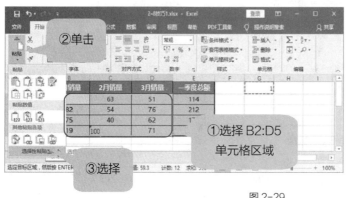

图 2-29

小提示

第 1 步可以任意选择一个单元格并输入"1"，这是为了"告诉"Excel 要参与运算的数据；在第 2 步中，执行粘贴操作前，先选择要参与运算的其他数据；第 3 步"告诉"Excel 具体的运算规则是"乘"。最终，Excel 就能按照我们给出的指令进行运算并得出结果了。

小提示

如果表格中只有少量不能参与运算的数据，可以直接进行手动转换，即单击其单元格左上角的"绿色倒三角形"，在弹出的下拉菜单中选择"转换为数字"命令，将数据转换为可以参与运算的真正数字（图 2-30）。

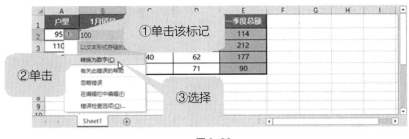

图 2-30

快速拓展

尝试以"加 0"的方式，用选择性粘贴的方法使文本型数据能正确参与运算。

技巧 2　不规范日期的整理技巧

表格中的日期型数据的处理也是一大难题，由于每个人输入日期型数据的习惯不一样，我们得到的日期型数据可能有多种格式，如"1985/3/21""1987-05-10""1990 年 6 月 3 日""一九八八年七月十日"等。为了便于后续进行数据分析，这些日期型数据都需要统一规范为标准格式。

最常见的规范日期型数据的方法是先设置一个统一的日期格式（一般为短日期格式），然后对格式仍然不正确的数据用分列法来进行转换（图 2-31）。

图 2-31

实战操作：打开下载的"Excel 练习文档"中的"2-9 技巧 2.xlsx"表格，将表格中 D2:D15 单元格区域中的日期型数据统一整理成短日期格式（图 2-32）。

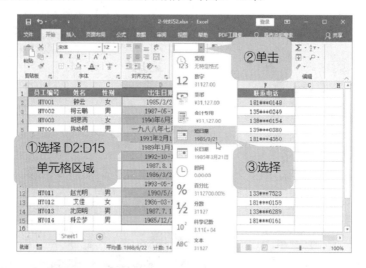

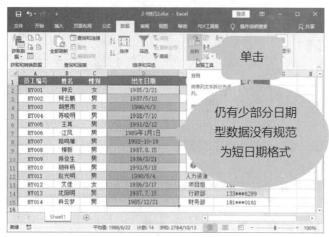

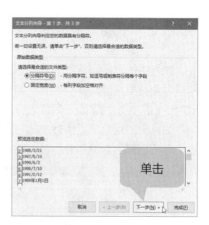

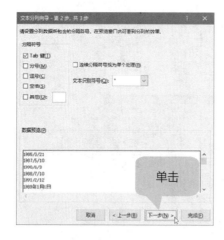

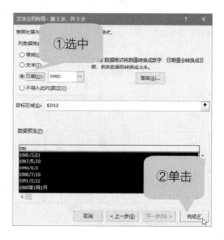

图 2-32

小提示

Excel 中的日期型数据也可以有多种表现形式,如图 2-32D 列中的大部分数据实际上就是日期的不同显示效果,虽然被设置成了不同的格式,它们的本质并没有改变。而且,Excel 对日期型数据的识别能力还是很强的。虽然输入的文本型的日期在表现形式上有所不同,但它们能正确参与计算。

技巧 3　快速删除空白行(列)

有些表格为了隔开数据,方便查看,故意插入了很多空白行(列),但在进行数据分析时,这些空白的行(列)会带来很多麻烦,因此有必要将它们删除掉。

实战操作:打开下载的"Excel 练习文档"中的"2-10 技巧 3.xlsx"表格,将多余的空白行(第 6、10、15、20、28、34、40、50 行)删除(图 2-33)。

图 2-33

小提示

在本例中,因为要删除的全是空白行,所以可以直接定位所有空值,然后执行删除行操作。如果需要删除的既有空白行,又有空白列,那么需要在定位所有空值后,按住【Ctrl】键单击要删除行的空值,然后执行删除行操作;最后再次定位所有空值,执行删除列操作。

动手练练

打开下载的"Excel 练习文档"中的"2-11 动手练练.xlsx"表格，为 D 列中的单支价格设置数据验证条件为"小数""介于 0.7~160"；然后圈释出错误数据，将 D21 单元格数据修改为"1.50"，将 D59 单元格数据修改为"19.20"；再将包含空值的单元格所在的行删除；删除表格中的重复数据；为表格套用"橙色，表样式中等深浅 10"格式。完成后的结果如图 2-34 所示。

	A	B	C	D	E
1	品名	规格	调价	单支	零售价
2	小布丁	1*60	44.40	0.74	1.00
3	冰爽奶棒冰	1*40	56.00	1.40	2.00
4	沁爽西瓜棒冰	1*40	52.00	1.30	2.00
5	老冰棍	1*50	55.00	1.10	2.00
6	牧场大布丁	1*40	53.60	1.34	2.00
7	牛奶提子	1*40	56.00	1.40	2.00
8	冰可可	1*40	56.00	1.40	2.00
9	绿色情怡	1*48	91.20	1.90	3.00
10	克力棒	1*40	76.00	1.90	3.00
11	玉米香/香浓布丁	1*40	80.00	2.00	3.00
12	牛奶蜜豆	1*40	76.00	1.90	3.00
13	奶香绿豆	1*40	76.00	1.90	3.00
14	草莓红豆	1*40	85.20	2.13	3.00
15	绿豆炼奶	1*40	85.20	2.13	3.00
16	冰工厂/冰片蜜桃	1*40	60.00	1.50	3.00
17	冰工厂/山楂	1*40	60.00	1.50	3.00
18	冰工厂/缤纷果园	1*40	60.00	1.50	3.00
19	冰工厂/清爽蓝莓	1*40	60.00	1.50	3.00
20	冰工厂/冰果柠檬	1*40	60.00	1.50	3.00
21	冰工厂/超果炫	1*40	88.00	1.50	4.00
22	冰工厂/炫果冰	1*40	88.00	2.20	4.00
23	冰工厂/果纷呈	1*30	78.00	1.95	4.00
24	冰工厂/冰褐茉莉棒冰	1*40	88.00	2.20	4.00
25	果酱层趣	1*40	96.00	2.40	5.00
26	巧帝雪糕	1*40	90.00	2.25	5.00
27	四个圈/心多多	1*30	84.00	2.80	5.00
28	苦咖啡	1*30	84.00	2.80	5.00
29	菠萝椰风/红枣牛奶	1*30	84.00	2.80	5.00
30	草莓球顶蛋筒	1*30	78.00	2.60	5.00
31	牧场香蕉牛奶雪糕	1*30	84.00	2.80	5.00
32	妙趣巧克力棒	1*30	84.00	2.80	5.00
33	火炬（香草/红枣）	1*30	102.00	3.40	6.00
34	巧乐兹经典巧恋果	1*30	102.00	3.40	6.00
35	巧乐兹经典巧脆棒	1*30	102.00	3.40	6.00
36	伊利奶砖	1*30	120.00	4.00	6.00
37	木瓜/香草奶昔杯	1*24	86.40	3.60	6.00
38	巧乐兹巧慕菲	1*30	129.00	4.30	7.00
39	冰工厂芒果冰沙棒冰	1*24	124.80	5.20	8.00
40	香雪儿杯	1*16	83.20	5.20	8.00
41	双莓酸奶	1*12	64.80	5.40	8.00
42	85g升级版巧乐兹脆筒	1*16	73.60	4.60	8.00
43	120g热带水果杯	1*12	64.80	5.40	8.00
44	巧乐兹甜享杯100g	1*18	129.60	7.20	10.00
45	浓情朵朵	1*12	135.20	11.27	16.00
46	巧乐兹醇香拿铁榛果	1*24	194.40	8.10	12.00

图 2-34

第二篇
数据计算与呈现

在数据分析的过程中，可以使用排序、筛选或分类汇总的方法对数据进行最基础的分析，得出一些浅显的结论。在分析过程中，还不可避免地需要用到公式或函数进行数据计算。Excel 中的分析工具——数据透视表可以全方位查看数据信息，并且可以快速切换不同的查看方式。数据分析完成后，为了能更好地将分析结果展示给其他人，需要选择合适的最终呈现方式，图表是一种用图来直观展示数据的好工具。本篇就将介绍数据计算与呈现的相关技巧。学会这些内容，你就能完成基本的数据分析工作了。

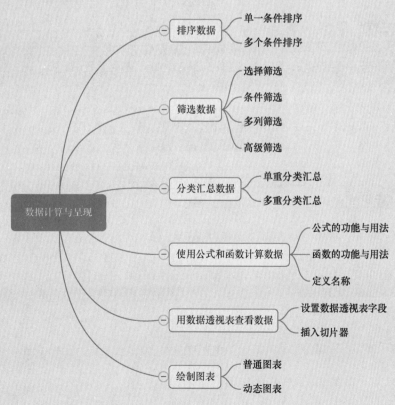

第 3 章

数据排序、筛选与分类汇总

高手整理数据的常用方法都在这里！

本章导读

数据的排序、筛选与分类汇总都属于数据的基础分析工作。对数据进行基础分析后，可以得到数据的大致轮廓和基本结论，为后续的深入分析做好方向性的准备工作。先掌握 Excel 中进行基础数据分析常用的方法，有了基础之后，其他分析方法可以在实际工作中轻松学会。

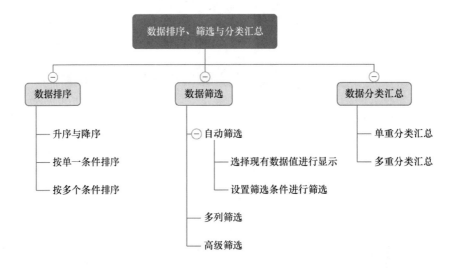

3.1 数据排序

排序的目的是让表格数据显得更加有条理，便于使用者查看。例如，网店销售统计表本是按照月份排序的，但根据需要可按照访客数量由多到少进行排序，方便经营者快速统计出哪些月份访客数量较多（图3-1）。

图 3-1

3.1.1 升序与降序

升序：数字从小到大、字母从 a 到 z、汉字以拼音首字母从 a 到 z、日期从前往后排列。

降序：数字从大到小、字母从 z 到 a、汉字以拼音首字母从 z 到 a、日期从后往前排列。

将数据按照升序或降序排列是最常用的操作，只需要简单的两步就能完成。这里将把表格中"完成率"列的数据降序排列（图3-2）。

图 3-2

实战操作：打开下载的"Excel 练习文档"中的"3-1简单排序.xlsx"表格，将表格中"完成率"列的数据按照从大到小的顺序排列（图3-3）。

图 3-3

> **小提示**
>
> 在第 1 步选择单元格时,可以选择"完成率"列中任意一个单元格,如 D5、D9,然后进行排序,其效果都是一样的。这一步的主要目的是"告诉"Excel 要排序的数据所在的列。

> **快速拓展**
>
> 1. 尝试将"合计"列数据进行降序排列。
> 2. 尝试将"姓名"列数据进行降序排列,再进行升序排列,观察文本数据升序与降序排列的区别。

3.1.2 按单一条件排序

上一个知识点中介绍的升序、降序排列,其实就是默认对单元格值进行排序。除了单元格值,在 Excel 中还可以对单元格颜色、字体颜色与条件图标进行排序,这 4 个排序条件都在同一个对话框中进行设置,因此这里就以按照单元格颜色排序为例进行讲解,具体的排序依据是将"完成率"列中的绿色单元格排到上面(图 3-4)。

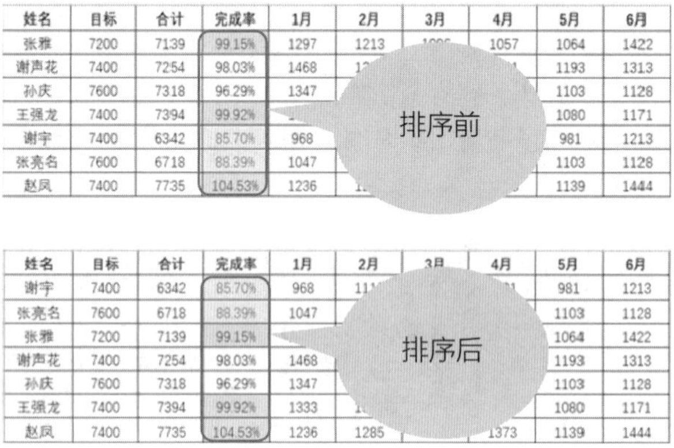

图 3-4

实战操作:打开下载的"Excel 练习文档"中的"3-2 单一条件排序.xlsx"表格,将表格中的"完成率"列数据按照绿色在上、其他颜色在下的规则进行排序(图 3-5)。

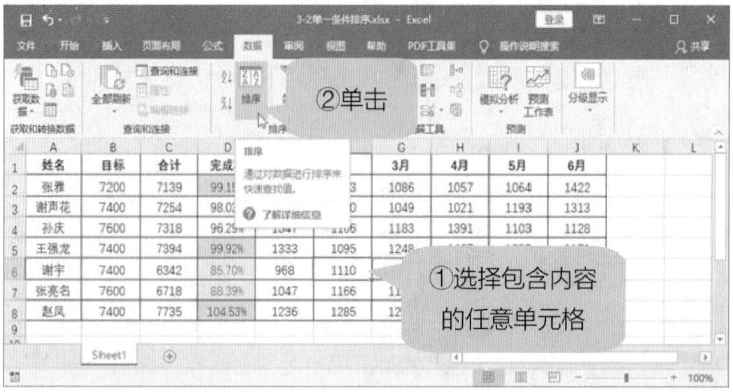

图 3-5

图 3-5（续）

小提示

图 3-5 中，"主要关键字"就是从表头内容中选择的一个。排序依据有单元格值、单元格颜色、字体颜色与条件图标 4 种，每种排序依据都有各自的排列"次序"。

快速拓展

1. 尝试将"完成率"列中的红色单元格排列到最上面。
2. 为"合计"列中 7300 以下的数据赋予红色，再将所有具有红色字体的数据排列到无色字体的上面。

3.1.3 按多个条件排序

主要关键字：第一个排序关键字。

次要关键字：第二个及之后的排序关键字。

在实际工作中，有时排序条件可能会有两个或更多，要求先按第一个条件排序，第一个条件相同的数据有多个的话，则将它们按照第二个条件排序，以此类推。如销售数据表中，依次按照目标和完成率进行降序排列就是一个典型的例子（图 3-6）。

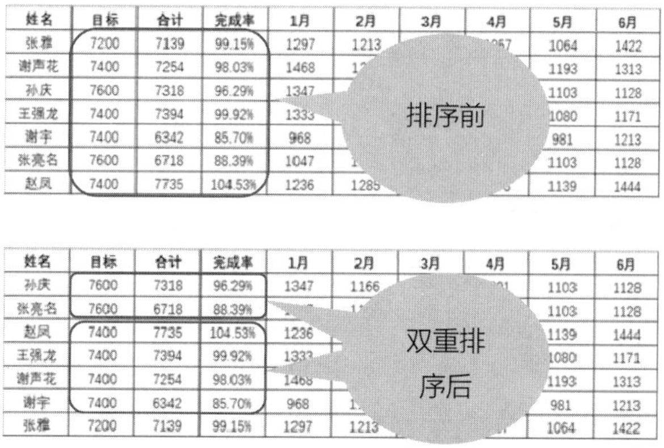

图 3-6

从图 3-6 所示可以看到，双重排序后，数据首先按照目标数据降序排列；其中目标数相同的数据，再按照完成率进行降序排列，如目标数据为 7600 和 7400 的这几行数据，都按照完成率进行了二次排序。

实战操作：打开下载的"Excel 练习文档"中的"3-3 多个条件排序.xlsx"表格，将表格中的数据以"目标"和"完成率"为关键字进行排序，排列次序皆为降序（图 3-7）。

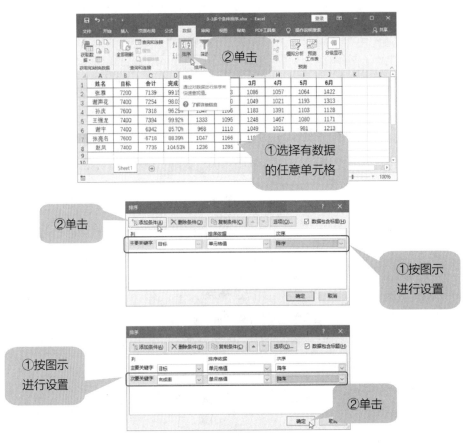

图 3-7

快速拓展

1. 删除"目标"条件，增加一个"合计"条件，以其单元格值为排序依据进行升序排列。
2. 尝试取消选中"数据包含标题"复选框，之后再进行排序，看看会发生什么情况。

3.2 数据筛选

筛选的目的是过滤表格中的数据，将符合条件的数据展示给使用者，而暂时将不符合条件的数据隐藏起来。例如，在网店销售统计表中，可以筛选出当月搜索人数在 800 人以上的月份进行展示。从图 3-8 可以看到，表头单元格右侧均出现了下拉按钮，这表示可以在下拉菜单中进行进一步的筛选。由于这里是按照搜索人数进行筛选，因此"搜索人数"列表头单元格右侧还出现了漏斗符号。

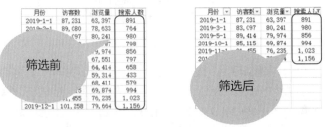

图 3-8

3.2.1 选择筛选

如同排序一样,筛选也有非常简单快捷的操作方法,可以指定显示某列数据中的部分值。例如,在销售数据表中快速筛选出某个销售片区的数据,以便统一进行查看及统计分析(图3-9)。

图 3-9

实战操作:打开下载的"Excel 练习文档"中的"3-4 自动筛选 1.xlsx"表格,将表格中所有高新区的数据筛选出来(图 3-10)。

图 3-10

> **小提示**
>
> 注意，在默认情况下，所有的待筛选数据都是被选中的，如果数据太多而又只需要其中的极少数，那么可以先选中"全选"复选框，取消对所有数据的选择，然后再直接选择需要显示的几项数据，这样操作起来会比逐一取消不显示的数据简便很多。

> **快速拓展**
>
> 尝试清除筛选结果，将表格恢复原样。操作方法：单击"排序和筛选"组中的"清除"按钮，即可将所有筛选结果清除。

3.2.2 条件筛选

很显然，前面所讲解的方法仅能根据现有数据进行选择性显示，而不能满足更复杂的需要。例如，在销售数据表中，要筛选出所有销量在600件（不包含600件）以上的商品进行显示，以便统计与分析（图3-11）。

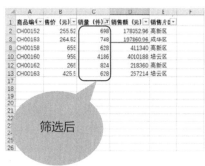

图 3-11

实战操作：打开下载的"Excel练习文档"中的"3-5自动筛选2.xlsx"表格，将表格中所有销量在600件（不包含600件）以上的商品筛选出来（图3-12）。

图 3-12

图 3-12（续）

这里需要注意以下几个要点。

✧ 在"自定义自动筛选方式"对话框中，可以设置两个筛选条件，这两个筛选条件之间默认是"与"的关系，即同时满足条件 1 和条件 2 的数据才会被显示出来；也可以选择"或"的关系，即只要满足条件 1 或条件 2 其中任意一个的数据都可以被显示出来。

✧ 根据筛选数据的格式，筛选条件也有所不同。常用数据类型为日期型、文本型、数值型，可以看到它们的筛选菜单有明显的区别（图 3-13）。

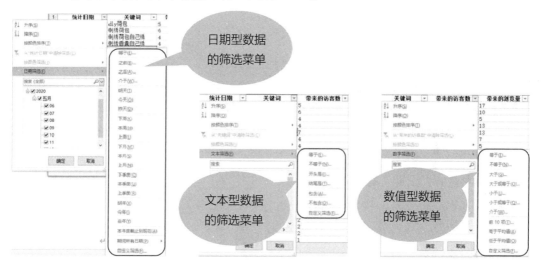

图 3-13

✧ 在所有的筛选菜单中，最下面都会有"自定义筛选"命令，该命令可以直接打开"自定义自动筛选方式"对话框。

✧ 在对文本型数据进行筛选时，可以使用"?"代表任意单个字符，如用"香?手工"进行筛选，则"香囊手工"和"香包手工"都会入选；还可以用"*"代替任意个数的字符，例如用"*diy 材料包"进行筛选，则"荷包 diy 材料包""香包刺绣 diy 材料包""香囊 diy 材料包"等都会入选。需要注意的是，"?"为英文半角符号，如果输入中文全角的"？"，则会出现错误结果。

快速拓展

1. 尝试展示所有编号开头为"CH0016"的商品的信息。方法 1：使用"文本筛选"菜单中的"包含"命令。方法 2：使用"文本筛选"菜单中的"等于"命令，并配合"*"来完成筛选。

2. 尝试展示所有"售价（元）"不小于 200、不大于 600 的商品的信息。提示：使用"介于"筛选命令来完成操作。

3.2.3 多列筛选

前面介绍的方法只能针对一列数据进行筛选，但在实际工作中，常常要对两列及更多列的数据进行筛选。例如，在销售数据表中，同时基于销量、销售额（元）和销售片区进行筛选，以便进行统计与分析（图 3-14）。

图 3-14

实战操作：打开下载的"Excel 练习文档"中的"3-6 多列筛选.xlsx"表格，将表格中属于高新区和培云区的销售数据中销售额（元）大于 200000，且销量超过平均值的所有数据筛选出来（图 3-15）。

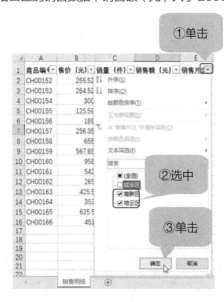

图 3-15

第 3 章 数据排序、筛选与分类汇总　61

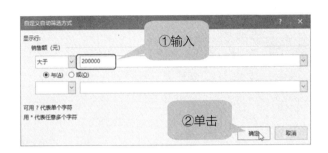

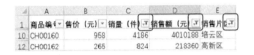

图 3-15（续）

从图 3-15 中可见，表格中有 3 个漏斗图标，表示这个结果是对 3 列数据进行筛选后得到的。

> **小提示**
>
> 在设置筛选条件时，要特别注意 ">" 和 "≥"，以及 "<" 和 "≤" 的区别。如果领导说 "请将 100 以上的数据筛选出来"，这时一定要向领导确认是否包含 100 本身，不要因为一个符号的差错而出现工作失误。

3.2.4　高级筛选

前面介绍的方法只能逐步设置筛选条件，筛选结果也是直接显示在现有数据表中，这在某些时候可能不符合实际需求。例如，在实际工作中，有时会遇到较多的筛选条件，逐一手动设置比较烦琐，需要一次性输入所有条件；而且往往还需要将筛选结果 "移动" 到另外的空白区域，以便对结果进行进一步的计算，而不改变原数据区域（图 3-16）。

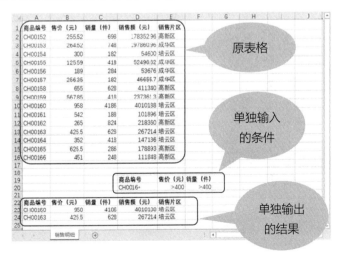

图 3-16

实战操作：打开下载的"Excel 练习文档"中的"3-7 高级筛选.xlsx"表格，在表格的空白单元格中单独输入筛选条件 "商品编号由'CH0016'开头，售价（元）在 400 以上（不包含 400），销量（件）超过 400（不包含 400）"，并将筛选结果输出到空白的单元格区域中。操作步骤分为 3 步：输入筛选条件、指定条件区域、指定结果的输出区域（图 3-17）。

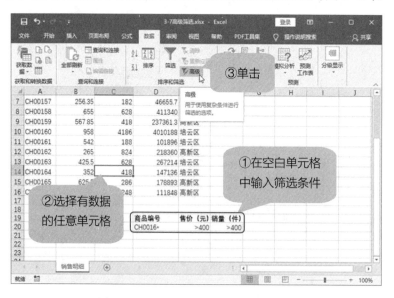

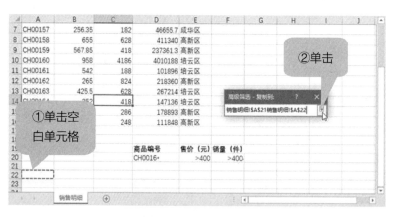

图 3-17

图 3-17（续）

快速拓展

1. 新建两个工作表，分别命名为"筛选条件"和"筛选结果"。尝试将筛选条件输入"筛选条件"工作表以进行调用，并将筛选结果输出到"筛选结果"工作表的 A1 单元格。

2. 新建一个名为"测试条件"的工作簿，尝试将筛选条件输入"测试条件"工作簿以进行调用，并将筛选结果输出到文件"3-7 高级筛选.xlsx"的"销售明细"工作表的 A22 单元格。

通过这两个练习，大家可以熟悉跨工作表与跨工作簿调用条件的设置。此外，请大家尝试将筛选结果跨工作表及跨工作簿输出。

3.3 数据分类汇总

数据分类汇总的目的是对表格中具有相同属性的数据进行统计。例如，某个销售统计表列出了从 10 月 1 日到 7 日的产品销售信息，如果要统计每一个区域的销售总额，则需要将数据先按照区域分类，再进行汇总（图 3-18）。

图 3-18

3.3.1 单重分类汇总

使用分类汇总可以选择汇总的字段和汇总的方式，如求和、求平均值。但是有一点需要注意，如果原始表格中的数据是分散排列的，就需要先进行排序处理，将相同的数据放在一起。

对单类数据进行分类汇总是最常用的操作，整个操作步骤分为两步，即先排序，再设置分类字段和汇总方式。这里将把表格中的数据按照产品名称进行分类，并汇总销量和销售额数据（图 3-19）。

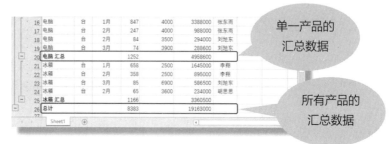

图 3-19

实战操作：打开下载的"Excel 练习文档"中的"3-8 单重分类汇总.xlsx"表格，在表格中先按照产品名称排序（图 3-20），再分别统计出各类产品的销量和销售总额（图 3-21）。

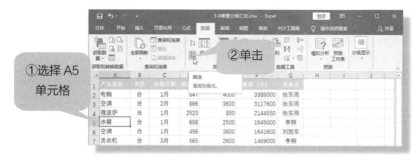

图 3-20

在第 1 步选择单元格时，需要选择分类字段中的任意单元格，即本例中可以选择"产品名称"列中的任意一个单元格，如 A6、A9，然后进行排序，其效果都是一样的。这一步的主要目的是让分类字段中相同的数据集中排列在一起，所以选择升序或者降序都可以。

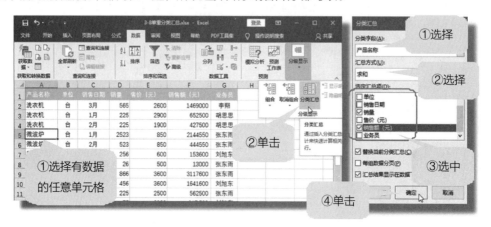

图 3-21

小提示

对数据进行分类汇总后，工作表中的数据将以分级方式显示汇总数据和明细数据，并在工作表左侧显示一个折叠区域，其上方的 1、2、3……是用于显示不同级别分类汇总的按钮，单击它们可以显示不同级别的分类汇总。要更详细地查看分类汇总数据，还可以单击工作表左侧的 + 按钮。

> **快速拓展**
>
> 1. 尝试将表格中的数据按照销售日期分类，分别统计出各月的销量和销售总额。
> 2. 尝试清除分类汇总结果。操作方法：单击"分类汇总"对话框中的"全部删除"按钮，即可将所有分类汇总结果删除。

3.3.2 多重分类汇总

前面介绍的方法只能对单类数据进行分类汇总，在实际工作中，有时需要对多个字段进行分类并汇总。如在销售数据表中，为了分析出不同类型产品在不同月份下的销量和销售总额，就需要汇总每种产品的销量和销售总额；在相同的产品下，再汇总不同月份的销量和销售总额。这种对项目的子项目再次进行汇总的操作称为多重分类汇总（图3-22）。

图 3-22

实战操作：打开下载的"Excel 练习文档"中的"3-9多重分类汇总.xlsx"表格，在表格中按照产品名称分类，分别统计出各类产品的销量和销售总额；然后再对每种产品按照月份分类，分别统计出各类产品各月的销量和销售总额。

操作步骤分为两步：排序、设置分类字段和汇总方式。只不过这里的排序关键字需要和分类字段的主次关系一一对应。即先使用"自定义排序"功能，将"产品名称"作为排序主要关键字，将"销售日期"作为排序次要关键字，再进行排序；排序后，再对产品名称的销量和销售额进行汇总；接着，再次打开"分类汇总"对话框，对销售日期的销量和销售额进行汇总（图3-23）。

图 3-23

图 3-23（续）

第 3 章 数据排序、筛选与分类汇总

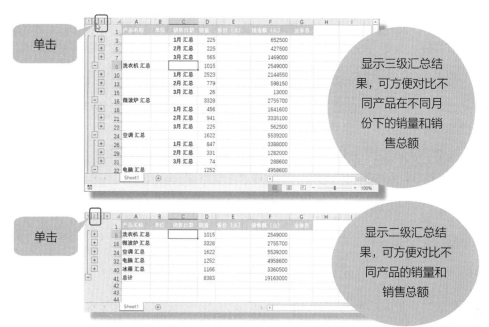

图 3-23（续）

小提示

在进行多重分类汇总时，一定要记得在设置除了第一次外的其他汇总条件时，都需要取消选中"分类汇总"对话框中的"替换当前分类汇总"复选框。否则，就会用本次设置的分类汇总条件替换前期设置的分类汇总条件，得不到多重分类汇总效果。

快速拓展

尝试在表格中按照业务员分类，分别统计出各业务员的销售总额；然后再对每个业务员按照月份分类，分别统计出各业务员各月的销售总额。

3.4 综合案例：分类汇总部门工资并找出能力不足者

领导希望从 5 月份的员工工资表中，分类汇总出各部门工资，然后筛选出销售部门工资不超 6000 元的员工进行销售技巧培训（图 3-24）。

图 3-24

实战操作：打开下载的"Excel 练习文档"中的"3-10 综合案例.xlsx"表格，先按部门排序后对应发工资进行分类汇总，然后对"部门"与"应发工资"列的数据进行高级筛选。

1. 汇总各部门工资数据

汇总各部门的工资数据属于单重分类汇总。只需先按部门排序，然后按部门进行分类，即可汇总应发工资（图 3-25）。

图 3-25

2. 筛选销售部能力不足者

要筛选销售部能力不足者，实现方法有多种，本例通过高级筛选方式（编写筛选条件）筛选销售部门工资不超 6000 元的员工。首先复制工作表，并删除此前设置的分类汇总条件，然后进行筛选（图 3-26）。

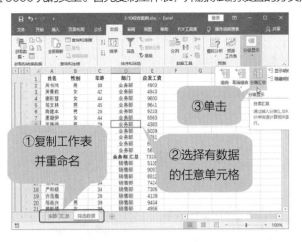

图 3-26

第 3 章　数据排序、筛选与分类汇总　69

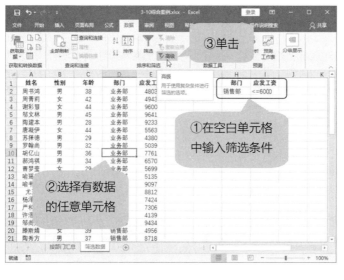
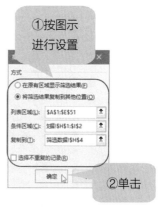

图 3-26（续）

快速拓展

尝试用其他方法筛选出本例中的销售部能力不足者。例如，用多列筛选法先筛选出销售部的相关数据，再进一步筛选出应发工资低于 6000 元的数据。

高手技巧

技巧 1　对数据进行自定义排序

有时候需要让排序根据某个特殊的规则来进行，例如，在统计企业各部门工资时，领导要求将"部门"列数据按照"人事部→行政部→财务部→业务部→销售部"的顺序排列，方便按习惯查看各部门的工资发放情况。此时，就需要进行自定义排序。

实战操作：打开下载的"Excel 练习文档"中的"3-11 技巧 1.xlsx"表格，将"部门"列数据按照"人事部→行政部→财务部→业务部→销售部"的顺序排列（图 3-27）。

> **小提示**
>
> 在"自定义序列"对话框中输入自定义序列时,将需要的数据序列输入即可,记住各名词之间需要用英文半角逗号隔开。

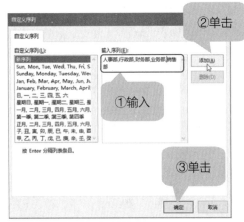

图 3-27

技巧 2　对行数据进行排序

前面介绍的排序都是对列数据进行排序，有时候需要对行数据进行排序。例如，在成绩统计表中，老师要求将"总计"行数据从多到少进行排列，以直观地看出各科成绩走势。

实战操作：打开下载的"Excel 练习文档"中的"3-12 技巧 2.xlsx"表格，将"总计"行数据按从多到少的顺序进行排列（图 3-28）。

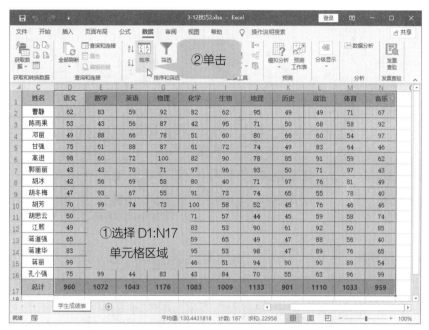

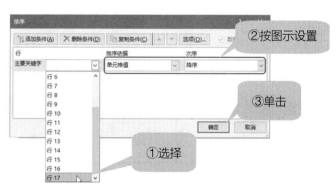

图 3-28

序号	学号	姓名	物理	地理	政治	化学	数学	英语	体育	生物	语文	音乐	历史
1	2021001	曹静	92	95	49	82	83	59	71	62	62	67	49
2	2021034	陈雨果	87	71	68	42	43	56	58	95	53	92	50
3	2021002	邓丽	78	80	60	51	88	66	54	60	49	97	66
4	2021003	甘强	87	74	83	61	61	88	64	72	75	46	49
5	2021004	高进	100	78	91	82	60	72	59	90	98	62	85
6	2021005	郭丽丽	71	93	71	97	43	70	97	96	43	43	50
7	2021006	胡冰	58	71	76	80	56	69	81	40	42	49	97
8	2021007	胡冬梅	55	74	55	91	93	67	78	73	47	40	65
9	2021041	胡芳	73	52	76	100	99	74	46	58	70	46	45
10	2021024	胡思云	68	44	59	71	69	50	58	57	50	74	45
11	2021035	江熙	97	90	92	83	56	87	50	53	49	85	61
12	2021039	蒋道强	93	49	88	59	93	66	56	65	65	40	47
13	2021037	蒋建华	68	98	89	95	79	93	76	53	83	65	47
14	2021030	蒋丽	66	94	90	46	50	82	89	51	99	54	90
15	2021029	孔小强	83	70	63	43	99	44	96	84	75	99	55
		总计	1176	1133	1110	1083	1072	1043	1033	1009	960	959	901

将"总计"行进行了降序排列

图 3-28（续）

小提示

在最初选择排序区域时，不能选择任意单元格区域，否则 A 列的序号数据和 B 列的学号数据也会参与到行排序中，"序号"列和"学号"列数据会排列到数据区域的最后面（图 3-29）。所以在选择排序区域时要排除掉 A 列和 B 列。

姓名	物理	地理	政治	化学	数学	英语	体育	生物	语文	音乐	历史	序号	学号
曹静	92	95	49	82	83	59	71	62	62	67	49	1	2021001
陈雨果	87	71	68	42	43	56	58	95	53	92	50	2	2021034
邓丽	78	80	60	51	88	66	54	60	49	97	66	3	2021002
甘强	87	74	83	61	61	88	64	72	75	46	49	4	2021003
高进	100	78	91	82	60	72	59	90	98	62	85	5	2021004
郭丽丽	71	93	71	97	43	70	97	96	43	43	50	6	2021005
胡冰	58	71	76	80	56	69	81	40	42	49	97	7	2021006
胡冬梅	55	74	55	91	93	67	78	73	47	40	65	8	2021007
胡芳	73	52	76	100	99	74	46	58	70	46	45	9	2021041
胡思云	68	44	59	71	69	50	58	57	50	74	45	10	2021024
江熙	97	90	92	83	56	87	50	53	49	85	61	11	2021035
蒋道强	93	49	88	59	93	66	56	65	65	40	47	12	2021039
蒋建华	68	98	89	95	79	93	76	53	83	65	47	13	2021037
蒋丽	66	94	90	46	50	82	89	51	99	54	90	14	2021030
孔小强	83	70	63	43	99	44	96	84	75	99	55	15	2021029
总计	1176	1133	1110	1083	1072	1043	1033	1009	960	959	901		

错误的结果

图 3-29

技巧 3　筛选出符合多个条件中任意一个条件的数据

前面介绍高级筛选时，都是选出同时符合多个条件的数据，有时则需要选出符合多个条件中任意一个条件的数据。例如，在成绩统计表中，老师想要筛选出成绩不合格的学生，只要学生有一科成绩低于 60 分（不包含 60 分），就视为不合格。

这样的筛选仍然用高级筛选来完成。作为条件的列标题文本必须放在同一行中，且其与筛选的原始数据表格中的列标题文本应完全相同。在列标题下方输入条件文本，将条件文本放在不同的行中。

实战操作：打开下载的"Excel 练习文档"中的"3-13 技巧 3.xlsx"表格，将成绩不合格的学生筛选出来（图 3-30）。

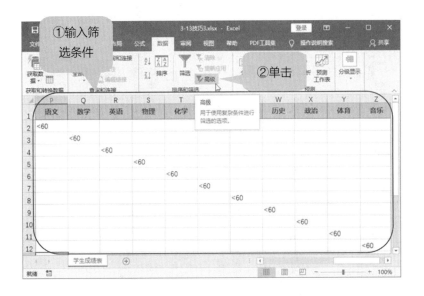

图 3-30

动手练练

打开下载的"Excel 练习文档"中的"3-15 动手练练.xlsx"表格，筛选出 2018 年 5 月 12 日（含）至 2018 年 5 月 17 日（含）的销售数据，并将它们按照商品名称进行升序排列，然后分类汇总其销售额。完成后的结果如图 3-31 所示。

	A	B	C	D	E	F
1	日期	商品	销量	销售额		
2	2018-5-12	4K电视	168	30000.00		
3	2018-5-12	4K电视	396	73700.00		
4	2018-5-12	4K电视	420	78300.00		
5	2018-5-13	4K电视	252	46100.00		
6	2018-5-13	4K电视	288	53000.00		
7	2018-5-14	4K电视	372	69100.00		
8	2018-5-15	4K电视	264	48400.00		
9	2018-5-16	4K电视	264	48400.00		
10	2018-5-16	4K电视	480	89800.00		
11	2018-5-17	4K电视	432	80600.00		
12		4K电视 汇总		617400.00		
13	2018-5-12	冰箱	300	62500.00		
14	2018-5-12	冰箱	336	70300.00		
15	2018-5-13	冰箱	204	41700.00		
16	2018-5-14	冰箱	240	49500.00		
17	2018-5-14	冰箱	384	80700.00		
18	2018-5-14	冰箱	468	98900.00		
19	2018-5-16	冰箱	360	75500.00		
20	2018-5-16	冰箱	372	78100.00		
21		冰箱 汇总		557200.00		
22	2018-5-13	空调	420	95300.00		
23	2018-5-13	空调	552	126100.00		
24	2018-5-14	空调	516	117700.00		
25	2018-5-15	空调	192	42100.00		
26	2018-5-15	空调	288	64500.00		
27	2018-5-15	空调	384	86900.00		
28	2018-5-17	空调	360	81300.00		
29		空调 汇总		613900.00		
30	2018-5-12	手提电脑	492	344100.00		
31	2018-5-13	手提电脑	168	111900.00		
32	2018-5-16	手提电脑	168	111900.00		
33	2018-5-16	手提电脑	324	223700.00		
34		手提电脑 汇总		791600.00		
35	2018-5-12	投影仪	516	155080.00		
36	2018-5-13	投影仪	420	125560.00		
37	2018-5-13	投影仪	528	158770.00		

图 3-31

小提示

如果对表格数据进行筛选之后，再进行排序和分类汇总，则只会对筛选后的数据进行操作，而不会对原始数据有任何影响。不过，如果分类汇总后取消筛选，则会发生错误，大家不妨试试看。为了恢复到之前的正确状态，应先取消分类汇总，再取消筛选。

第4章

公式与函数

常用的数据计算方法你都应该掌握!

本章导读

在数据处理和分析的过程中常常需要进行各种计算，Excel 中的大部分计算工作都要用公式和函数来完成。Excel 中的公式与日常使用的数学公式类似，掌握其输入规律后就能正确输入公式了。掌握了常用的函数，就能极大提高数据分析的效率。

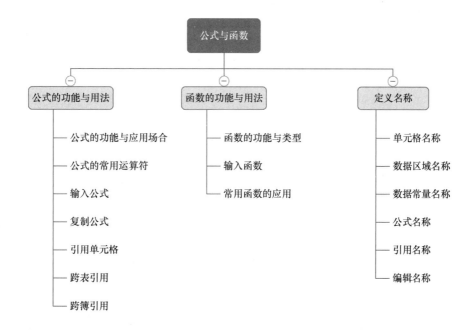

4.1 公式的功能与用法

公式是实现数据计算的重要工具之一，运用公式可以使各类数据处理工作变得便捷起来。例如，销售统计表如果记录了销量和售价数据，就可以通过公式计算出销售额（图4-1）。

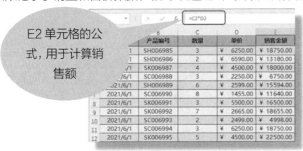

图 4-1

4.1.1 公式的功能与应用场合

Excel 表格的长处就在于可以实现自动计算。公式就是能够让 Excel "看懂" 计算要求的算式。例如，在只统计了出生日期的表格中，可以通过计算得出年龄；在只有销售额的表格中，可以根据销售提成算法计算出对应的提成数据；在有计划完成目标和实际完成情况的表格中，可以计算出实际完成率……

Excel 中的公式以等号 "=" 开头，后面跟公式主体。公式主要由等号、运算符、数据、单元格引用、函数、括号 6 个部分组成，其中运算符包括加（+）、减（-）、乘（*）、除（/）、乘方（^）等（图4-2）。

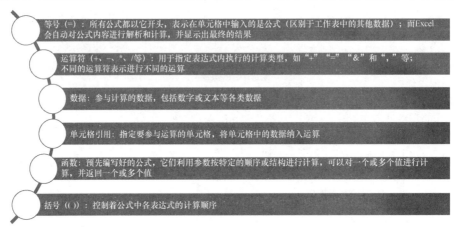

图 4-2

使用公式计算，实际上就是使用运算符，通过等式的方式对工作表中的数值、文本、单元格引用、函数等执行计算。例如，公式 "=A1+B1+C1+200"，就表示对 A1、B1 和 C1 这 3 个单元格中的数据求和，将其结果再加上 200。

> **小提示**
>
> 公式虽然由这 6 个部分组成，但并不是每一个公式都必须包含这 6 个部分。一个公式既可以包含这 6 个部分，也可以只包含其中的某几个部分。

4.1.2 公式的常用运算符

Excel 中的公式除了基本的加、减、乘、除等运算方法外，还有 3 种运算方式：比较运算、文本连接运算、引用运算。每一种运算方式都有相应的运算符。

（1）算术运算符

算术运算是最常见的运算方式，也就是进行加、减、乘、除等数学运算，并生成数值结果。算术运算符是所有运算符中使用频率最高的。Excel 中可以使用的算术运算符如表 4-1 所示。

表 4-1

算术运算符	符号说明	应用示例	运算结果
+（加号）	进行加法运算	9+3	12
-（减号）	进行减法运算	9-3	6
*（乘号）	进行乘法运算	9×3	27
/（除号）	进行除法运算	9÷3	3
%（百分号）	进行百分比运算，将一个数缩小至原来的 1/100	9%	0.09
^（求幂）	进行乘方运算	9^3	729

> **小提示**
>
> Excel 中的计算公式与日常使用的数学计算式相比，运算符号有所不同，其中算术运算符中的乘号和除号分别用"*"和"/"符号表示，区别于数学中的"×"和"÷"。

（2）比较运算符

在了解比较运算时，首先需要了解两个特殊类型的值，一个是"TRUE"，另一个是"FALSE"，它们分别表示逻辑值"真"和"假"，理解为"对"和"错"也可。例如，某人说 1 是大于 2 的，那么这个说法是错误的，可以使用逻辑值"FALSE"来表示这个结果，这样规定是为了方便 Excel 据此进行后续的计算。例如，在 IF() 函数中，可以根据返回的值是"TRUE"还是"FALSE"来进行不同的计算操作。

当需要比较数据的大小或进行判断时，就需要使用比较运算符，而比较运算得到的结果就是逻辑值"TRUE"或"FALSE"。Excel 中的比较运算符如表 4-2 所示。

表 4-2

比较运算符	符号说明	应用示例	运算结果
=（等号）	判断=左右两边的数据是否相等，如果相等返回 TRUE，不相等返回 FALSE	=18=10	FALSE
>（大于号）	判断>左边的数据是否大于右边的数据，如果大于返回 TRUE，小于则返回 FALSE	=18>10	TRUE
<（小于号）	判断<左边的数据是否小于右边的数据，如果小于返回 TRUE，大于则返回 FALSE	=18<10	FALSE
>=（大于等于号）	判断>=左边的数据是否大于等于右边的数据，如果大于等于返回 TRUE，否则返回 FALSE	=18>=10	TRUE
<=（小于等于号）	判断<=左边的数据是否小于等于右边的数据，如果小于等于返回 TRUE，否则返回 FALSE	=18<=10	FALSE
<>（不等于号）	判断<>左边的数据是否不等于右边的数据，如果不等于返回 TRUE，否则返回 FALSE	=18<>10	TRUE

> **小提示**
>
> 比较运算符也适用于文本的比较。例如，A1单元格中包含Amy，A2单元格中包含David，则"=A1<A2"公式将返回"TRUE"，因为Amy在字母顺序上排在David的前面。

（3）文本运算符

Excel中的文本运算符只有一个——"&"，用于连接一个或多个文本字符串，以生成一个新的文本字符串。使用文本运算符"&"可以连接下面3种类型的数据，其用法及举例说明如表4-3所示。

表4-3

连接类型	注意事项	应用示例	示例的简单解释
连接文本内容	需要为文本内容加上英文引号，以表示该内容为文本	="学习"&"Excel"	将两个文本字符串"学习"和"Excel"连接为一个，最后公式得到的结果为一个新的字符串"学习Excel"
连接数字	数字可以直接输入，不用添加引号	=2021&0031	将两个数字"2021"和"0031"连接为一个字符串，最后公式得到的结果为"20210031"
连接单元格中的数据	直接输入单元格地址即可	=A1&A2	将A1和A2单元格中的内容连接在一起（而不是相加），假设A1单元格中包含2021，A2单元格中包含0031，则公式得到的结果为"20210031"

（4）引用运算符

引用运算符用于"告诉"Excel用户想要引用哪些单元格的运算符。引用运算符主要包括范围运算符、联合运算符和交集运算符3个，它们的具体说明如表4-4所示。

表4-4

引用运算符	符号说明	应用示例	运算结果
:（冒号）	范围运算符，可以引用一个矩形的单元格区域	A1:B3	引用A1、A2、A3、B1、B2、B3共6个单元格中的数据。A1是这个矩形区域最左上的单元格，B3是最右下的单元格
,（逗号）	联合运算符，可以引用无规则的任意个数的单元格	A1,D8,B3:D3	引用A1、D8、B3、C3、D3共5个单元格中的数据
（空格）	交集运算符，引用两个单元格区域（或单元格）中共有的部分	B3:E4 D1:D5	引用B3:E4单元格区域与D1:D5单元格区域的共有单元格中的数据，即引用D3和D4单元格中的数据

> **小提示**
>
> 为了保证公式结果的单一性，Excel内置了运算符的优先顺序，从而使公式按照这一特定的顺序从左到右进行计算，并得出计算结果。运算符的优先顺序如表4-5所示。

表4-5

优先顺序	运算符	说明
1	:,	引用运算符：冒号、单个空格和逗号
2	-	算术运算符：负号（获得与原值正负号相反的值）
3	%	算术运算符：百分比
4	^	算术运算符：乘幂
5	*和/	算术运算符：乘和除
6	+和-	算术运算符：加和减
7	&	文本运算符：连接文本
8	=,<,>,<=,>=,<>	比较运算符：比较两个值

例如，公式"=A2+B2*C2*D2>E2"，在运算过程中会先计算"B2*C2*D2"的结果，然后将结果加上A2单元格中的数据，最后与E2单元格中的数据进行比较，得到的结果是一个逻辑值。

4.1.3 输入公式

输入公式看起来是一项很简单的工作，但实际上从这里开始人与人之间就能拉开工作效率上的差距。输入公式的 4 个基本步骤如下。

① 将输入法切换到英文半角模式（若发现当前为全角模式，请务必切换至半角模式）。
② 从"="开始输入。
③ 选择需要计算的单元格，快速引用单元格，输入公式；也可以直接在英文状态下输入单元格名称。
④ 按【Enter】键确定输入。

实战操作：打开下载的"Excel 练习文档"中的"4-1 输入公式.xlsx"表格，输入公式并计算出表格中"SH006985"产品当日的销售额（图 4-3 和图 4-4）。

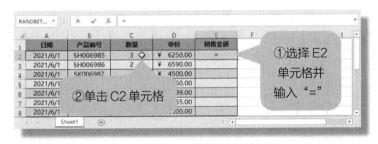

图 4-3

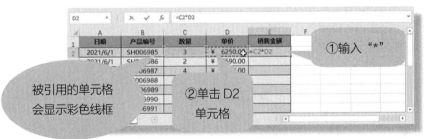

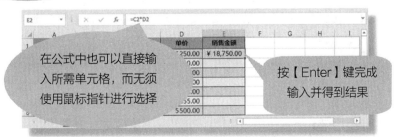

图 4-4

小提示

部分输入法中默认选择中文标点时就会采用全角模式，选择英文标点时就会采用半角模式。而有些输入法中需要单独设置全角（用圆形代表）或半角（用半圆形代表）模式，单击圆形或半圆形即可在这两个模式间进行切换。如果输入法状态栏中没有出现全/半角模式符号，可以打开输入法的设置界面进行设置。

小提示

输入公式前，需要厘清公式的组成逻辑。可以先用文字加运算符的方式将公式表示出来，再将文字转换成对应的单元格地址，这样不容易出错。例如，本例需要计算的是产品销售额，先用文字加运算符的方式列出公式，然后将文字换成单元格地址（图4-5）。

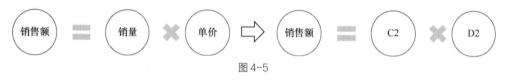

图4-5

快速拓展

1. 尝试在功能区的下方显示出编辑栏，方便进行公式和函数的输入与编辑。操作方法：单击"视图"选项卡，在"显示"组中选中"编辑栏"复选框。
2. 尝试输入公式并计算出表格中其他产品当日的销售额。

4.1.4 复制公式

在工作表中，经常需要对一些数据进行类似的计算。例如，需要在"销售金额"列中计算出不同产品的销售额。它们的计算公式基本相同，只是需要调用的单元格不同。如果已经输入公式并计算了其中一个产品的销售额，此时若逐个输入公式再计算结果，就会增加计算的工作量。而对公式进行复制，只需要简单的两步就能完成。这里根据表格中的"销售金额"列计算不同产品的销售额（图4-6）。

日期	产品编号	数量	单价	销售金额
2021/6/1	SH006985	3	¥ 6250.00	¥ 18750.00
2021/6/1	SH006986	2	¥ 6590.00	¥ 13180.00
2021/6/1	SK006987	4	¥ 4500.00	¥ 18000.00
2021/6/1	SC006988	3	¥ 2250.00	¥ 6750.00
2021/6/1	SH006989	6	¥ 2599.00	¥ 15594.00
2021/6/1	SC006990	8	¥ 1455.00	¥ 11640.00
2021/6/1	SK006991	3	¥ 5500.00	¥ 16500.00
2021/6/1	SK006992	7	¥ 2665.00	¥ 18655.00
2021/6/1	SC006993	2	¥ 2499.00	¥ 4998.00
2021/6/1	SC006994	3	¥ 6250.00	¥ 18750.00
2021/6/1	SK006995	5	¥ 4500.00	¥ 22500.00

通过复制公式，快速计算不同产品的销售额

图4-6

实战操作：打开下载的"Excel练习文档"中的"4-2 复制公式.xlsx"表格，将表格中E2单元格的公式复制到E3:E12单元格区域（图4-7）。

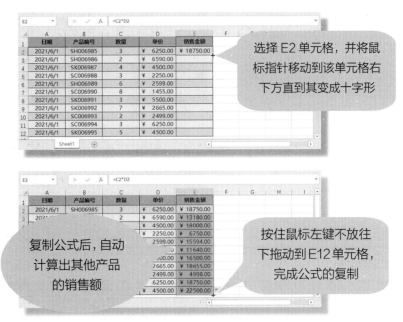

图 4-7

小提示

如果需要将公式复制到不相邻的单元格中，可以先按【Ctrl+C】组合键复制包含公式的单元格内容，然后选择目标单元格，单击"粘贴"按钮下方的下拉按钮，在弹出的下拉菜单中选择"公式"选项。

4.1.5 引用单元格

前面已经提到了，在公式中可以直接指定使用哪个单元格中的数据，这就叫"引用单元格"。Excel 中有 3 种单元格引用方式。

（1）相对引用

相对引用是指引用单元格的相对位置，用"列标+行号"的格式表示，如 C2。默认情况下，输入的公式使用相对引用方式。

采用相对引用后，如果多行或多列地复制公式，则引用的单元格的行列位置也会随之发生等距的变化。如上个案例中，将 E2 中的公式复制到下面的单元格后，公式中引用的单元格随之发生了等距的变化，例如 E6 单元格中的公式会自动成为"=C6*D6"（图 4-8）。

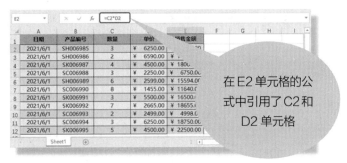

图 4-8

图 4-8（续）

小提示

如果要引用整行或整列，可省去列标或行号，如 1:1 表示第一行，A:A 表示 A 列。

（2）绝对引用

绝对引用是指在公式中引用的单元格位置固定不变。要实现绝对引用，则需要在单元格的列标和行号前分别添加冻结符号"$"，如$C$2。

采用绝对引用后，即使多行或多列地复制公式，引用的单元格也不会发生变化。例如，在统计各产品的销售额占比时，计算公式为"各产品的销售额/总销售额"，其中，总销售额数据在 E13 单元格，它的位置是固定不变的，在公式中表示为E13。这样，复制的公式才能正确地引用 E13 单元格中的数据，得到正确的结果（图 4-9）。

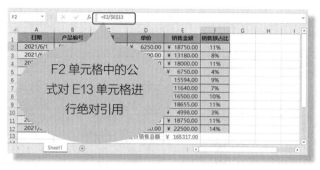

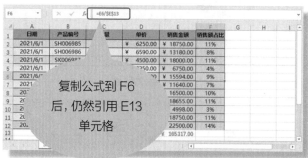

图 4-9

（3）混合引用

混合引用是指在一个单元格引用中既有相对引用部分，又有绝对引用部分。混合引用具有绝对引用列和相对引用行、绝对引用行和相对引用列两种形式。绝对引用列和相对引用行采用"$+列标+行号"的格式表示，如$A1、$B1，可以概括为"行变列不变"；绝对引用行和相对引用列采用"列标+$+行号"的格式表示，如 A$1、B$1，可以概括为"列变行不变"。

例如，要计算不同定价和销量情况下的销售额，计算公式为"=定价×销量"，其中，定价显示在第 2 行的 3 个单元格中，销量显示在 A 列的多个单元格中。在复制公式时，需要让横向的复制保持选择 A 列中该行的单元格，让竖向的复制保持选择该列中的第 2 个单元格，所以输入公式"=$A3*B$2"，此后才能得到正确的各定价与销量对应的销售额（图 4-10）。

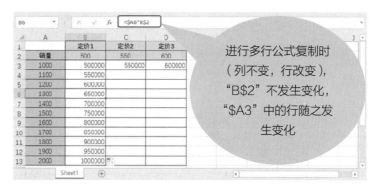

图 4-10

小提示

在 Excel 中创建公式时，可能需要在公式中使用不同的单元格引用方式，按【F4】键可以快速在相对引用、绝对引用和混合引用之间进行切换。例如，输入默认的引用方式 A1，然后反复按【F4】键，就会在A1、A$1、$A1 和 A1 之间快速切换。

快速拓展

混合引用理解起来比较困难，尝试输入公式"=A$3*$B2"，并将其复制到相邻的行和列，看看计算结果会如何改变。

4.1.6 跨表引用

在工作中，有时还需要引用同一工作簿中其他工作表的单元格，此时只需要切换到相应的工作表并进行引用即可。例如，在进行销售额预估时，如果在其他表格中对各种定价及各种销量情况下的数据进行了预估，则在进行方案提交时，可以直接调用合适的数据项用于计算。

实战操作：打开下载的"Excel 练习文档"中的"4-3 跨表引用.xlsx"表格，由于"方案"工作表中"与目标差距"列的计算公式为"销售额目标-预计销售额"，而"预计销售额"列数据来源于"销售额计算"工作表中"定价2"列的部分数据，因此需要引用这部分数据到"方案"工作表中进行计算（图4-11）。

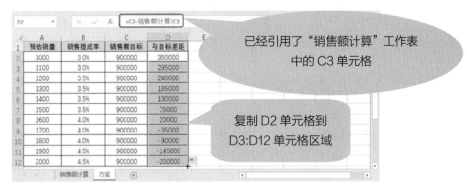

图 4-11

小提示

跨表引用的单元格可以直接用于公式和函数计算。只需要在完成单元格的引用后，返回公式或函数所在的工作表继续编辑公式或函数即可。

快速拓展

观察引用同一工作簿中其他工作表的单元格时，单元格引用的表达式有什么区别，尝试按照这样的表达式手动输入公式，看看能不能正常引用单元格。操作提示：单元格引用的行号和列标前添加了工作表名称和半角感叹号"!"。

4.1.7 跨簿引用

如果需要引用其他工作簿中的单元格，方法与引用同一工作簿中其他工作表的单元格类似。只不过需要先打开要引用单元格所在的其他工作簿，然后通过"切换窗口"的方式来选择其他工作簿中的单元格。

实战操作：打开下载的"Excel 练习文档"中的"4-4 跨簿引用.xlsx"表格和"1 月销售额.xlsx"表格。引用"1 月销售额"工作簿中"与目标差距"列的数据到"4-4 跨簿引用"工作簿中，计算出 2 月的销售额目标（图 4-12）。

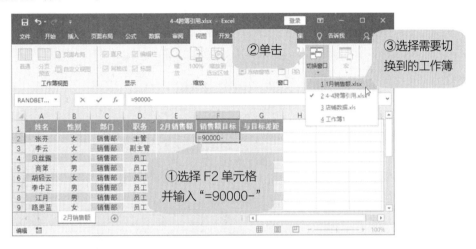

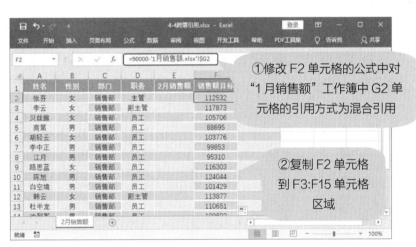

图 4-12

小提示

跨工作簿引用单元格时，默认采用绝对引用方式，同样可以按照前面介绍的方法手动改变单元格的引用方式。

快速拓展

引用其他工作簿中的单元格数据后，该数据会一直保持与原来工作簿中数据的链接关系吗？尝试修改被引用工作簿中的单元格数据，看看当前工作簿中的数据是否会自动进行更改。操作提示：选择引用了其他工作簿中数据的单元格，单击"数据"选项卡的"查询和连接"组中的"编辑链接"按钮，打开"编辑链接"对话框，单击"更新值"按钮（图 4-13）。

图 4-13

4.2 函数的功能与用法

函数是预先编写好的公式，可以将其理解成一种特殊的公式，在需要使用时直接调用。运用函数可以使各类数据处理工作变得更简单、便捷。

例如，要计算某个有 14 人的销售团队的平均销售额，就需要先引用单元格计算出 14 个人的总销售额，再除以 14，公式为"=(E2+E3+E4+E5+E6+E7+E8+E9+E10+E11+E12+E13+E14+E15)/14"。如果使用函数进行计算，就简单多了，只需要调用计算平均值函数 AVERAGE()，输入"=AVERAGE(E2:E15)"即可，最终结果与公式的计算结果一致（图 4-14）。

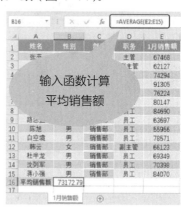

图 4-14

4.2.1 了解函数

函数除了可以简化公式、更高效地计算数据以外，还可以实现一些用公式较难完成或无法完成的功能。例如，提取一组数据中的最大值；让数据在大于某个值时执行一种计算，否则执行另一种计算等。

Excel 提供了大量的函数，每个函数的功能都不相同，都代表了一个复杂的运算过程，但各函数的结构还是大同小异的。函数的具体结构如图 4-15 所示。

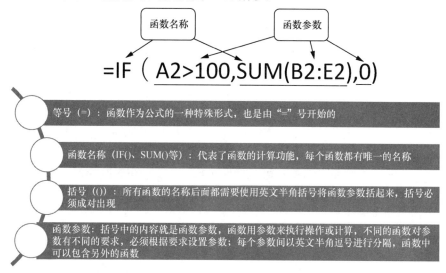

图 4-15

> **小提示**
>
> 函数中的参数可以是数字、文本、逻辑值、数组、错误值或单元格引用，也可以是常量、公式或其他函数。不同函数的参数个数有所不同，个别函数没有参数，如 NOW()、TODAY()、RAND()等，有些函数只有一个参数，有些函数有固定数量的参数，有些函数又有数量不确定的参数，还有些函数中的参数是可选的。

Excel 中有几百个函数，虽然不需要完全掌握它们就能解决绝大部分问题，但是在学习之前，读者还是应该知道 Excel 中到底有哪几类函数及它们都能实现什么运算。

根据函数功能，主要将函数分为 11 个类别，在函数的使用过程中，可以根据这种分类进行函数定位。

① 逻辑函数：用于测试某个条件，返回逻辑值 TRUE 或 FALSE，如果要对数字进行逻辑判断，则 0=FALSE，所有非 0 数值=TRUE；逻辑函数的计算结果如要参与到数值运算中，则 TRUE=1，FALSE=0。

② 文本函数：处理文本字符串的函数，主要进行截取、查找文本等处理，也可以改变文本的编写状态，如将数值转换为文本。

③ 数学和三角函数：用于实现各种数学计算和三角函数计算。

④ 统计函数：用于对一组或多组数据进行统计学分析，例如计算平均值、标准差等。

⑤ 日期和时间函数：用于分析或处理公式中的日期和时间值。

⑥ 财务函数：用于进行财务统计和计算，是财务人员减轻日常工作量的"好帮手"。

⑦ 查找与引用函数：用于在数据清单或工作表中查询特定数值或某个单元格引用。

⑧ 工程函数：常用于工程应用中，可以处理复杂的数字，在不同的计数体系和测量体系之间转换，如将十进制转换为二进制。

⑨ 多维数据集函数：用于返回多维数据集中的相关信息，如返回多维数据集中的成员属性的值。

⑩ 信息函数：用于确定单元格中数据的类型，也可以使单元格在满足一定条件时返回逻辑值。

⑪ 数据库函数：用于对存储在数据清单或数据库中的数据进行分析，判断其是否符合某些特定条件。

4.2.2 输入函数

函数的语法结构:每个函数都有其单独的语法结构,通常表示为"=函数名(参数1,参数2,……)"。

只要掌握了函数的语法结构,知道函数的有效参数是哪些,输入函数也就变得非常简单了。输入函数与输入公式的步骤类似,主要有以下5个基本步骤。

① 用英文半角模式输入(若发现当前为全角模式,请务必切换至半角模式)。

② 从"="开始输入。

③ 选择或输入函数名称,输入过程中会出现具有相同开头的函数候补名单,此时可以从名单中选择函数,也可以继续手动输入。

④ 直接在英文状态下输入括号和各参数的有效值,遇到要引用单元格时,可以直接选择需要计算的单元格,快速引用单元格。

⑤ 按【Enter】键确定输入。

实战操作:打开下载的"Excel 练习文档"中的"4-5 输入函数.xlsx"表格,输入平均值函数来计算出表格中所有员工的平均销售额(图4-16)。

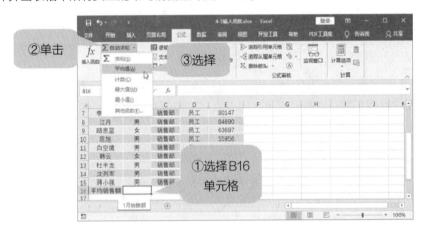

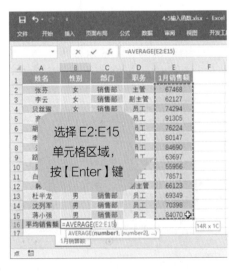
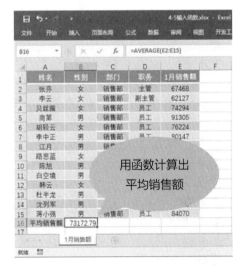

图 4-16

> **小提示**
>
> 在不熟悉函数的用法时，可以向 Excel 求助。单击"公式"选项卡的"函数库"组中的"插入函数"按钮，在打开的"插入函数"对话框中，有对函数的作用和每个参数含义的介绍。

> **快速拓展**
>
> 尝试用函数统计出销售总额、最大销售额、最小销售额。

4.2.3 逻辑函数

Excel 提供了 7 个用于进行逻辑判断的函数，虽然数量不多，但它们的应用却十分广泛。逻辑函数能够让 Excel 具有判断力，通常情况下，它们会与其他函数结合使用，实现有选择性地筛选、调用信息等。

逻辑函数中的 IF() 函数可以进行简单的条件判断，并根据逻辑计算的真假值返回不同结果，其语法结构如下：

```
IF(logical_test,[value_if_true],[value_if_false])
```

其中 logical_test 是必选参数，表示计算结果为 TRUE 或 FALSE 的任意值或表达式。value_if_true 和 value_if_false 为可选参数：value_if_true 表示 logical_test 为 TRUE 时要返回的值，可以是任意数据；value_if_false 表示 logical_test 为 FALSE 时要返回的值，也可以是任意数据。

这里使用 IF() 函数对表格中的"请假类别"列进行判断，如果为"病假"，则不扣除工资，其他原因的请假则扣除 300 元。

实战操作：打开下载的"Excel 练习文档"中的"4-6 逻辑函数.xlsx"表格，使用 IF() 函数对表格中 D2:D32 单元格区域的数据进行判断，如果为"病假"，则返回"0"，否则返回"300"（图 4-17）。

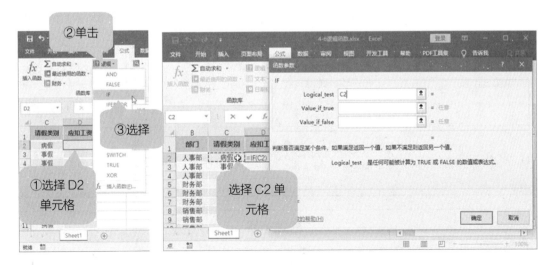

图 4-17

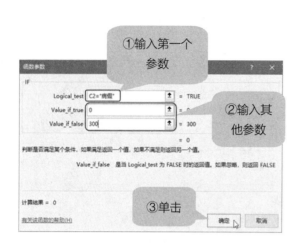 

图 4-17（续）

除了 IF() 函数，逻辑函数中的 AND()、OR()、NOT() 等函数也很常用，而且常常是嵌套到其他函数中进行运用的。下面对常用的逻辑函数进行举例说明，如表 4-6 所示。

表 4-6

函数语法	功能	应用示例	示例的简单解释
AND(logical1,[logical2],...)	判断是否同时满足多个条件，如是即返回 TRUE，否则返回 FALSE	=IF(AND(D3>6,E3>80),"优秀","")	判断 D3 单元格是否大于 6，同时 E3 单元格是否大于 80，如果两个条件都满足，则 IF() 函数返回"优秀"，否则 IF() 函数将返回空文本
OR(logical1,[logical2], ...)	判断是否满足多个条件中的任意一个，如是即返回 TRUE，如果都不满足则返回 FALSE	=IF(OR(D3>6,E3>80),"优秀","")	判断 D3 单元格是否大于 6，E3 单元格是否大于 80，只要满足其中一个条件，则 IF() 函数返回"优秀"；如果两个条件都不满足，则 IF() 函数返回空文本
NOT(logical)	用于对参数值求反	=IF(NOT(A2+2=4),A2，4)	判断 A2 单元格中的数据加 2 是否等于 4，如果不等于 4，则 IF() 函数返回 A2 单元格中的数据，否则 IF() 函数返回"4"
IFERROR(value,value_if_error)	用于捕获和处理公式中的错误	=IFERROR(A2,"公式出错")	检查 A2 单元格中是否存在错误的公式，如果存在则返回"公式出错"，否则直接计算出结果

快速拓展

尝试用 IF() 函数对表格中的"部门"和"请假类别"列数据进行判断，当销售部的员工请假时不扣除工资，其他部门员工请病假时不扣除工资，其他原因的请假扣除 300 元。操作提示：需要用 AND() 函数对两个条件进行判断。

4.2.4 文本函数

Excel 提供了多个用于处理文本的函数，这些函数的主要功能包括截取、查找或搜索文本中的某个（些）特殊字符、转换文本格式，以及获取文本的其他信息等。其中，截取、查找或搜索文本类函数的应用频率比较高，下面以截取类文本函数中的 MID() 函数为例进行讲解。

MID() 函数能够从文本指定位置起提取指定个数的字符，其语法结构如下：

```
MID(text,start_num,num_chars)
```

其中的 text 为必选参数，代表包含要提取字符的文本字符串。start_num 代表文本中要提取的第一个字符的位置，文本中第一个字符的 start_num 为 1，依此类推。num_chars 用于指定 MID() 函数从文本字符串中返回字符的个数。

这里使用 MID() 函数从表格中的身份证号码中提取出生日期，由于身份证号码中从第 7 位开始的 8 个数字代表出生日期，因此提取这 8 个数就可以得知身份证号码所有者的出生日期。

实战操作：打开下载的"Excel 练习文档"中的"4-7 文本函数.xlsx"表格，使用 MID() 函数在表格 C2:C10 单元格区域的身份证号码中从第 7 位开始提取 8 个数字（图 4-18）。

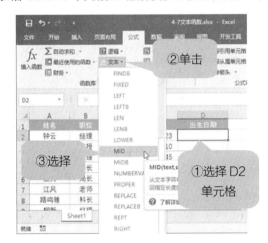
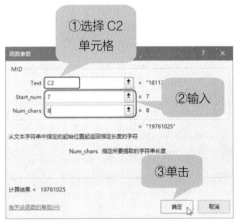

图 4-18

除了 MID() 函数，文本函数中的 EXACT()、LEFT()、RIGHT() 等函数也很常用。下面对常用的文本函数进行举例说明，如表 4-7 所示。

表 4-7

函数语法	功能	应用示例	函数的简单解释
EXACT(text1, text2)	用于比较两个字符串是否相同	=IF(EXACT(A1,B1),100,0)	判断 A1 和 B1 单元格中的字符串是否完全相同，相同则返回"100"，否则返回"0"
LEFT(text, [num_chars])	从文本左侧起提取指定个数的字符	=LEFT(A1)	提取 A1 单元格数据中的第 1 个字符
RIGHT(text,[num_chars])	从文本右侧起提取指定个数的字符	=RIGHT(A1,3)	提取 A1 单元格数据中的最后 3 个字符
TEXT(value, format_text)	将数值转换为文本，并可使用户使用特殊格式字符串来指定显示格式	=TEXT(3.1415,"#.00")	将数值"3.1415"转换为两位小数形式，返回"3.14"
FIND(find_text, within_text, [start_num])	以字符为单位并区分大小写地查找指定字符的位置	=FIND("M",A2,3)	在 A2 单元格的字符串中，从第 3 个字符开始查找第 1 个"M"的位置
SEARCH(find_text, within_text, [start_num])	以字符为单位查找指定字符的位置	=SEARCH("e",A2,6)	在 A2 单元格的字符串中，从第 6 个位置开始查找第 1 个"e"的位置

> **小提示**
>
> FIND()函数和 SEARCH()函数的功能都是以字符为单位查找指定字符的位置，不同的是，SEARCH()函数在比较文本时不区分大小写，但是它可以在 find_text 参数中使用通配符"？"和"*"进行比较。通配符是一种特殊符号，用于替代任意字符，实现模糊搜索。其中，问号"？"仅代表单个字符，星号"*"可以代表任何个数的字符。如输入"computer*"，就可以找到"computer""computers""computerised""computerized"等内容；而输入"comp?ter"，则只能找到"computer""compater""competer"等内容。

> **快速拓展**
>
> 尝试用 LEFT()函数提取"身份证号码"列中数据最左侧的 6 个数字，这 6 个数字代表了出生地。

4.2.5 数学和三角函数

Excel 提供的数学和三角函数基本上包含了我们平时经常使用的各种数学公式和三角函数，使用这些函数，可以完成各种常见的数学运算和数据舍入处理等。数学和三角函数经常用在专业的数学数据处理中，相较而言，数据舍入类函数的使用场景比较多。数据舍入类函数中的 INT()函数是经常使用的，而且常常用于对除法运算的结果数据进行取整。下面就以该函数为例进行讲解。

INT()函数可以依照给定数的小数部分，将其向下舍入为最接近的整数，也可以简单地理解为去掉一个数的小数部分，其语法结构如下：

```
INT(number)
```

number 代表要进行舍入操作的数据。使用 INT()函数得到的永远是最接近原数字，但小于原数字的整数。这里使用 INT()函数对表格中"可兑换优惠券（张）"列的数据取整，积分兑换公式为"拥有积分/50"，表示每 50 个积分可以兑换一张优惠券。

实战操作：打开下载的"Excel 练习文档"中的"4-8 数学和三角函数.xlsx"表格，使用 INT()函数对表格中 C2:C14 单元格区域的数据进行除法运算，并将结果向下舍入为整数（图 4-19）。

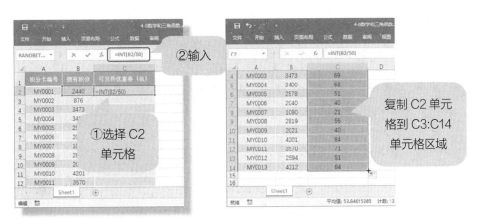

图 4-19

除了 INT() 函数，逻辑函数中的 ABS()、PRODUCT()、MOD() 等函数也很常用，而且常常是嵌套到其他函数中进行运用的。下面对常用的逻辑函数进行举例说明，如表 4-8 所示。

表 4-8

函数语法	功能	应用示例	函数的简单解释
ABS(number)	计算数值的绝对值	=ABS(A1-A2)	对 A1、A2 单元格中数据的差值取绝对值
PRODUCT(number1, [number2], ...)	计算函数所有参数的乘积	=PRODUCT(A1:A3,C1:C3)	计算 A1、A2、A3、C1、C2、C3 这 6 个单元格中数据的乘积
MOD(number, divisor)	计算两数相除的余数	=MOD(A1,B1)	得到 A1 单元格中数据除以 B1 单元格中数据后的余数
RAND()	该函数没有参数，用于返回一个大于等于 0 且小于 1 的平均分布的随机实数	=RAND()*100	返回大于等于 0 且小于 100 的随机数字，每次计算时都会返回一个新的随机实数
TRUNC(number, [num_digits])	将数值截为整数或保留指定位数的小数	=TRUNC(3.1415)	返回 3.1415 的整数部分，即 "3"
ROUND(number, num_digits)	按指定位数对数值进行四舍五入	=ROUND(3.1415,3)	将 3.1415 四舍五入为 3 位小数，返回 "3.142"

> **小提示**
>
> INT() 函数与 TRUNC() 函数类似，都可以用来返回整数。它们在处理正数时，结果是相同的，但在处理负数时结果就明显不同了。如果使用 INT() 函数返回 8.025 的整数部分，输入 "=INT(8.025)" 即可，返回 "8"。如果使用 INT() 函数返回 –8.025 的整数部分，输入 "=INT(–8.025)"，将返回 "–9"，因为 –9 是小于 –8 但最接近 –8 的整数；而使用 TRUNC() 函数则直接返回 –8.965 的整数部分，即 "–8"。

> **快速拓展**
>
> 1. 尝试用 MOD() 函数完成用积分兑换优惠券的运算，公式为 "拥有积分/50"。
> 2. 尝试用 TRUNC() 和 ROUND() 函数对本例中的除法运算结果进行舍入操作，看看结果是否符合逻辑。

4.2.6 统计函数

Excel 提供了丰富的统计函数，根据函数的具体功能，可将其细分为数理统计函数、分布趋势函数、线性拟合和预测函数、假设检验函数和排位函数。掌握常用的统计函数，可以方便地完成各种数据统计工作。SUM()、AVERAGE()、MAX()、MIN()、COUNT()等函数十分常用。前面在介绍函数输入的部分已经以 AVERAGE()函数为例讲解了一个案例，下面以 SUM()函数为例进行讲解。

SUM()函数可以对所选单元格或单元格区域进行求和计算，其语法结构如下：

```
SUM(number1,[number2],...])
```

其中，number1,number2,...表示 1~255 个需要求和的参数，number1 是必选参数，number2,...为可选参数。例如，要计算 1 月销售额的总和，需要用 SUM()函数求各销售人员的销售额之和。

实战操作：打开下载的"Excel 练习文档"中的"4-9 统计函数.xlsx"表格，使用 SUM()函数对表格中 E2:E15 单元格区域的数据进行求和计算（图 4-20）。

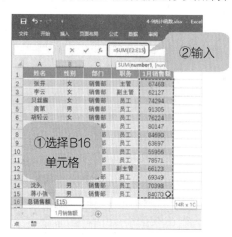

图 4-20

除了 SUM()和 AVERAGE()函数，统计函数中的 COUNT()、MAX()、MIN()等函数也很常用，下面对常用的统计函数进行举例说明，如表 4-9 所示。

表 4-9

函数语法	功能	应用示例	函数的简单解释
COUNT(value1,[value2],...)	获取某单元格区域或数值数组中数字字段的个数	=COUNT(A3:A20)	计算 A3:A20 单元格区域中数字的个数，如果此区域中有 5 个单元格包含数字，则计算结果为 5
MAX(number1,[number2],...)	计算一组数据中的最大值	=MAX(A3:A20)	求出 A3:A20 单元格区域中的最大值
MIN(number1, [number2], ...)	计算一组数据中的最小值	=MIN(A3:A20)	求出 A3:A20 单元格区域中的最小值
SUMIF(range,criteria,[sum_range])	用于根据指定的单个条件对单元格区域中符合该条件的值进行求和	=SUMIF(A3:A20,">5")	对 A3:A20 单元格区域中大于 5 的数值进行求和
SUMIFS(sum_range, criteria_range1,criteria1, [criteria_range2,criteria2], ...)	用于计算满足多个条件的全部参数的总和	=SUMIFS(A3:A20, B3:B20,"=香*",C3:C20,"泸州")	计算 B3:B20 单元格区域中以"香"字开头并且 C3:C20 单元格区域为"泸州"的数据对应在 A3:A20 单元格区域中的数据的总和
COUNTA(value1, [value2], ...)	计算单元格区域中所有不为空的单元格的个数	=COUNTA(A3:A20)	统计 A3:A20 单元格区域中所有非空值单元格的个数

> **小提示**
>
> SUMIF()函数是做二维汇总表的经典函数，它兼具了 SUM()函数的求和功能和 IF()函数的条件判断功能。其语法结构中的 range 和 criteria 为必需参数，range 代表用于进行条件计算的单元格区域，criteria 代表用于确定对哪些单元格求和的条件。当求和区域即为参数 range 所指定的区域时，可省略参数 sum_range。

> **快速拓展**
>
> 1. 尝试用 SUM()函数统计部分销售人员的销售额总和，注意选择不相邻的几个单元格进行求和。操作提示：不相邻的各单元格之间需要用英文半角逗号隔开。
> 2. 尝试用 MAX()、MIN()函数统计出当月的销售额最高和最低数据。
> 3. 尝试用 SUMIF()函数统计出所有男性销售员的总销售额。

4.2.7 日期与时间函数

日期和时间序列号是 Excel 用于进行日期和时间计算的"日期-时间"代码。Excel 中的日期和时间本质上是以天为单位的数值形式存储的，更准确地说，是以序列号进行存储的。默认情况下，Excel 将 1900/1/1 0:00:00 存储为 1（即序列号为 1），将此后的每一个时刻存储为该时刻与 1900/1/1 0:00:00 的差值。例如，2021/3/14 12:32:03 与 1900/1/1 0:00:00 的差值是 44268.52（以天为单位，整数部分代表天，小数部分代表的是时间，通过除以 24 得出，即按二十四进制进行计算）。

由于日期和时间的计数进制不同，许多人在 Excel 中处理日期和时间数据时容易出错。要避免出错，除了需要掌握设置单元格格式为日期和时间格式的方法外，还需要掌握相应的日期与时间函数来完成对日期和时间数据的计算和统计。其中的 TODAY()函数是较为常见的，但是它一般需要与其他日期与时间函数结合起来使用，下面以 TODAY()和 YEAR()函数为例进行讲解。

TODAY()函数用于返回当前日期的序列号，不包括具体的时间值。其语法结构如下：

```
TODAY()
```

该函数不需要设置参数。例如，当前是 2020 年 9 月 9 日，输入公式"=TODAY()"即可返回"2020-9-9"。如果使用选择性粘贴功能只粘贴返回的单元格数据的值，可得到数字"44083"，表示 2020 年 9 月 9 日距 1900 年 1 月 1 日 44083 天。

> **小提示**
>
> 如果在输入 TODAY()函数之前单元格格式为"常规"，Excel 会将单元格格式更改为"日期"。若要显示为序列号，则必须将单元格格式更改为"常规"或"数字"。

YEAR()函数可以返回某日期对应的年份，其返回值的范围是 1900~9999 的整数。其语法结构如下：

```
YEAR(serial_number)
```

参数 serial_number 是一个包含要查找年份的日期值，这个日期值可以是标准的日期格式也可以使用 TODAY()函数或其他结果为日期的函数或公式来设置。

例如，表格中统计了相关人员的出生年月，需要根据当前系统时间计算出他们当前的年龄，此时就需要结合使用 TODAY() 和 YEAR() 函数来进行计算。首先使用 TODAY() 函数返回当前日期,再将返回结果作为 YEAR() 函数的参数,得到当前年份数据,用其减去对应的从出生日期中提取的年份数据,就可以得到相关人员的当前年龄了。

实战操作:打开下载的 "Excel 练习文档" 中的 "4-10 日期与时间函数.xlsx" 表格,提取表格中 D2:D15 单元格区域的年份数据与当前年份数据进行减法运算,并为结果数据设置 "常规" 数字格式(如果不设置为常规格式,则年龄会以日期的形式进行显示,而非数字的形式)(图 4-21)。

图 4-21

除了 TODAY() 和 YEAR() 函数,日期与时间函数中的 NOW()、MONTH()、DAY() 等函数也很常用,下面对常用的日期与时间函数进行举例说明(表 4-10)。

表 4-10

函数语法	功能	应用示例	函数的简单解释
NOW()	返回当前日期和时间的序列号	=NOW()-2.25	返回 2 天 6 小时前的日期和时间
MONTH(serial_number)	返回以序列号表示的日期中的月份,返回值的范围是 1(一月)~12(十二月)的整数	=MONTH(TODAY())	返回一年中的当前月份。例如,如果当前月份为五月,则会返回 5
DAY(serial_number)	返回以序列号表示的某日期的日的值,返回值的范围是 1~31 的整数	=DAY(TODAY())	返回一个月中的当前日的值,例如,如果当前日期为 2021/1/6,则会返回 6
DATE(year,month,day)	返回表示特定日期的连续序列号	=DATE(A2,B2,C2)	如果将日期中的年、月、日分别记录在了 A2、B2、C2 单元格中,就可以通过该公式返回一个完整的日期序列

快速拓展

尝试输入公式,计算当前日期加 5 天的具体日期。操作提示:在输入 TODAY() 函数后,直接加 5 即可,即输入 "=TODAY()+5"。

4.2.8 财务函数

财务函数是一类专门用于财务领域的函数,如计算贷款的支付额、投资的未来值或净现值,以及债券或息票的价值。财务人员都需要掌握财务函数,以便更快地计算出相关数据,使领导的决策更理性、准确。财务人员需要掌握一定的财务理论知识才能更好地运用财务函数,下面以PMT()函数为例进行讲解。

PMT()函数用于根据固定付款额和固定利率计算贷款的付款额,其语法结构如下:

```
PMT(rate,nper,pv,[fv],[type])
```

其中的rate、nper、pv为必选参数,fv和type为可选参数。rate代表投资或贷款的利率;nper代表总投资期或贷款期,即该项投资或贷款的付款期总数;pv代表在该项投资(或贷款)开始计算时已经入账的款项,或一系列未来付款值当前的累积和;fv代表最后一次付款可以获得的现金余额。若省略fv参数,则假设其值为0;type可以是逻辑值0或1,用以指定付款时间在期初还是期末。

这里使用PMT()函数计算想要在18年以后有一笔"¥500,000"的年金,从现在开始每个月需要存入的金额。在这道财务题中,假设目前的年利率为6%,需要计算每个月的存入金额,即按月支付的金额,需要将年利率除以12得到每个月的利率;支付的期数也应该统一为月份数值,即18年×12月;现值为0;未来值为"¥500,000"。将这些值代入PMT()函数中,就可以计算出想要的结果了。

实战操作:打开下载的"Excel练习文档"中的"4-11财务函数.xlsx"表格,使用PMT()函数计算在B2:B4单元格区域中设置的条件下贷款的各期付款额(图4-22)。

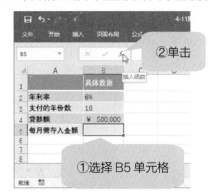

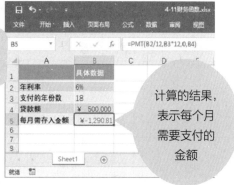

图4-22

小提示

使用财务函数计算数据时,需要注意统一期数的计算方式,即rate和nper参数单位的一致性,先确定是按年、季度、月、日……中的哪种方式计算,然后将相关的参数的单位统一。例如,本例中的支付方式为月,则需要把年利率折算成月利率,将支付期数换算成月份数值。如果要以年为单位计算各期的支付额,则应输入公式"=PMT(B2,B3,0,B4)"。

除了 PMT()函数，财务函数中的 PV()、FV()、RATE()等函数也很常用，下面对它们进行举例说明（表 4-11）。

表 4-11

函数语法	功能	应用示例	函数的简单解释
PV(rate,nper,pmt,[fv],[type])	用于根据固定利率计算贷款或投资的现值	=PV(A3/12,12*A4,A2,,0)	假设在 A2 单元格中输入了每月底一项保险年金的支出数据，在 A3 单元格中输入了投资收益率，在 A4 单元格中输入了付款的年限，使用该公式可以计算出在 A2:A4 单元格区域中设置的条件下年金的现值
FV(rate,nper,pmt,[pv],[type])	用于根据固定利率计算投资的未来值	=FV(A2/12,A3,A4,A5,A6)	假设在 A2 单元格中输入了年利率，在 A3 单元格中输入了付款总期数，在 A4 单元格中输入了各期应付的金额，在 A5 单元格中输入了现值，在 A6 单元格中输入了 1（表示各期的支付时间在期初），则使用该公式可以计算出在 A2:A6 单元格区域中设置的条件下投资的未来值
RATE(nper,pmt,pv,[fv],[type],[guess])	返回每期年金的利率	=RATE(A2*12,A3,A4)	假设在 A2 单元格中输入了贷款期限，在 A3 单元格中输入了每月支付的金额，在 A4 单元格中输入了贷款总额，则使用该公式可以计算出在 A2:A4 单元格区域中设置的条件下贷款的月利率
NPER(rate,pmt,pv,[fv],[type])	基于固定利率及等额分期付款方式，返回某项投资的总期数	=NPER(A2/12,A3,A4,A5,1)	假设在 A2 单元格中输入了年利率，在 A3 单元格中输入了各期所付的金额，在 A4 单元格中输入了现值，在 A5 单元格中输入了未来值，在 A6 单元格中输入了 1（表示各期的支付时间在期初），则使用该公式可以计算出在 A2:A6 单元格区域中设置的条件下投资的总期数
IPMT(rate,per,nper,pv,[fv],[type])	基于固定利率及等额分期付款方式，返回给定期数内对投资的利息偿还额	=IPMT(A2,3,A4,A5)	假设在 A2 单元格中输入了年利率，在 A3 单元格中输入了用于计算要支付的利息数额的期数，在 A4 单元格中输入了贷款的年限，在 A5 单元格中输入了贷款的现值，则使用该公式可以计算出在 A2:A5 单元格区域中设置的条件下贷款最后一年的利息（按年支付）
PPMT(rate,per,nper,pv,[fv],[type])	返回根据定期固定付款和固定利率而定的投资在已知时间内的本金偿付额	=PPMT(A2/12,1,A3*12,A4)	假设在 A2 单元格中输入了年利率，在 A3 单元格中输入了贷款期限，在 A4 单元格中输入了贷款额，则使用该公式可以计算出在 A2:A4 单元格区域中设置的条件下贷款第 1 个月的本金偿付额
IRR(values, [guess])	返回由数值代表的一组现金流的内部收益率。这些现金流不必为均衡的，但作为年金，它们必须按固定的间隔产生，如按月或按年	=IRR(A2:A6)	假设在 A2 单元格中输入了某项业务的初期成本费用，在 A3、A4、A5、A6 单元格中分别输入了前 4 年每年的净收入，则使用该公式可以计算出投资 4 年后的内部收益率

小提示

财务函数常用的参数有 rate、nper、pv、fv、type，它们代表的含义在各函数中基本相同。对财务理论不太熟悉的用户在使用财务函数进行数据计算时容易出错，所以最好通过"函数参数"对话框来插入函数，一边查看各参数的含义，一边思考参数的具体数据。

4.2.9 查找与引用函数

查找与引用函数是一类比较重要和常用的函数，主要用于在单元格区域内查找特定的数值，并进行相应的操作。这类函数可以节省大量的数据处理时间，如果用在 Excel 建模中，能让 Excel 模型变得异常灵活和强大。但是这类函数的参数较多，容易出现函数误用的情况。查找与引用函数中的 VLOOKUP() 函数十分实用，下面就以该函数为例进行讲解。

VLOOKUP() 函数可以在表格或数值数组的首列沿垂直方向查找指定的值，并返回表格或数组同一行中的其他值。其语法结构如下：

```
VLOOKUP(lookup_value,table_array,col_index_num,[range_lookup])
```

其中的参数 lookup_value 用于设定需要在表的第一列中进行查找的值，可以是数值，也可以是文本字符串或引用；参数 table_array 用于设置要在其中查找数据的数据表，可以使用单元格区域或单元格区域名称的引用；参数 col_index_num 为在查找之后要返回的匹配值的列序号。参数 range_lookup 是一个逻辑值，用于指明函数在查找时是精确匹配，还是近似匹配，如果为 TRUE 或被忽略，则返回一个近似的匹配值（如果没有找到精确匹配值，就返回一个小于查找值的最大值）；如果该参数是 FALSE，函数就查找精确的匹配值。如果这个函数没有找到精确的匹配值，就会返回错误值"#N/A"。

VLOOKUP() 函数的作用相当于"查字典"，根据另一个数据表中的第一列数据查找匹配值，查找到以后再提取对应列数据到当前数据表中。这里假设某商城需要根据输入的用户积分卡编号，快速得知用户拥有的积分和可以兑换的优惠券数量。使用 VLOOKUP() 函数就可以轻松解决这个问题，方法是在原始表格中以要进行查询的积分卡编号为查询区域的第一列数据，然后新建一个表格用于放置相关数据。

实战操作：打开下载的"Excel 练习文档"中的"4-12 查找与引用函数.xlsx"表格，在 E、F、G 列的第一行中输入查询数据的表头，E2 单元格用于放置要查询的积分卡编号；在 F2 和 G2 单元格中输入 VLOOKUP() 函数，使其能根据 E2 单元格中输入的编号自动返回对应的积分数和可兑换优惠券数量（图 4-23）。

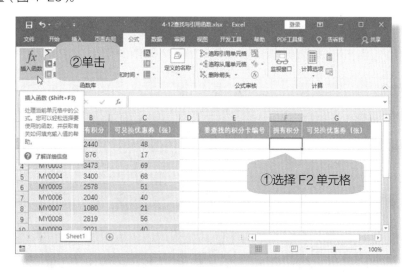

图 4-23

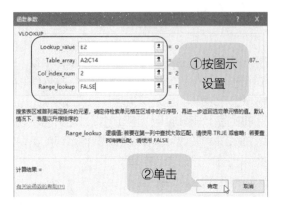

图 4-23（续）

> **小提示**
>
> 需要注意的是，VLOOKUP()函数只能对某个单元格区域中第一列的数据单元格区域进行查询，再返回其他列的数据。所以使用时要注意对数据区域的列进行合理的排序，不要让返回的值放在被查询值所在列的左侧。而且，用于放置查找数据的表格也应该设计成垂直的表格，即表头在查询数据放置区域的第一行。

除了 VLOOKUP()函数，查找与引用函数中的 HLOOKUP()、LOOKUP()、INDEX()等函数也很常用，下面对它们进行举例说明（表 4-12）。

表 4-12

函数语法	功能	应用示例	函数的简单解释
HLOOKUP(lookup_value, table_array,row_index_num, [range_lookup])	在表格或数值数组的首行沿水平方向查找指定的值，并返回表格或数组中指定行的同一列中的其他值	=HLOOKUP("B", A1:C4,3,TRUE)	在首行查找 B，并返回同列中第三行的值。如果找不到 B 的完全匹配项，将使用第一行 A 列中小于 B 的最大值
LOOKUP(lookup_value, lookup_vector,[result_vector])	从单行或单列区域（称为"向量"）中查找值，然后返回第二个单行区域或单列区域中相同位置的值	=LOOKUP(5.75, A2:A6,B2:B6)	在 A 列中查找 5.75，然后返回 B 列中同一行的值。如果找不到 5.75 的完全匹配项，将使用 A 列中与 5.75 最接近的较小值进行匹配
LOOKUP(lookup_value,array)	在数组的第一行或第一列中查找指定的值，然后返回数组的最后一行或最后一列中相同位置的值	=LOOKUP("C",{"a", "b","c","d";1,2,3,4})	在数组的第一行（升序排列）中查找"C"，查找小于等于它的最大值（"c"），然后返回最后一行中同一列的值，即"3"

续表

函数语法	功能	应用示例	函数的简单解释
INDEX(array,row_num, [column_num])	以数组形式返回表格或数组中指定位置的内容	=INDEX({1,2;3,4},0,2)	返回数组{1,2;3,4}中第一行第二列的数值，即"2"
INDEX(reference,row_num, [column_num],[area_num])	以引用形式返回指定行与列交叉处的单元格中的内容	=INDEX((A1:C3, A5:C12),2,4,2)	从第二个区域"A5:C12"中选择第四行和第二列的交叉处，即B8单元格中的内容
MATCH(lookup_value, lookup_array,[match_type])	在单元格区域中搜索指定项，然后返回该项在单元格区域中的相对位置	=MATCH(41,B2:B5,0)	返回 B2:B5 单元格区域中值为 41 的位置
OFFSET(reference,rows,cols, [height],[width])	以指定的引用为参照系，通过给定偏移量得到新的引用，并可以指定返回的行数或列数	=OFFSET(D3,3,-2,1,1)	显示 B6 单元格中的值

> **小提示**
>
> HLOOKUP()函数与 VLOOKUP()函数的工作原理和使用方法类似，不同的是 HLOOKUP()函数是在某个单元格区域的首行沿水平方向查找指定的值，然后返回同一列中的其他值。

4.2.10 其他函数

Excel 中的函数很多，前面已经介绍了几类比较常见的函数，在实际工作中，由于每个人所从事的工作不同，经常用到的函数种类也各异。例如，工程技术人员应该重点掌握基本的工程函数，Excel 信息处理和检测人员应该掌握一些信息函数。下面对这两大类函数进行简单介绍。

（1）工程函数

工程函数多用于工程分析，主要用于对复数进行处理，或实现不同数字系统（如十进制系统、十六进制系统、八进制系统和二进制系统）间的数值转换，也可以在不同的度量系统中进行数值转换。掌握它们，可以极大地简化程序，解决一些数学问题。

常见的工程函数有 COMPLEX()、IMREAL()、BIN2DEC()等，下面对它们进行举例说明（表4-13）。

表 4-13

函数语法	功能	应用示例	函数的简单解释
COMPLEX(real_num,i_num, [suffix])	将实系数及虚系数转换为 x+yi 或 x+yj 形式的复数	=COMPLEX(3,4,"j")	返回实部为 3，虚部为 4，后缀为 j 的复数"3+4j"
IMREAL(inumber)	返回以 x+yi 或 x+yj 文本格式表示的复数的实系数	=IMREAL("6-9i")	返回复数 6-9i 的实系数"6"
BIN2DEC(number)	将二进制数转换为十进制数	=BIN2DEC(10010)	将二进制数字 10010 转换为十进制数，返回"18"
BIN2HEX(number,[places])	将二进制数转换为十六进制数	=BIN2HEX(10010)	将二进制数字 10010 转换为十六进制数，返回"12"
DEC2HEX(number,[places])	将十进制数转换为十六进制数	=DEC2HEX(-24)	将十进制数-24 转换为十六进制数，返回"FFFFFFFFE8"

（2）信息函数

信息函数主要用于显示 Excel 内部的一些提示信息，如数据错误信息、操作环境参数、数据类型等。掌握这些函数可以对 Excel 进行信息处理和检测，便捷地分析单元格的数据类型。下面对常见的信息函数进行举例说明（表 4-14）。

表 4-14

函数语法	功能	应用示例	函数的简单解释
CELL(info_type, [reference])	返回某一引用区域的左上角单元格的格式、位置或内容等信息	=IF(CELL("type",A1)="v", A1*2,0)	仅当 A1 单元格包含数值时，此公式才计算 A1*2；如果 A1 单元格包含文本或为空，则返回 0
ERROR.TYPE (error_val)	用于返回对应于 Excel 中某一错误值的数字	=IF(ERROR.TYPE(A2)=2, "除数为零","其他错误")	检查 A2 单元格以查看其是否包含"#DIV/0!"错误值。如果有，则返回"除数为零"，否则返回"其他错误"
INFO(type_text)	返回有关当前操作环境的信息	=INFO("numfile")	返回当前打开的工作簿中活动工作表的数目
ISBLANK(value)	如果函数中的参数为空白单元格，则返回 TRUE	=IF(ISBLANK(A2),"错误", A2*2)	检验 A2 单元格是否为空，如果为空，则返回"错误"；如果不为空，就计算 A2*2

> **小提示**
>
> CELL()函数主要用于保持与其他电子表格程序的兼容性，其语法结构中的参数 info_type 是一个文本值，用于指定所需的单元格信息的类型，可以是以下 12 种内容中的一种。
>
> 1. "address"：引用中第一个单元格的引用，文本型。
> 2. "col"：引用中单元格的列标。
> 3. "color"：如果单元格中的负值以不同颜色显示，则返回 1；否则，返回 0。
> 4. "contents"：引用中左上角单元格的值，不是公式。
> 5. "filename"：包含引用的文件名（包括全部路径），文本型；如果包含目标引用的工作表尚未保存，则返回空文本。
> 6. "format"：与单元格中不同的数字格式相对应的文本值；如果单元格中负值以不同颜色显示，则在返回的文本值的结尾处加"-"；如果单元格中为正值或所有单元格均加括号，则在文本值的结尾返回()。
> 7. "parentheses"：如果单元格中为正值或所有单元格均加括号，则返回 1；否则返回 0。
> 8. "prefix"：与单元格中不同的"标志前缀"相对应的文本值；如果单元格文本左对齐，则返回单引号'；如果单元格文本右对齐，则返回双引号"；如果单元格文本居中，则返回插入字符^；如果单元格文本两端对齐，则返回反斜线\；如果是其他情况，则返回空文本。
> 9. "protect"：如果单元格没有锁定，则返回 0；如果单元格锁定，则返回 1。
> 10. "row"：引用中单元格的行号。
> 11. "type"：与单元格中的数据类型相对应的文本值；如果单元格为空，则返回 b；如果单元格包含文本常量，则返回 l；如果单元格包含其他内容，则返回 v。
> 12. "width"：返回包含两个项目的数组，数组中的第一项是单元格的列宽，舍入为整数，列宽以默认字号的一个字符的宽度为单位；数组中的第二项是布尔值，如果列宽为默认值，则该布尔值为 TRUE，如果明确设置了宽度，则该布尔值为 FALSE。

4.3 定义名称

一旦公式设置多了，查错也就会变得很麻烦。例如，发现一个数据计算错了，在编辑栏中看到公式为"=G2+H2*0.9-W2"，要分析错误出在哪里，还要先查看 G2、H2、W2 单元格中到底是什么数据，理解公式的设计原理，检查出错误后，再将其转换为相应的单元格数据，整个流程非常烦琐。想让公式变得更容易理解和维护，可以为参与公式计算的单元格、单元格区域、数据常量、公式等定义名称，便于后续"望名知义"。

4.3.1 名称

在 Excel 中，名称是我们建立的一个易于记忆的标识符，它可以引用单元格、值、单元格区域或公式。一旦采用了在工作簿中使用名称的做法，便可轻松地在公式与函数中引用、更新、审核和管理这些名称，有助于提高数据分析工作的效率。

具体来讲，使用名称有以下优点。

- ◇ 使用名称的公式比使用单元格引用的公式更直观、易于阅读和记忆。例如，前面列举的公式"=G2+H2*0.9-W2"，如果编写为"=基本工资+销售额*提成率-扣除工资"，就更直观了，即使不是工作表制作者也能看懂这个计算公式。
- ◇ 为单元格命名后，即使单元格分散在不同的区域，也可以通过名称统一调用。
- ◇ 如果某个数据经常变动，将其定义为名称后，就可以进行统一修改，而不用一处一处地修改了，从而减少了很多的工作量。
- ◇ 一旦定义名称之后，其使用范围通常是在本工作簿中，也就是说可以在同一个工作簿的多个工作表中使用这个名称，这样更便于选择和操作，也降低了公式的出错率。
- ◇ 当改变工作表结构（如插入或删除了一行）后，很多公式中引用的单元格可能就会发生变化，从而出现错误。如果公式中引用了单元格的名称，则可以直接更新名称的引用位置，这样所有使用这个名称的公式都能得到自动更新，省去了用户逐个手动修改公式的麻烦。
- ◇ 为公式命名后，就不必将该公式放入单元格了，有助于减小工作表的大小。

在 Excel 中定义名称时，应该尽量采用一些有特定含义的名称，这样有利于分析公式的设计结构。但也并不是任意字符都可以作为名称，定义的名称还需要遵循一定的规则，否则就会弹出对话框，提示"输入的名称无效"，这说明名称的定义不成功。具体需要注意以下几点。

① 名称可以包含字母、汉字、数字，以及"_"". ""?"3 种符号。

② 名称必须以字母、汉字或下划线"_"开头。

③ 名称不能以数字开头，更不能使用纯数字。

④ 名称不能与单元格引用相同，如不能定义为"A4"和"C$12"等。名称不能是以字母"C""c""R"或"r"开头，后面加数字的形式，因为"R""r""C""c"在 R1C1 单元格引用样式中表示工作表的行、列。也不能使用 cat1 之类的区域名称，因为存在一个 CAT1 单元格。简单来说，就是不能包含 Excel 内部的名称。

⑤ 名称中不能包含空格。直接定义的名称不能包含空格或其他无效字符。如果使用"根据所选内容创建"功能创建区域名称，并且名称中包含空格，Excel 会插入下划线"_"来填充空格。例如，名称 Pro 1 将被创建成 Pro_1。

⑥ 名称的字符长度不能超过 255。一般情况下，名称应该便于记忆且尽量简短。

⑦ 名称中的字母不区分大小写，即 A 和 a 是一样的。

4.3.2 单元格名称

名称框：在 Excel 编辑栏的左边有一个下拉列表框，它就是名称框。当选择某个单元格时，就会在名称框中显示所选单元格的地址。

Excel 给每个单元格都定义了一个默认的名字，其命名规则是列标加行号，例如，D5 表示第 4 列、第 5 行的单元格。这种命名方式虽然能准确定位各单元格或单元格区域在工作表中的位置，但是这个名称不能体现单元格中数据的相关信息。其实我们还可以给选中的单元格再取一个好记的"别名"。

这里为表格中的圆周率定义名称——"圆周率"，只需要简单的两步就能完成（图 4-24）。

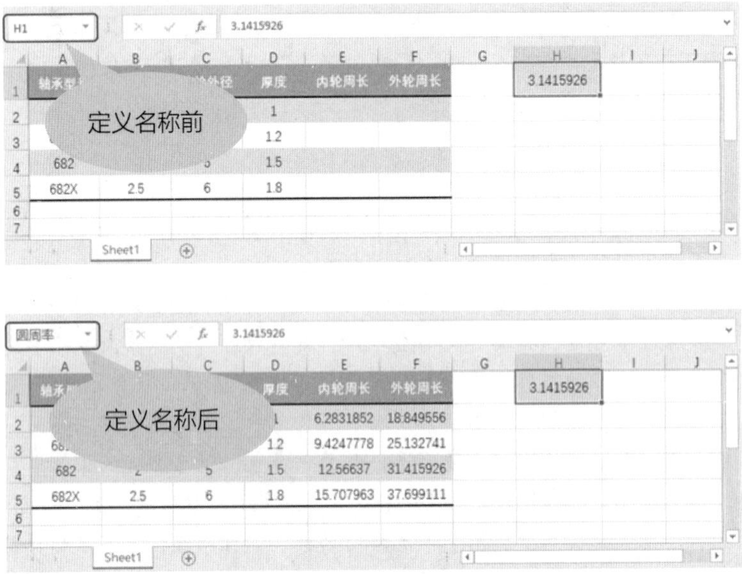

图 4-24

实战操作：打开下载的"Excel 练习文档"中的"4-13 单元格名称.xlsx"表格，将表格中的 H1 单元格定义为"圆周率"，并在 E2 单元格中输入公式，该公式中直接引用了"圆周率"单元格（图 4-25）。

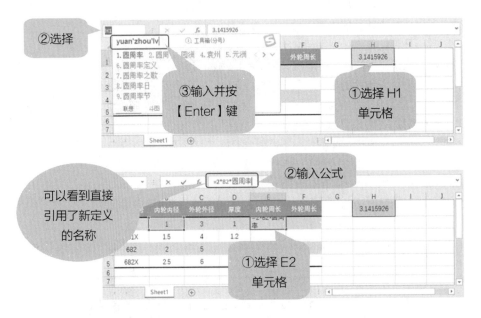

图 4-25

> **小提示**
>
> 名称框除了可以显示和定义单元格名称外，还可以用来快速选择单元格或者单元格区域。只需要在名称框中输入单元格或单元格区域的名称，按【Enter】键即可快速选择对应的单元格或单元格区域。

4.3.3 数据区域名称

Excel 除了可以给单个单元格命名以外，还可以给单元格区域、多个单元格组成的数据区域取个方便引用的名字。为数据区域命名主要有以下两种方式。

（1）为数据区域命名的普通方式

为数据区域定义名称时，可以像为单个单元格命名一样，先选择需要命名的多个单元格或单元格区域，然后在名称框中输入自定义的名称后按【Enter】键。例如，表格中需要计算的支出数据比较多，而这些数据又存放在分散的单元格中，就可以先为这些不连续的单元格定义一个名称，然后在公式中直接运用名称来引用单元格。

实战操作：打开下载的"Excel 练习文档"中的"4-14 数据区域名称.xlsx"表格，将表格中 D4、D5、D7、D10 和 D11 这 5 个单元格的名称定义为"支出"（图 4-26）。

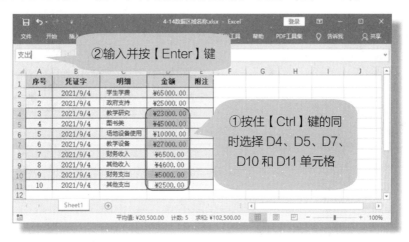

图 4-26

> **小提示**
>
> 选择需要定义名称的数据区域后，单击"公式"选项卡的"定义的名称"组中的"定义名称"按钮，也可以为数据区域自定义名称。

（2）指定单元格以列标题或行标题为名称

因为日常使用的表格都具有一定的格式，如工作表中的第一行为表头数据，或第一列中放置的是各行数据的标题，而公式的计算也都是以列或行为单位进行有规律的计算，为了简化公式，可以将这些单元格区域以列或行标题命名。此种情况下，不用一个一个地进行名称定义，完全可以让 Excel 自动进行命名。

例如，在销售额统计表格中，销售额=销量×单价，可以将销量和单价列按照列标题进行命名，分别定义为"销量"和"单价"。

实战操作：打开下载的"Excel 练习文档"中的"4-15 数据区域名称（2）.xlsx"表格，将表格中的 C2:C12 单元格区域定义为"销量"，将 D2:D12 单元格区域定义为"单价"（图 4-27）。

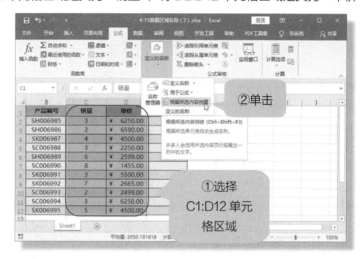

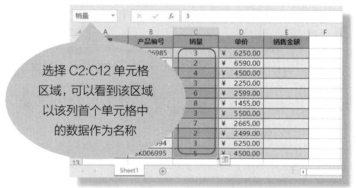

图 4-27

> **小提示**
>
> 如果表格制作得比较规范，使用"根据所选内容创建"功能自动创建名称更快捷，尤其在需要定义大量名称时，该方法更能显示出优越性。"根据所选内容创建"功能还可以根据所选区域的最后一行和最右一列定义名称。

4.3.4 数据常量名称

在 Excel 中，不但可以给文本或数字所在的单元格或单元格区域定义名称，还可以直接为文本或者数字常量取个好记的名字。例如，在前面的例子中，我们不必把 3.1415926 存储在单元格中，而可以在 Excel 中直接给这个数值取一个名称，让 Excel"记住"它。

再如，对于提成率、税率等相对固定又经常会用到的常量，也可以为它们定义名称。当需要修改的时候，直接编辑名称中定义的内容即可实现全局修改。这里为销售统计表中的提成率定义名称，假设提成率为 6%。

实战操作：打开下载的"Excel 练习文档"中的"4-16 数据常量名称.xlsx"表格，将 6%定义为"提成率"（图 4-28）。

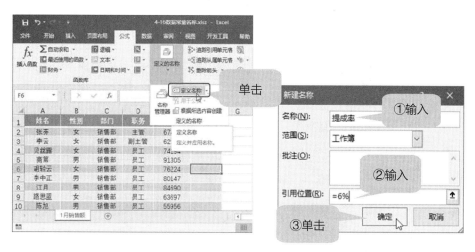

图 4-28

小提示

在"新建名称"对话框中,可以发现名称的"引用位置"始终是以"="开头的,这正是 Excel 中公式的标志,因此可以将名称理解为一个有名字的公式。

4.3.5 公式名称

在 Excel 中,可以给公式取名,从而通过名称方便地调用公式,而不必每次都输入长长的公式。为公式定义名称只需要在"新建名称"对话框的"引用位置"文本框中输入需要的公式即可,但是要注意一点,在"新建名称"对话框中定义的公式是针对当前活动单元格设计的。例如,在表格中设计了一个计算年龄的公式,可以在 E2 单元格中输入公式"=YEAR(TODAY())-YEAR(D2)",再将其复制到下方的单元格中。如果还可能在当前工作表的其他地方重复使用该公式,则可以把该公式定义为一个简短的名称。

实战操作:打开下载的"Excel 练习文档"中的"4-17 公式名称.xlsx"表格,将公式"=YEAR(TODAY())-YEAR(D2)"定义为"计算年龄"(图 4-29)。

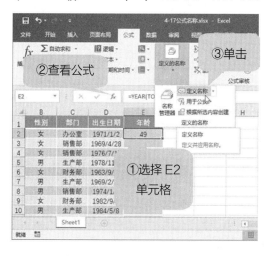

图 4-29

> **小提示**
>
> 给公式命名之后，公式名称只能在当前工作表中使用，如果在其他工作表中使用，可能会引用不正确的数据。如上面这个例子在 Sheet1 工作表中定义了公式"=YEAR(TODAY())–YEAR(D2)"的名称，单击"确定"按钮后，Excel 会自动在公式中的"D2"前面加上"Sheet1"字样，变成"=YEAR(TODAY())–YEAR(Sheet1!D2)"。如果在其他工作表中调用这个公式，就会始终从 Sheet1 工作表的 D2 单元格中调用数据，而不会从该表本身的 D2 单元格中调用数据。

4.3.6 引用名称

定义名称后，就可以用直观的名称取代枯燥难记的单元格地址、不连续单元格位置、常量和公式了。在公式和函数中使用名称主要有以下两种方法。

（1）直接输入

定义名称后，还是可以像输入普通公式和函数一样直接输入，只需用名称替代原来的单元格地址、不连续单元格位置、常量和公式等。例如，要在前面定义了"支出"名称的表格中统计出支出总金额。

实战操作：打开前面定义了名称的"4-14 数据区域名称.xlsx"表格，通过引用"支出"名称在 D12 单元格中计算出支出总金额（图 4-30）。

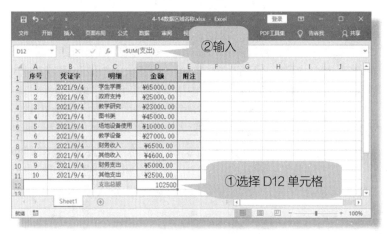

图 4-30

> **快速拓展**
>
> 尝试为表格中的收入数据定义名称——"收入"，并引用该名称计算出收入总金额。

（2）选择并插入名称

直接输入名称的方法还不是最快捷的，在 Excel 中为了防止在引用名称时输入错误，可以在列表中选择名称并插入公式。例如，前面在计算销售额的表格中定义了"销量"和"单价"名称，相应的列表中就会出现"销量"和"单价"选项，通过鼠标指针可以进行选择，减少出现手动输入错误的可能。

实战操作：打开前面定义了名称的"4-15 数据区域名称（2）.xlsx"表格，通过选择并插入"销量"和"单价"名称，在 E 列单元格中计算出对应的销售额（图 4-31）。

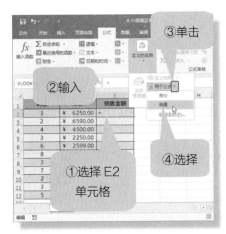
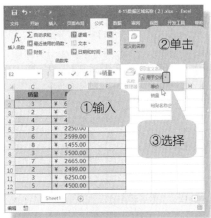

图 4-31

快速拓展

1. 打开前面定义了名称的 "4-17 公式名称.xlsx" 表格，通过引用 "计算年龄" 名称，在 E 列单元格中计算出对应的年龄。

2. 在 "4-17 公式名称.xlsx" 工作簿中，新建一个空白工作表，将 "Sheet1" 工作表中的数据以 "值和数字格式" 的方式复制过去，然后引用定义的公式名称，看看结果是否正确。

4.3.7　编辑名称

定义名称后，还可以随时修改名称；如果发现名称定义的引用位置出错，也可以进行修改。当不需要名称后，还可以将其删除。

例如，在为常量定义名称后，可以通过修改名称的定义实现对表格中大量计算公式的快速修改。这里在前面定义了 "提成率" 名称的表格中，将提成率修改为 5.5%，并重新统计销售提成（图 4-32）。

图 4-32

实战操作：打开下载的"Excel 练习文档"中的"4-18 编辑名称.xlsx"表格，将表格中定义的"提成率"更改为 5.5%，并计算出新算法下各员工的销售提成（图 4-33）。

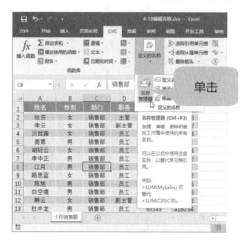

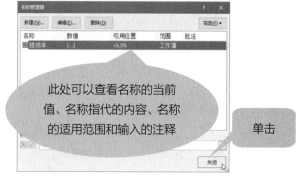

图 4-33

小提示

在"名称管理器"对话框中可以查看、创建、编辑和删除名称。要管理名称，首先需要在该对话框中选择要编辑的名称，然后单击"编辑"按钮进行编辑。在打开的"编辑名称"对话框的"名称"文本框中可以修改名称；在"名称管理器"对话框中单击"删除"按钮后会永久性地删除选择的名称，此时 Excel 会先显示警告信息，因为这种操作是不能撤销的。由于 Excel 不能用单元格引用替换已删除的名称，因此使用了已删除名称的公式，将会显示"#NAME?"错误。

快速拓展

删除定义的名称，看看会有什么后果。

4.4 综合案例：使用函数分析库存数据

领导希望完善最近收到的库存明细表，并制作一个简单的查询系统，可以在输入商品编码后获得相应的明细数据（图 4-34）。

商品编码	所属仓库	商品类型	库存量	单价（元）	销售状态
ZJNY12452-1	旺野仓	大家电	256	¥ 1240.00	在售
CLXX52163-2	铁甲仓	大家电	370	¥ 1019.00	未售
ZJNY23456-2	旺野仓	大家电	261	¥ 762.00	未售
ZJNY34024-0	旺野仓	大家电	13	¥ 550.00	停售
YDJY42813-2	安和仓	大家电	156	¥ 95.90	未售
CLXX22112-1	铁甲仓	大家电	219	¥ 69.50	在售
CLXX65813-0	铁甲仓	大家电	624	¥ 3862.90	停售
CLXX83262-1	铁甲仓	大家电	56	¥ 7246.00	在售
ZJNY92126-2	旺野仓	大家电	629	¥ 9100.00	未售
ZJNY38156-2	旺野仓	大家电	436	¥ 210.00	未售
ZJNY41484-0	旺野仓	大家电	369	¥ 298.00	停售
YDJY76813-2	安和仓	大家电	296	¥ 5367.00	未售
CLXX62112-1	铁甲仓	大家电	1	¥ 3600.00	在售
CLXX27613-0	铁甲仓	大家电	34	¥ 245.00	停售
CLXX51162-1	铁甲仓	大家电	78	¥ 1834.90	在售

请输入商品编码	所属仓库	商品类型	库存量	单价（元）	销售状态	库存价值
ZJNY23456-2	旺野仓	大家电	261	¥ 76200	未售	¥ 198882.00

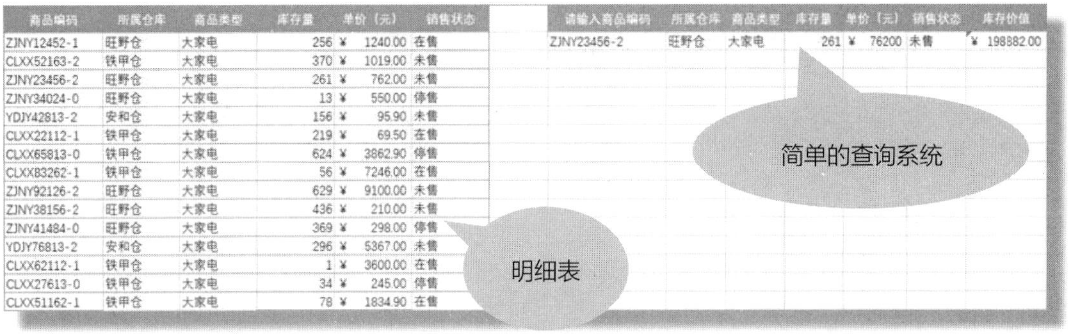

图 4-34

实战操作如下。打开下载的“Excel 练习文档”中的“4-19 综合案例.xlsx”表格，先提取商品编码中的有用信息来完善表格，然后制作简单的查询系统，实现商品数据的查询操作。这里假设商品编码都由“4 个字母+5 个数字+‘-’+1 个数字”组成，通过提取每个商品编码的 4 个字母、第一位数字、结尾数字，再结合 IF()函数进行判断，就可以将结果数据用于完善表格。为了避免编写的函数过于复杂，考虑先添加辅助列用于存放提取的数据，再使用函数进行判断，最后将辅助列隐藏。

（1）制作辅助列数据

商品编码通常都具有一定意义，这里假设本例中商品编码的英文字母代表了商品存放仓库的名称，其中 ZJNY 代表旺野仓，CLXX 代表铁甲仓，YDJY 代表安和仓；商品编码中的第一个数字代表了商品的种类，数字小于 5 时，代表小家电，否则代表大家电；商品编码的最后一位数字代表销售状态，1 表示“在售”，2 表示“未售”，0 表示“停售”。

现在，先在 H、I、J 列中提取出商品编码中的相关数据，再将它们作为辅助列数据。先输入这 3 列的表头，然后在 H2 单元格中用 LEFT()函数提取第一个商品编码的前 4 位数据，在 I2 单元格中用 MID()函数提取第一个商品编码的第五位数据，在 J2 单元格中用 RIGHT()函数提取第一个商品编码的最后 1 位数据，最后复制 H2:J2 单元格区域中的函数到 H3:J16 单元格区域，从其他商品编号中提取需要的数据（图 4-35）。

	A	B	C	D	E	F	G	H	I	J
1	商品编码	所属仓库	商品类型	库存量	单价（元）	销售状态		仓库编码	第一个数字	结尾数字
2	ZJNY12452-1			256	¥ 1,240.00			ZJNY		
3	CLXX52163-2			370	¥ 1,019.00					
4	ZJNY23456-2			261	¥ 762.00					
5	ZJNY34024-0			13	¥ 550.00					
6	YDJY42813-2			156	¥ 95.90					
7	CLXX22112-1			219	¥ 69.50					
8	CLXX65813-0			624	¥ 3,862.90					
9	CLXX83262-1			56	¥ 7,246.00					
10	ZJNY92126-2			629	¥ 9,100.00					
11	ZJNY38156-2			436	¥ 210.00					
12	ZJNY41484-0			369	¥ 298.00					
13	YDJY76813-2			296	¥ 5,367.00					
14	CLXX62112-1			1	¥ 3,600.00					
15	CLXX27613-0			34	¥ 245.00					
16	CLXX51162-1			78	¥ 1,834.90					

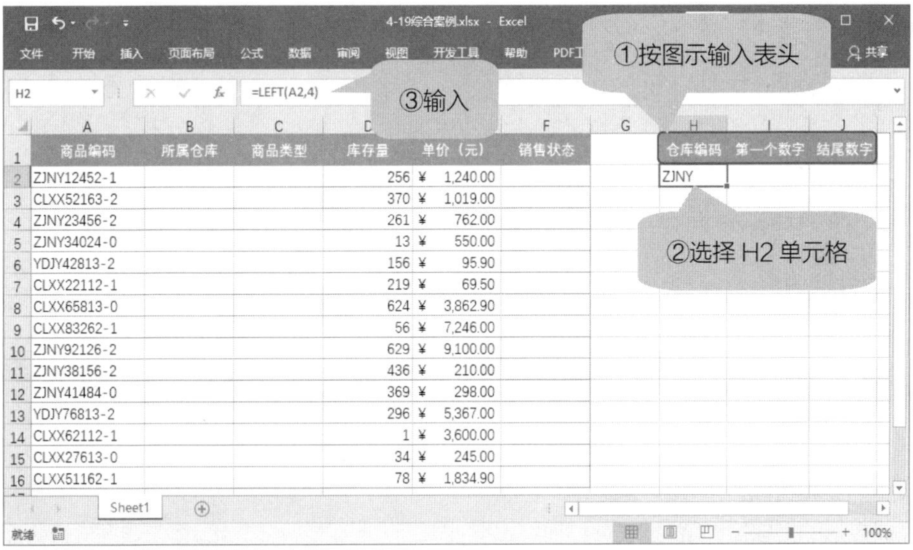

图 4-35

图 4-35（续）

（2）判断相关数据

完成数据的提取后，就可以根据前面介绍的规律对 H、I、J 列中的辅助数据进行判断，最终得到商品的所属仓库、类型、销售状态信息。先判断 H2 单元格中的仓库编码代表了哪个仓库，并将结果存储在 B2 单元格中；然后判断 I2 单元格中的数字代表了哪类产品，并将结果存储在 C2 单元格中；接着判断 J2 单元格中的数字代表了哪种销售状态，并将结果存储在 F2 单元格中。最后复制 B2:C2 单元格区域中的函数到 B3:C16 单元格区域，复制 F2 单元格中的函数到 F3:F16 单元格区域，获得其他商品编号对应的信息（图 4-36）。

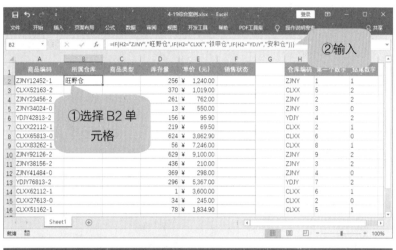

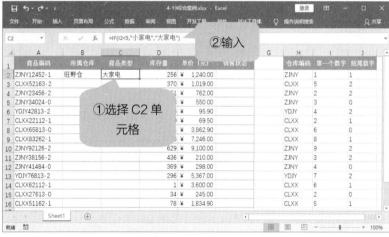

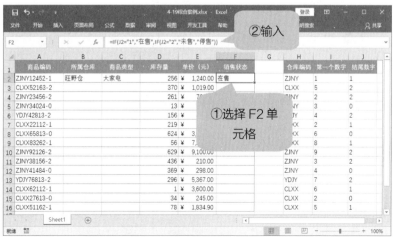

图 4-36

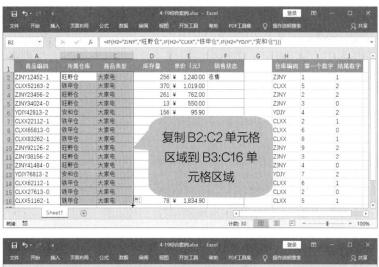

图 4-36（续）

（3）隐藏辅助列

将表格数据完善后，就可以将展示意义不大的 H、I、J 辅助列数据隐藏起来。注意，这里不能直接将辅助列数据删除。一是因为表格中的部分数据是通过函数计算得到的，函数中引用了这 3 列数据；二是保留公式可以方便后续对相关数据进行判断（图 4-37）。

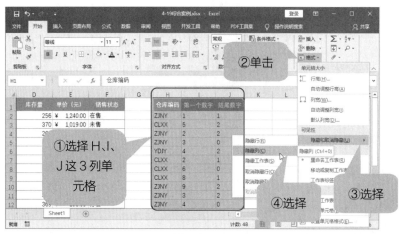

图 4-37

图 4-37（续）

（4）制作简单的查询系统

要想实现输入商品编码就获得相关明细数据的简单查询系统，可以使用 VLOOKUP()函数。先制作查询系统的表头，这里直接将原表头复制过来，并将第一个表头内容改为"请输入商品编码"。然后根据原表格中的位置，在 L2:O2 单元格区域中输入相应的 VLOOKUP()函数。由于公式中的大部分内容相同，本例采用了复制公式再进行修改的方式来完成公式的输入。最后在 K2 单元格中输入一个商品编码，以检验查询公式是否正确，并为"单价（元）"和"库存价值"单元格设置"会计专用"数字格式（图 4-38）。

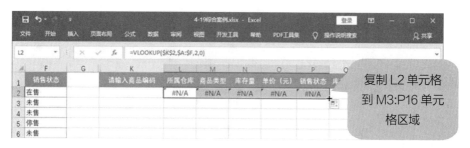

图 4-38

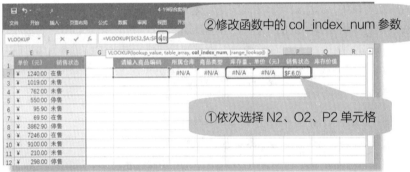

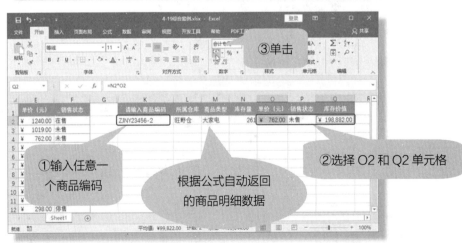

图 4-38（续）

高手技巧

技巧 1　根据公式中错误值的含义解决问题

如果输入的 Excel 公式有误，就无法显示运算的结果，此时该单元格中会显示错误值信息，如"#####""#DIV/0!""#N/A""#NAME?""#NULL!""#NUM!""#REF!""#VALUE!"。

Excel 会根据不同的错误返回对应的错误值，只要了解这些错误值的含义，就能快速找到公式出错的原因，从而修改单元格中的公式。Excel 中错误值出现的常见原因及处理方法如表 4-15 所示。

表 4-15

错误值	出现的常见原因	处理方法
#####	（1）公式产生的结果太长，当前单元格宽度不够正确显示所有内容； （2）单元格中的数据类型与设置的数字格式不对应	（1）调整单元格宽度； （2）改变单元格的数字格式，使其匹配公式返回的数据类型
#DIV/0!	在公式中有除数为零，或者有除数为空白的单元格（Excel 把空白单元格也当作零）	将除数更改为非零值，或者用 IF() 函数进行控制
#N/A	（1）在公式中使用查找函数（VLOOKUP()、HLOOKUP()、LOOKUP() 等）时，找不到匹配的值； （2）函数的参数数据缺失； （3）数组之间进行运算时，两个数组的尺寸不匹配	（1）检查被找的值，使之的确存在于查找的数据表中； （2）根据函数语法，补齐必要的参数； （3）保证参与运算的数组尺寸相同
#NAME?	在公式中使用了 Excel 无法识别的文本，例如函数的名称拼写错误；使用了没有被定义的区域或单元格名称；引用文本时没有加引号，或在中文输入法状态下输入的引号""，而非英文状态下的引号""等	根据具体的公式，逐步分析出现该错误的原因，并加以修改
#NUM!	当公式需要数值型参数时，却给了它一个非数值型参数；给了公式一个无效的参数；公式返回的值太大或者太小	根据公式的具体情况，逐一分析可能的原因并修改
#VALUE!	（1）文本型数据参与了数值运算，函数参数的数值类型不正确； （2）函数的参数本应该是单一值，却提供了一个区域作为参数； （3）输入一个数组公式时，忘记按【Ctrl+Shift+Enter】组合键	（1）更正相关的数据类型或参数类型； （2）提供正确的参数； （3）输入数组公式时，记得按【Ctrl+Shift+Enter】组合键确定
#REF!	公式中使用了无效的单元格引用。通常如下这些操作会导致公式引用无效的单元格：删除了被公式引用的单元格，把公式复制到含有引用了自身的单元格中	避免引用无效的操作，如果已经出现错误，先撤销，然后用正确的方法操作
#NULL!	使用了不正确的区域运算符或引用的单元格区域的交集为空	预先检查计算区域，通过修改区域运算符或引用避免空值产生

> **小提示**
>
> MOD() 函数的 divisor 参数不能为零，否则会返回错误值"#DIV/0!"。

技巧 2　隐藏单元格中的公式

使用公式计算表格数据后，如果不想让表格使用者看到公式，但又需要利用公式来进行计算，就可以隐藏单元格中的公式。

实战操作：打开下载的"Excel 练习文档"中的"4-20 技巧 2.xlsx"表格，将"优质客户数"中的计算公式隐藏起来（图 4-39）。

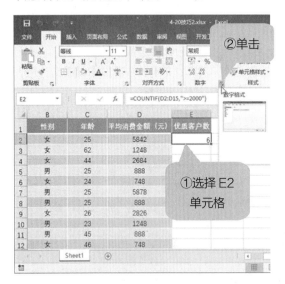

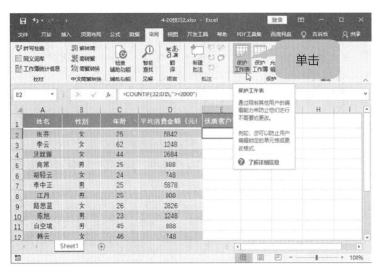
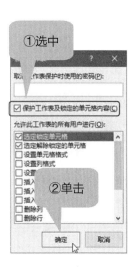

图 4-39

> **小提示**
>
> 为了更好地保护工作表中的数据，防止其他表格使用者乱动表格数据，可以在"保护工作表"对话框中为工作表设置一个密码，并指定其他用户只能对表格进行哪些操作，如只允许无密码用户查看数据。

技巧 3　快速输入函数

Excel 提供的函数种类太多了，几乎没有人可以完全记住所有函数的用法。在遇到不知选择何种函数的情况时，可以根据具体的需求输入关键字来搜索函数，以便快速输入函数。例如，在一些资料表中需要将姓名的第二个字用"*"号代替，可是姓名由不同的文字组成，而且姓名有两个字的，有 3 个字的，还有 4 个字的。此时知道要用查找替换函数来实现，却不知道具体用哪个函数，可以输入关键字，让 Excel 来推荐相关函数。

实战操作：打开下载的"Excel 练习文档"中的"4-21 技巧 3.xlsx"表格，通过搜索"字符替换"快速找到想要的函数并插入（图 4-40）。

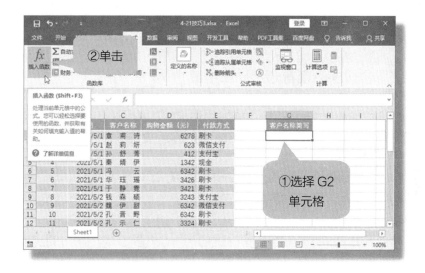

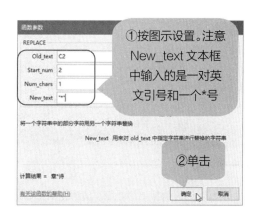

图 4-40

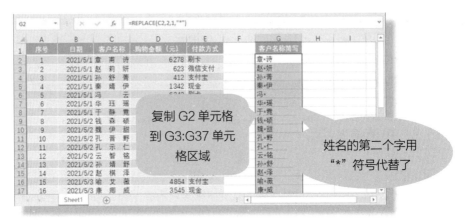

图 4-40（续）

> **小提示**
>
> 在"插入函数"对话框的"搜索函数"文本框中输入的关键字越精确，Excel 返回的推荐函数就越准确。如果返回的推荐函数有几个，可以依次选择它们，然后查看下方显示的函数介绍，根据这些介绍来选择函数。

技巧 4　使用公式求值查看分步计算结果

前面介绍了公式错误值的含义和相应的解决办法，可以应对一些简单的错误。但在公式比较复杂时，要检查具体出错的位置还是不容易的。这时可以借助"公式求值"功能来对公式进行分步查看，逐步分析，找到错误。

实战操作：打开下载的"Excel 练习文档"中的"4-22 技巧 4.xlsx"表格，使用"公式求值"功能分步查看 F2 单元格中的公式计算结果，找出错误所在（图 4-41）。

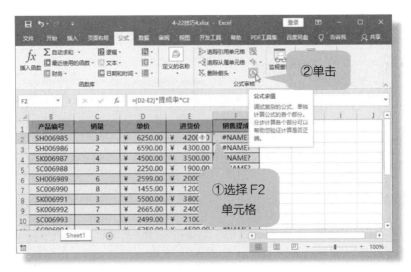

图 4-41

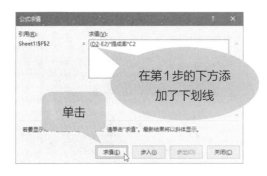
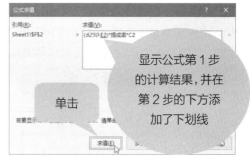

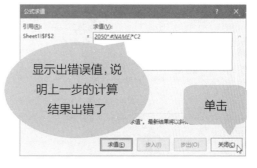

图 4-41（续）

在过程中只要持续单击"求值"按钮，即可显示下一步的计算结果。

> **小提示**
>
> 在"公式求值"对话框中单击"步入"按钮，将显示引用的详细地址和引用单元格中的值，可以详细查看公式的计算步骤，以便快速找出错误的单元格、数值或公式出错的原因（图 4-42）。

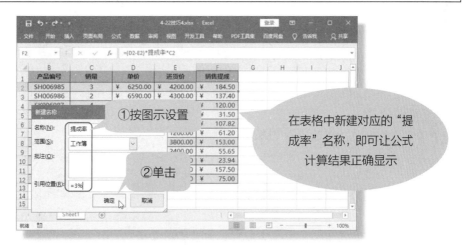

图 4-42

动手练练

打开下载的"Excel 练习文档"中的"4-23 动手练练.xlsx"表格，计算出各类产品 8 月和 9 月的环比增长率,并统计 8 月和 9 月所有产品的平均值、总值、最大值和最小值。最后制作一个简易的查询系统,要求输入产品类别时,就可以查询到相关的明细数据。在制作过程中,注意为所有环比数据设置"百分比"格式。完成后的结果如图 4-43 所示。

类别	8月	9月	环比增长率		请在下方输入类别	8月	9月	环比增长率
西装	132	404	206%		衬衫	3072	3363	9%
夹克衫	1780	1953	10%					
皮草	102	41	-60%					
毛呢大衣	537	913	70%					
衬衫	3072	3363	9%					
皮衣	137	158	15%					
冲锋衣	347	635	83%					
羽绒服	202	618	206%					
棉服	190	607	219%					
毛衣	615	2081	238%					
针织衫	1175	2642	125%					
马甲	27	46	70%					
牛仔裤	2460	1007	-59%					
T恤	4550	1720	-62%					
风衣	682	946	39%					
皮裤	95	24	-75%					
短裤	3002	783	-74%					
牛仔外套	340	2266	566%					
汉服	332	343	3%					
唐装	167	367	120%					
背心	2420	809	-67%					
运动裤	2822	1383	-51%					
平均值	1144.8182	1050.4091	70%					
总值	25186	23109						
最大值	25186	23109						
最小值	27	24						

图 4-43

小提示

环比表示连续两个统计周期(例如连续两个月)内的量的变化比。

环比增长率=(本期数−上期数)/上期数×100%,用于反映本期比上期增长了多少。本例中,环比增长率公式为"=(C2−B2)/B2",最后为保存结果的单元格设置"百分比"格式即可。

第 5 章

数据透视表

全方位查看数据的工具！

本章导读

数据分析常常需要从多个维度查看数据，以得到一组数据的全貌。Excel 中的数据透视表可以灵活切换查看数据的维度，并可设置数据的统计方式，还可对数据进行排序和筛选，让整个数据分析过程变得灵活起来，掌握了它就可以进行日常的数据分析工作了。

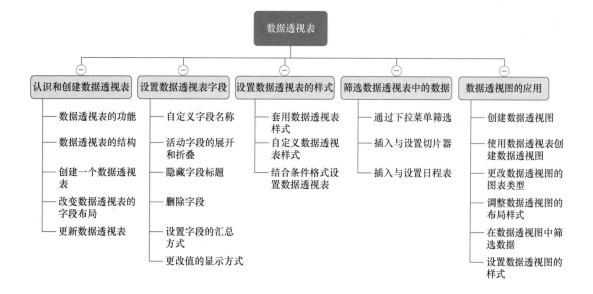

5.1 认识和创建数据透视表

Excel 表相当于一个小型的数据库，前面介绍的各种操作都是在对这个数据库进行整理和平面化的分析。而数据透视表是一种对大量数据进行快速汇总和建立交叉列表的交互式表，可以简单地将其理解成一份基于数据库产生的动态报告。数据透视表可以动态地改变数据库中的数据的布局，根据字段对数据进行多种形式的汇总，且不需要使用函数来汇总与分析数据，它对不懂函数的用户非常友好。

5.1.1 数据透视表的功能

一个 Excel 表格通常含有巨量的数据，直接查看的话，难以进行精确统计与分析。例如某公司 10 年来的商品销售表中可能含有几十万，甚至上百万条记录，要对之进行分析，就必须进行各种分类与汇总，而且还要让分类汇总的结果能根据原始表格数据的变化而变化。要达到这个目的，可以采用在原始表格上建立数据透视表的方法。换言之，数据透视表是用于实现快速分类与汇总原始表格的数据的工具，是在原始表格上建立的若干"二次表格"，而且此表格还能根据原始表格中的数据变化而动态地变化，无须重建表格。

例如，下面是一个销售统计表，该表格中数据量较大，难以直观分析。如果根据这个表格中的数据制作一个数据透视表，则可以更加灵活地查看、分析数据，如图 5-1 所示。

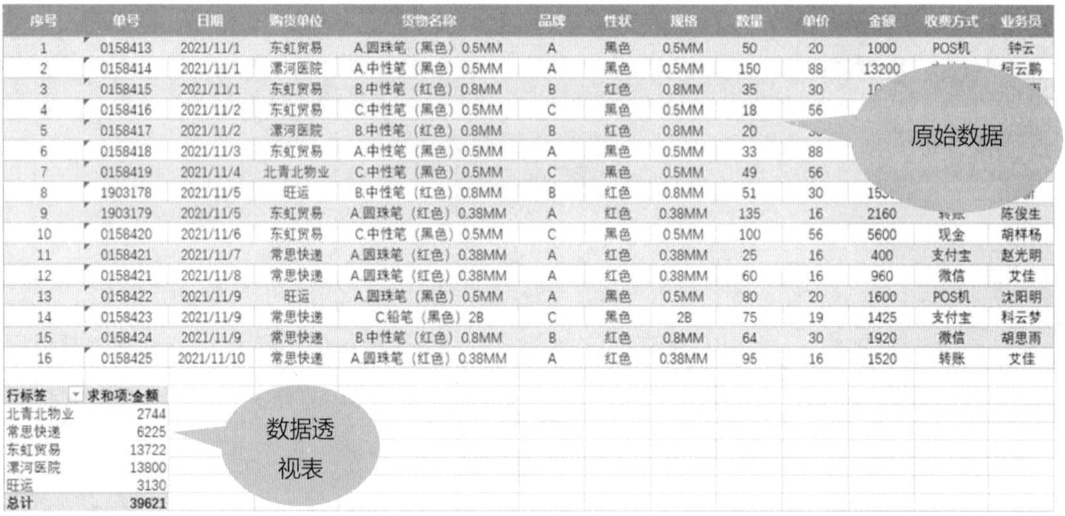

图 5-1

（1）查询海量数据

数据透视表的基本功能之一就是查询数据。无论原始数据中包含了多少个数据字段，建立数据透视表后都可以选择性地查看指定字段的数据。例如，这里为上图中的原始数据创建数据透视表，并在"数据透视表字段"任务窗格中选择"日期""购货单位""金额"3 个字段。那么在数据透视表中只会显示所选择的这 3 个字段的数据，如图 5-2 所示。在"数据透视表字段"任务窗格中，还可以再次选择其他字段进行查看，从而实现数据的灵活查询。

图 5-2

（2）灵活分类与汇总数据

数据透视表可以将选择的字段按分类和子分类的方式对相关数据进行分类与汇总。例如，这里为前面例子中的原始数据创建数据透视表，并让"值"字段中的金额数据以"求和"的方式汇总，而"单价"字段中的数据以"平均值"的方式汇总。可以得到图 5-3 所示的透视结果，即对各购货单位的消费金额求和，对消费单价求平均值。

图 5-3

（3）选择性查看数据

在数据透视表中，可以通过单击展开或折叠按钮选择性查看数据，如图 5-4 所示。这里为前面例子中的原始数据创建数据透视表，并单击"常思快递"左侧的折叠按钮，将该购货单位下各日期的明细数据折叠起来，仅显示该项的总数据。

图 5-4

（4）分析数据

在数据透视表中，还可以对数据进行筛选、排序，或使用透视图、切片器、日程表进行数据分析。对数据透视表中的数据进行“升序”排列，以便发现数据规律，如图 5-5 所示。利用数据透视表中的筛选列表对数据进行快速筛选，以便显示需要重点关注的数据项，如图 5-6 所示。

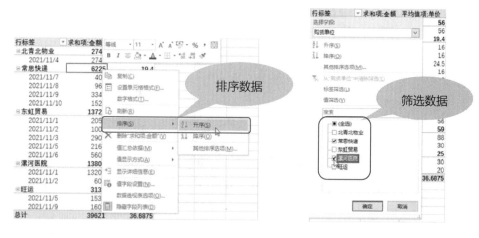

图 5-5

图 5-6

（5）交互式汇报数据

数据透视表最大的优点就是可以根据数据源的变化进行变化，再加上前面介绍的那些强大功能，它就可以对大量数据进行快速汇总及动态查询，实现交互式汇报数据的功能。

因此，可以将数据透视表看作一份基于原始数据表生成的动态报告。当汇报需求发生变化时，不用改动原始数据，直接调整数据透视表即可。图 5-7 所示为在前面例子的原始数据中选择不同的字段时，数据透视表呈现的相应结果。

行标签	求和项:数量	求和项:金额
⊟2021/11/1	235	15250
东虹贸易	85	2050
漯河医院	150	13200
⊟2021/11/2	38	1608
东虹贸易	18	1008
漯河医院	20	600
⊟2021/11/3	33	2904
东虹贸易	33	2904
⊟2021/11/4	49	2744
北青北物业	49	2744
⊟2021/11/5	186	3690
东虹贸易	135	2160
旺运	51	1530
⊟2021/11/6	100	5600
东虹贸易	100	5600
⊟2021/11/7	25	400
常思快递	25	400
⊟2021/11/8	60	960
常思快递	60	960
⊟2021/11/9	219	4945
常思快递	139	3345
旺运	80	1600
⊟2021/11/10	95	1520
常思快递	95	1520
总计	1040	39621

行标签	求和项:金额	平均值项:单价
⊟2021/11/1	15250	46
A.圆珠笔（黑色）0.5MM	1000	20
A.中性笔（黑色）0.5MM	13200	88
B.中性笔（红色）0.8MM	1050	30
⊟2021/11/2	1608	43
B.中性笔（红色）0.8MM	600	30
C.中性笔（黑色）0.5MM	1008	56
⊟2021/11/3	2904	88
A.中性笔（黑色）0.5MM	2904	88
⊟2021/11/4	2744	56
C.中性笔（黑色）0.5MM	2744	56
⊟2021/11/5	3690	23
A.圆珠笔（红色）0.38MM	2160	16
B.中性笔（红色）0.8MM	1530	30
⊟2021/11/6	5600	56
C.中性笔（黑色）0.5MM	5600	56
⊟2021/11/7	400	16
A.圆珠笔（红色）0.38MM	400	16
⊟2021/11/8	960	16
A.圆珠笔（红色）0.38MM	960	16
⊟2021/11/9	4945	23
A.圆珠笔（黑色）0.5MM	1600	20
B.中性笔（红色）0.8MM	1920	30
C.铅笔（黑色）2B	1425	19
⊟2021/11/10	1520	16
A.圆珠笔（红色）0.38MM	1520	16
总计	39621	36.6875

图 5-7

5.1.2 数据透视表的结构

数据透视表是具有强大分析功能的工具。当表格中有大量数据时，利用数据透视表可以更加直观地查看数据，并且能够方便地对数据进行对比和分析。为了更好地使用数据透视表，首先需要了解数据透视表的结构。一个完整的数据透视表主要由以下几个部分组成（图5-8、表5-1）。

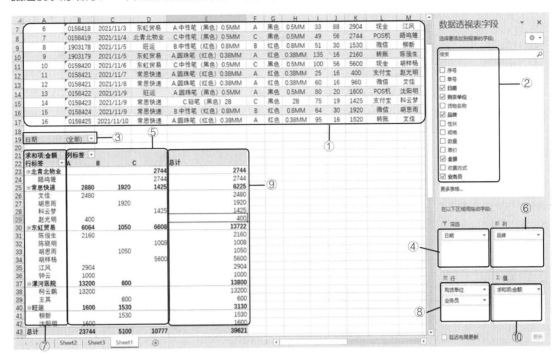

图5-8

表5-1

序号	名称	简单介绍
1	数据库(原始数据)	创建数据透视表的原始数据，可以保存在工作簿中或一个外部文件中
2	字段列表	字段列表中包含了数据透视表中所有的数据字段。在该列表中选中或取消选中字段标题对应的复选框，可以对数据透视表进行透视
3	报表筛选字段	又称为页字段，用于筛选表格中需要保留的项
4	筛选列表	该列表中的字段即为报表筛选字段，将在数据透视表的报表筛选区域显示
5	列字段	显示信息的种类，等价于数据清单中的列
6	"列"列表	该列表中的字段即为列字段，将在数据透视表的列字段区域显示
7	行字段	显示信息的种类，等价于数据清单中的行
8	"行"列表	该列表中的字段即为行字段，将在数据透视表的行字段区域显示
9	值字段	根据设置的求值方式对选择的字段项进行求值。数值和文本的默认汇总方式分别是"求和"和"计数"
10	"值"列表	该列表中的字段即为值字段，将在数据透视表的求值项区域显示

小提示

用于创建数据透视表的原始数据必须规范，才不会在创建透视表或后续进行数据分析时出现错误，主要应注意以下几个方面。

1. 尽量将要分析的数据放在同一个表格里，因为数据透视表分析的数据来自同一个工作表中的数据。

2. 数据透视表的原始数据应该是一维表格，即表的第一行是表头（字段名），下面是字段对应的数据。不能包含多层表头，或在数据记录中插入标题行。

3. 原始数据中不要出现空行或空列，这会导致建表错误。如果数据没有值或为"0"值，建议输入"0"，而非留下空白单元格。

4. 原始数据中不要存在合并单元格，否则容易导致透视分析错误。如果原始数据中出现合并单元格，应该先取消单元格的合并再创建数据透视表。

5. 原始数据中如果有重复数据，则会影响数据透视表中统计结果的正确性。

6. 不规范的数据格式会给数据透视表的数据分析带来很多麻烦，所以，原始数据表中的数据格式要设置正确，尤其是日期型数据，不能设置成"文本"格式，否则将无法使用数据透视表汇总日期型数据。在使用日程表进行数据分析时，日程表也难以识别日期型数据，从而出现错误。

5.1.3 创建一个数据透视表

在 Excel 2019 中创建数据透视表有两种方法：一种是使用系统推荐的数据透视表，可省去字段设置的过程；另一种是自定义创建数据透视表，需要自定义设置数据透视表的字段和布局，因此可以更灵活地展示数据。下面，以前面的销售统计表为原始数据表，讲解两种创建数据透视表的方法。

（1）使用系统推荐的数据透视表

如果不熟悉数据透视表，可以使用系统提供的"推荐的数据透视表"功能，从一系列推荐的数据透视表中选择一个合适的数据透视表。该功能会根据提供的原始数据中包含的字段自动进行组合设置，给出一系列推荐的数据透视表效果，在对话框中选中不同的数据透视表效果，还可以在右侧看到数据透视表的详细效果。

例如，为销售统计表应用"推荐的数据透视表"功能后，会得到"以购货单位分类，对金额求和""以品牌分类，对金额求和""以收费方式分类，对金额求和""以规格分类，对金额求和"等多种数据透视表效果。

实战操作：打开下载的"Excel 练习文档"中的"5-1 创建数据透视表.xlsx"表格，使用"推荐的数据透视表"功能，选择"以购货单位分类，对金额求和"方式创建数据透视表（图 5-9）。

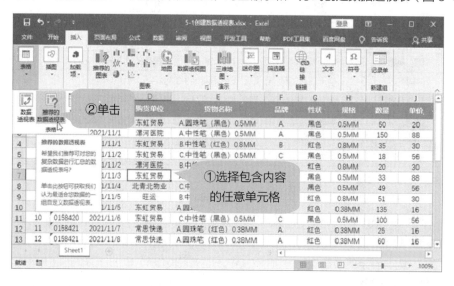

图 5-9

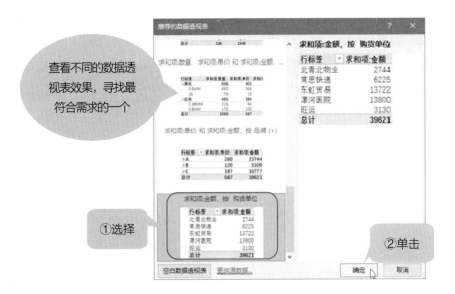

图 5-9（续）

> **小提示**
>
> 使用"推荐的数据透视表"功能创建透视表很简单，但创建思路才是要点。对新手来说，可以通过分析系统是如何对字段进行设置的，以加深对数据透视表的理解。

（2）自定义创建数据透视表

系统推荐的数据透视表常常不能满足实际需求，尤其是当数据透视表字段较多时，系统对字段进行自由组合后，容易组合出对分析没有意义的数据。所以，还必须掌握自定义创建数据透视表的方法。

实战操作：在"5-1创建数据透视表.xlsx"表格中自定义创建数据透视表，展示以"日期""购货单位""货物名称"为行字段，对"数量"和"金额"进行求和后的效果（图5-10）。

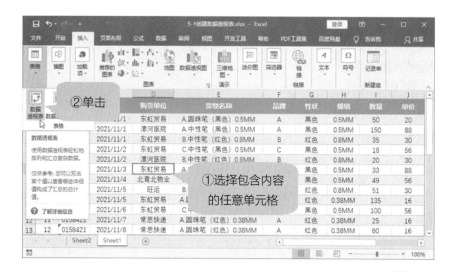

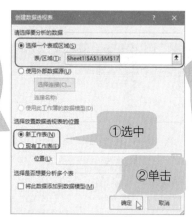

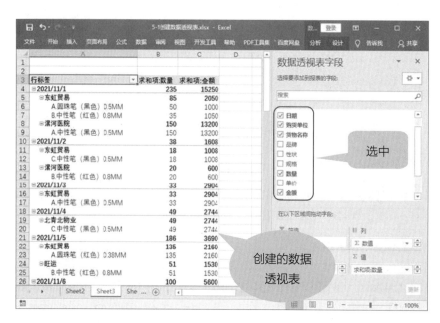

图 5-10

快速拓展

尝试在字段列表中选中不同的复选框，看看创建的数据透视表有什么不同。

5.1.4　改变数据透视表的字段布局

自定义创建的数据透视表可以完全根据实际需要来展示数据，但重点在于掌握字段的布局。通过设置数据透视表的字段布局，可以改变数据透视表的整体效果，以便从不同的视角进行数据分析。

对字段进行布局主要是将字段从字段列表中直接拖动到下方的各列表中。只需要在字段列表中选中字段，往下拖动到合适的列表中后释放鼠标，就完成了字段的布局。将不同的字段拖动到不同的列表中会产生截然不同的数据透视表效果，需要在理解的基础上，结合实际需求进行字段设置。

例如，在上个案例中，保持所选字段相同，改变数据透视表的字段布局，就可以得到另一个数据透视表（图 5-11）。

行标签	求和项:数量	求和项:金额
2021/11/1	235	15250
东虹贸易	85	2050
A.圆珠笔（黑色）0.5MM	50	1000
B.中性笔（红色）0.8MM	35	1050
漯河医院	150	13200
A.中性笔（黑色）0.5MM	150	13200
2021/11/2	38	1608
东虹贸易	18	1008
C.中性笔（黑色）0.5MM	18	1008
漯河医院	20	600
B.中性笔（红色）0.8MM	20	600
2021/11/3	33	2904
东虹贸易	33	2904
A.中性笔（黑色）0.5MM	33	2904
2021/11/4	49	2744
北青北物业	49	2744
C.中性笔（黑色）0.5MM	49	2744
2021/11/5	186	3690
东虹贸易	135	2160
A.圆珠笔（红色）0.38MM	135	2160
旺运	51	1530
B.中性笔（红色）0.8MM	51	1530
2021/11/6	100	5600
东虹贸易	100	5600
C.中性笔（黑色）0.5MM	100	5600
2021/11/7	25	400
常思快递	25	400
A.圆珠笔（红色）0.38MM	25	400
2021/11/8	60	960
常思快递	60	960
A.圆珠笔（红色）0.38MM	60	960
2021/11/9	219	4945
常思快递	130	3345
B.中性笔（红色）0.8MM	64	1920
C.铅笔（黑色）2B	75	1425
旺运	80	1600
A.圆珠笔（黑色）0.5MM	80	1600
2021/11/10	95	1520
常思快递	95	1520
A.圆珠笔（红色）0.38MM	95	1520
总计	1040	39621

改变字段布局前

改变字段布局后

日期　(全部)

行标签	列标签 求和项:数量 北青北物业	常思快递	东虹贸易	漯河医院	旺运	求和项:金额 北青北物业	常思快递	东虹贸易	漯河医院	旺运	求和项:数量汇总	求和项:金额汇总
A.圆珠笔（黑色）0.5MM			50		80			1000		1600	130	2600
A.圆珠笔（红色）0.38MM		180	135				2880	2160			315	5040
A.中性笔（黑色）0.5MM			33	150				2904	13200		183	16104
B.中性笔（红色）0.8MM		64	35	20	51		1920	1050	600	1530	170	5100
C.铅笔（黑色）2B		75					1425				75	1425
C.中性笔（黑色）0.5MM	49		118			2744		6608			167	9352
总计	49	319	371	170	131	2744	6225	13722	13800	3130	1040	39621

图 5-11

实战操作：打开下载的“Excel 练习文档”中的“5-2 改变透视表的布局.xlsx”表格，拖动调整字段布局，改变数据透视表效果，最终以“日期”为报表筛选字段、“购货单位”为列字段、“货物名称”为行字段，对“数量”和“金额”进行求和（图 5-12）。

图 5-12

小提示

在进行字段的选择与设置时,数据透视表中的效果会随之发生改变。因此,在调整字段时,可以参照数据透视表区域的数据,看看数据显示是否符合分析需要;如果不符合分析需要,再进行字段设置。"数据透视表字段"任务窗格中的字段可以在下方的 4 个列表中随意拖动以改变字段布局位置。

快速拓展

1. 尝试拖动现有字段到不同的列表中,看看数据透视表的效果有什么不同。

2. 在字段列表中选中不同的复选框,并拖动到不同的列表中,看看用这一张原始数据表能创建出多少种不同的数据透视表效果。

5.1.5 更新数据透视表

创建数据透视表后,如果对原始数据进行了改变,不用删除数据透视表,只需更新数据即可让透视数据与源数据时刻保持一致。但是,这里的更新操作分为以下两种情况。

(1)"更改数据源"+"刷新"

如果数据透视表的原始数据发生了"加大"或"减小"的改变,如增加或删除了部分数据项,此时需要使用"更改数据源"+"刷新"功能重新选择数据透视表的数据区域,以更新数据透视表效果。

例如,在上个案例中,数据透视表已经制作好了,现在又发现原始数据中漏输入了一条数据,在原始数据中增加了相关数据后,通过"更改数据源"+"刷新"功能更新数据前后的数据透视表对比效果如图5-13所示。

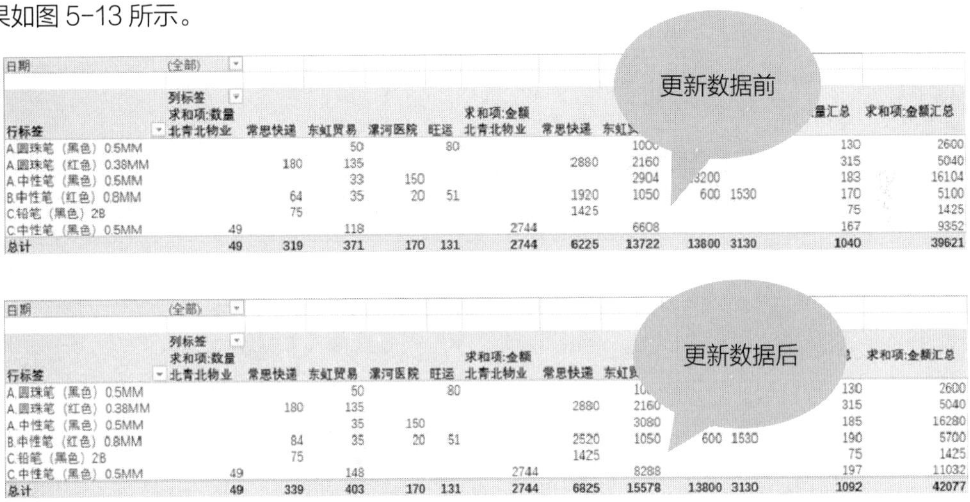

图5-13

实战操作:打开下载的"Excel 练习文档"中的"5-3更改数据透视表.xlsx"表格,在原始数据表中第10行上方插入一条数据,并修改I6单元格数据,通过"更改数据源"+"刷新"功能更新数据透视表中的数据,使其与源数据保持一致(图5-14)。

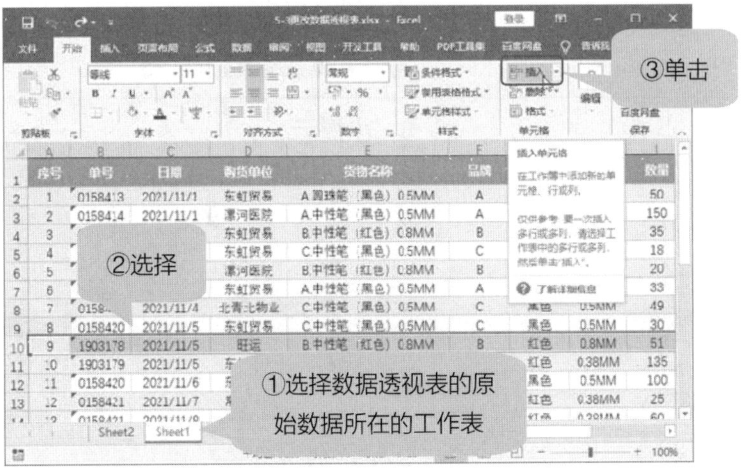

图5-14

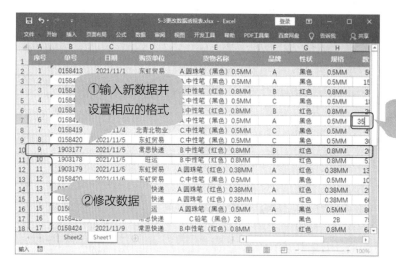

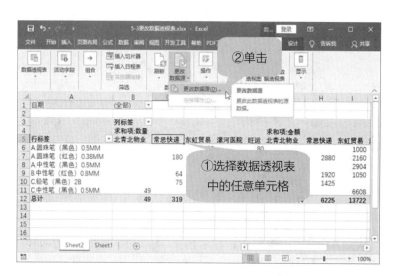

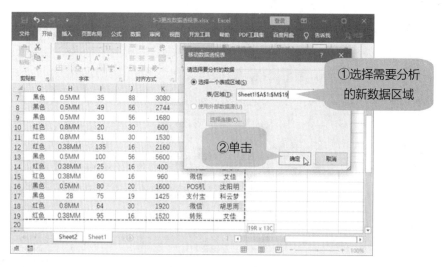

图 5-14（续）

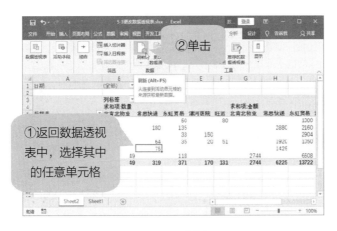

图 5-14（续）

（2）单独使用"刷新"功能

如果数据透视表的原始数据并没有发生大的改动，只修改了部分单元格的值，此时单独使用"刷新"功能就可以刷新当前选择的数据区域，让透视数据与源数据保持一致。

例如，数据透视表已经制作好了，发现原始数据中有些数据输入错误，修改相关数据后，通过"刷新"功能刷新数据前后的数据透视表对比效果如图 5-15 所示。

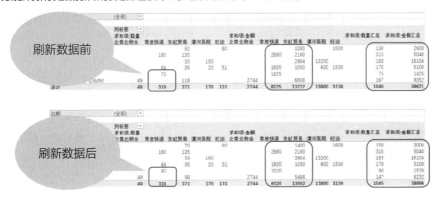

图 5-15

实战操作：打开下载的"Excel 练习文档"中的"5-4 刷新数据透视表.xlsx"表格，通过"刷新"功能刷新数据透视表中的数据，使其与源数据保持一致（图 5-16）。

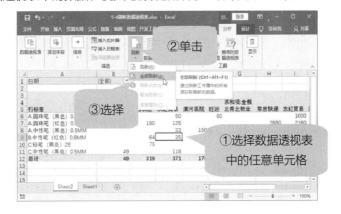

图 5-16

> **小提示**
>
> 如果数据透视表和原始数据不是一个人准备的,或者不清楚创建数据透视表的原始数据进行了哪些更改,最好通过"更改数据源"+"刷新"功能来更新数据,或重新创建数据透视表。

5.2 设置数据透视表字段

通过数据透视表,用户可以灵活地分析数据。字段作为数据透视表中最重要的元素,其操作技巧也相对多一点。要想提高使用数据透视表分析数据的水平,就应该掌握字段的相关操作技巧,如自定义字段名称、展开和折叠活动字段、隐藏字段标题、删除字段、设置字段汇总方式、更改值的显示方式。

5.2.1 自定义字段名称

前面我们了解了数据透视表的强大数据分析功能,有一点不足的是值字段标题都带有"求和项""计数项""平均值项"等内容,虽然这些内容可以指明正在采用的统计方式,但实在影响表格的美观度。通过自定义字段名称可以修改字段名,例如,将数据透视表中的"求和项:金额"修改为"金额",将"求和项:数量"修改为"数量",如图5-17所示。

图 5-17

实战操作:打开下载的"Excel 练习文档"中的"5-5 自定义字段名称.xlsx"表格,将数据透视表中的"求和项:金额"修改为"金额",将"求和项:数量"修改为"数量"(图5-18)。

图 5-18

 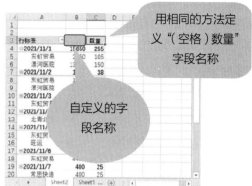

图 5-18（续）

> **小提示**
>
> 单击"数据透视表工具分析"选项卡的"活动字段"组中的"字段设置"按钮，也可以打开"值字段设置"对话框。

> **小提示**
>
> 通过自定义字段名称，还可以修改数据透视表中错误或重复的字段名称。当数据透视表（包括原始数据）中的字段名称重复时，如上例中，如果将所选字段名称自定义为"金融"，就会打开图 5-19 所示的对话框，提示"已有相同数据透视表字段名存在"。所以，自定义字段名称时，应注意字段名称的内容，尽量避免出现重复。如果既要保证字段名称的一致性，又要避免发生冲突，就在名称前后添加空格。

图 5-19

> **快速拓展**
>
> 尝试对"行标签""列标签""总计"单元格中的名称进行自定义。

5.2.2 活动字段的展开和折叠

在对一些复杂数据进行分析时，数据透视表中显示的结果可能存在多层数据汇总，为了能更直观地看到需要的结果，避免看错或看漏数据，可以折叠不需要查看的数据分类中的明细数据，只显示当前需要查看的汇总数据，在需要查看明细数据时，再将其展开显示出来。例如，在数据透视表中只展开 11 月 7 日和 11 月 9 日的明细数据，效果如图 5-20 所示。

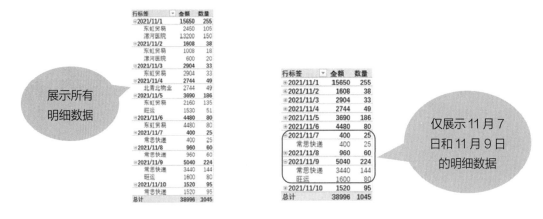

图 5-20

实战操作：打开下载的"Excel 练习文档"中的"5-6 活动字段的展开和折叠.xlsx"表格，先折叠数据透视表中的所有明细数据，再展开 11 月 7 日和 11 月 9 日的明细数据（图 5-21）。

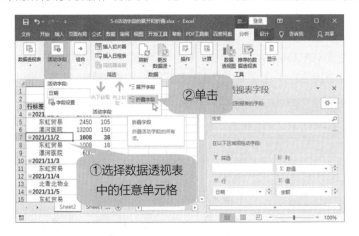

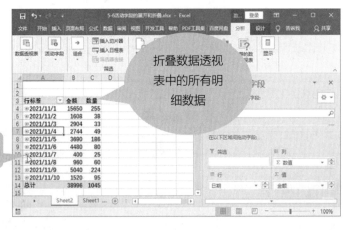

图 5-21

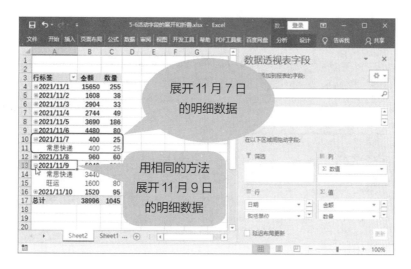

图 5-21（续）

小提示

单击"数据透视表工具 分析"选项卡的"活动字段"组中的"展开字段"/"折叠字段"按钮，可以快速展开或折叠数据透视表中的所有明细数据。单击数据透视表中各汇总数据项左侧的⊞或⊟按钮，仅能展开或折叠当前汇总数据项下的明细数据。

快速拓展

1. 尝试快速展开数据透视表中的所有明细数据。
2. 尝试折叠数据透视表中 11 月 4、5、8、10 日的明细数据。

5.2.3 隐藏字段标题

在 Excel 中创建数据透视表后，字段标题会默认显示在数据透视表中，同时还提供了一个下拉按钮以便进行筛选，如图 5-22 所示的"列标签"和"行标签"。但这些字段标题有时并不需要，如在打印数据透视表时。

图 5-22

要取消显示这些多余内容，使数据透视表的外观和 Excel 中普通表格的外观更相似，必须使用"隐藏字段标题"功能。

实战操作：打开下载的"Excel 练习文档"中的"5-7 隐藏字段标题.xlsx"表格，将表格中的"列标签"和"行标签"字段标题隐藏起来（图 5-23）。

图 5-23

> **小提示**
>
> 上图中，再次单击"数据透视表工具分析"选项卡的"显示"组中的"字段标题"按钮，将在数据透视表中显示出字段标题。单击"显示"组中的"字段列表"按钮，可以显示或隐藏"数据透视表字段"任务窗格。

5.2.4 删除字段

数据透视表的灵活性与交互性让我们可以从多个维度查看数据。因此在进行数据分析时，最好选择最能突出分析特性的少数字段进行分析，要分析数据的另一种特性时，再重新选择相关的几个字段进行分析即可。不要在一个数据透视表中添加太多关系不大的字段进行整体分析。

例如，图 5-24 所示的数据透视表选择了"日期""购货单位""品牌""数量""金额"5 个字段，这一数据透视表是一个二维表格，既可以横向分析各购货单位的不同数据，也可以竖向分析不同品牌的金额和数量等数据。

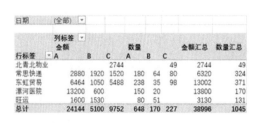

图 5-24

在上图所示的数据透视表中删除"日期"和"品牌"两个字段后，制作的数据透视表是一个一维表格，如图 5-25 所示，反而使分析不同购货单位的金额和数量数据更加方便直观。

图 5-25

实战操作：打开下载的"Excel 练习文档"中的"5-8 删除字段.xlsx"表格，将数据透视表中的"日期"和"品牌"两个字段删除（图 5-26）。

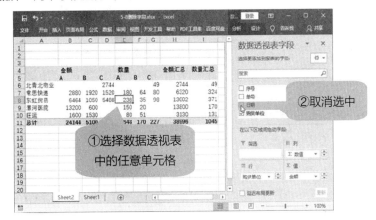

图 5-26

小提示

在"数据透视表字段"任务窗格的相应列表中选择需要删除的字段名称，并单击其右侧的下拉按钮，在弹出的下拉菜单中选择"删除字段"命令，也可以删除选择的字段（图 5-27）。

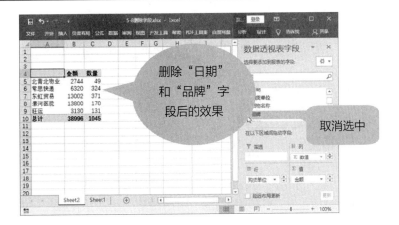

图 5-27

快速拓展

1. 尝试在数据透视表中添加"日期"字段。
2. 删除数据透视表中的"购货单位"和"数量"字段。

5.2.5 设置字段的汇总方式

用户在使用数据透视表对数据进行分析时,对于某类数据往往需要多种汇总与分析结果,例如有时要求总和,有时要求平均值。此时可以通过向数据透视表中重复添加某个字段并更改该字段的汇总方式来获得需要的多个分析结果。

在数据透视表中,值字段的汇总方式主要包括"求和""计数""平均值""最大值""最小值""乘积"6种。系统默认的汇总方式为"求和",用户可以从分析数据的不同角度来更改字段的汇总方式。

例如,图 5-28 所示的数据透视表对单价字段进行了求和统计,但是对单价求和并没有什么意义,经分析得知该案例需要获取各购货单位购买产品的平均价格,即需要对单价字段进行求平均值操作,重新设置字段汇总方式后得到图 5-28 所示的数据透视表效果。

图 5-28

实战操作:打开下载的"Excel 练习文档"中的"5-9 设置字段的汇总方式.xlsx"表格,将数据透视表中的"求和项:单价"字段的汇总方式修改为"平均值"(图 5-29)。

小提示

要设置数据透视表值字段的汇总方式,还可以直接在数据透视表中需要修改的字段上右击,在弹出的快捷菜单中选择"值汇总依据"命令,再在子菜单中选择需要的汇总方式。

图 5-29

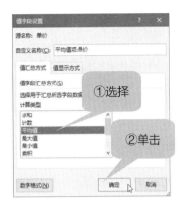 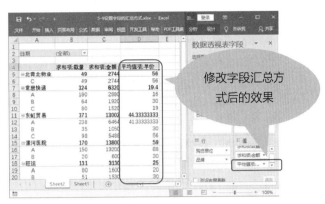

图 5-29（续）

小提示

在"数据透视表字段"任务窗格的"值"列表中选择需要设置汇总方式的值字段名称，并单击其右侧的下拉按钮，在弹出的下拉菜单中选择"值字段设置"命令，也可以打开"值字段设置"对话框进行字段汇总方式的设置。

快速拓展

尝试将"求和项：金额"字段的汇总方式修改为"平均值"。

5.2.6 更改值的显示方式

除了可以设置字段的汇总方式外，还可以设置字段值的显示方式。Excel 数据透视表中提供了 7 种值的百分比显示方式和两种差异化比较显示方式，用户可以根据需要设置值的不同显示方式，以方便对数据进行分析。下面对它们进行简单介绍。

- ◇ 总计的百分比。显示所有值或数据透视表中的数据占所有数据总和的百分比，如图 5-30 所示。这种值显示方式以所有项目总值（一般为数据透视表最右下角的单元格数据）为标准，可以衡量出单个项目的数据表现。
- ◇ 列汇总的百分比。每列或系列中的所有值都显示为该列或该系列数据总和的百分比，如图 5-31 所示。这种值显示方式可以分析不同购货单位在不同日期的消费金额的占比，以此来判断哪个购货单位在某一天中的消费占比最大。
- ◇ 行汇总的百分比。每行或类别中的所有值都显示为该行或该类别数据总和的百分比。

图 5-30   图 5-31

- ◇ 百分比。以某系列为标准，显示其他系列与该系列的比例。这种值显示方式需要先选择某系列作为参照标准。
- ◇ 父行汇总的百分比。显示某数据占该列分类项目数据总和的百分比。计算原理是：（该项的值）÷（行上父项的值）×100%。
- ◇ 父列汇总的百分比。显示某数据占该行分类项目数据总和的百分比。计算原理是：（该项的值）÷（列上父项的值）×100%。
- ◇ 父级汇总的百分比。显示每个数据占所在分类数据总和的百分比。计算原理是：（该项的值）÷（所选"基本字段"中父项的值）×100%。
- ◇ 差异。用于分析数值之间的差异，需要先选定一个项目作为参照标准，然后就能看到其他项目与参照项目之间的数值差异。
- ◇ 差异百分比。显示某数据与基本字段中所选基本项的值的差异的百分比。可以实现项目同比/环比的计算，但需要数据中有时间项，如果是2021年1月、2021年2月……这样的序列，就可以计算项目的环比变化；如果是2021年1月、2021年1月……这样的序列，就可以计算项目的同比变化。这种值显示方式需要先设置要计算差异百分比的基本字段、基本项。

数据透视表中值的显示方式光从名称上来理解十分抽象。下面来看看为数据透视表设置"总计的百分比"值显示方式的效果，显示为此种百分比值效果后，可以更方便地分析10天中各类产品的销售占比情况（图5-32）。

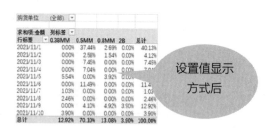

图 5-32

实战操作：打开下载的"Excel练习文档"中的"5-10 更改值的显示方式.xlsx"表格，将数据透视表中值的显示方式更改为"总计的百分比"（图5-33）。

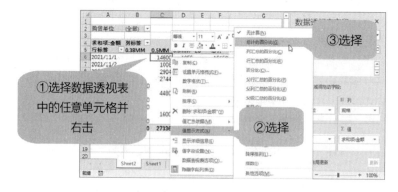

图 5-33

小提示

在"值字段设置"对话框中单击"值显示方式"选项卡，也可以在其中设置值的显示方式。

> **快速拓展**
>
> Excel 的值显示方式提供了多种选项，根据数据透视表分析的不同需要，可以选择不同的值显示方式。尝试在本例的数据透视表中，选择不同的值显示方式并查看显示效果，分析不同值显示方式的具体区别。

5.3 设置数据透视表的样式

默认创建的数据透视表都是白底、黑字、浅蓝色填充的样式，数据量较大时，密密麻麻的数据容易让人眼花。此时可以为数据透视表应用系统自带的样式或自定义样式；还可以在数据透视表中运用条件格式，在美化表格的同时还有助于分析数据。

5.3.1 套用数据透视表的样式

Excel 为数据透视表预定义了多种样式，我们可以使用"样式库"轻松更改数据透视表的样式，达到美化数据透视表的效果；还可以在"数据透视表样式选项"组中选择数据透视表样式应用的范围，如列标题、行标题、镶边行和镶边列等（图 5-34）。

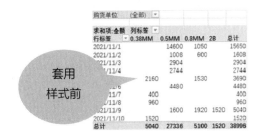 

图 5-34

实战操作：打开下载的"Excel 练习文档"中的"5-11 套用数据透视表样式.xlsx"表格，为数据透视表套用"深黄，数据透视表样式深色 5"样式，并将样式应用到列标题、行标题和镶边行上，将各行的数据区分开来（图 5-35）。

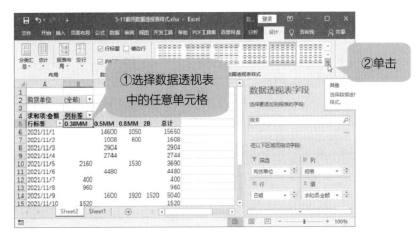

图 5-35

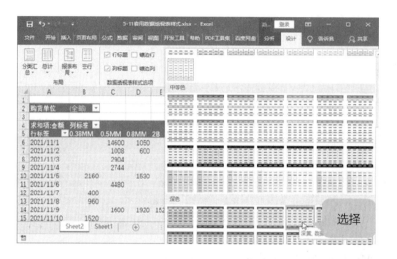

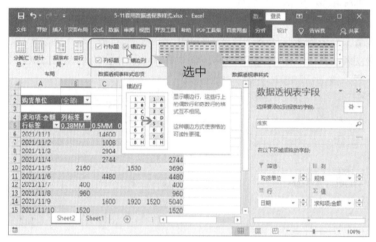

图 5-35（续）

小提示

图 5-35 中，因为要分析不同日期各类别产品的销售情况（对不同行数据进行比较），所以对镶边行应用了数据透视表样式。如果要分析的是各类别产品在不同日期的销售情况（对不同列数据进行比较），就可以对镶边列应用数据透视表样式。

快速拓展

尝试为数据透视表应用"浅橙色，数据透视表样式中等深浅 17"样式，并将该样式应用到列标题、行标题和镶边列上。

5.3.2 自定义数据透视表样式

如果系统预定义的数据透视表样式不能满足需要，也可以自定义样式，让数据透视表的效果更符合需求。例如，为数据透视表自定义蓝色效果（图 5-36）。

图 5-36

实战操作：打开下载的"Excel 练习文档"中的"5-12 自定义数据透视表样式.xlsx"表格，为数据透视表中的数据设置浅蓝色的底纹，为报表筛选标签设置字体和蓝色底纹，并为第一行设置浅蓝色底纹（图 5-37）。

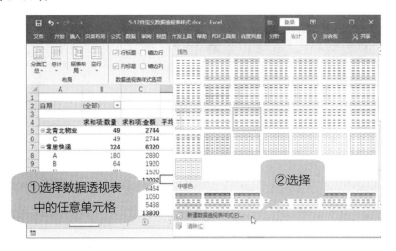

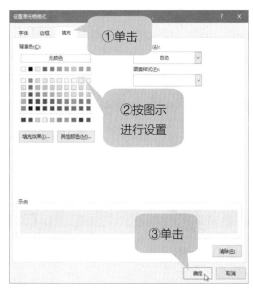

图 5-37

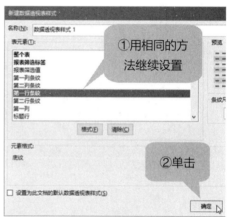
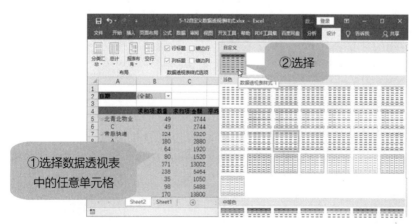

图 5-37（续）

> **小提示**
>
> 如果经常需要使用自定义的数据透视表样式,可以在数据透视表样式上右击,在弹出的快捷菜单中选择"设为默认值"命令,这样,以后创建的数据透视表就会自动套用该样式了。

> **快速拓展**
>
> 尝试修改数据透视表样式中报表筛选标签和标题行中文字的颜色为白色。操作提示:在自定义的数据透视表样式上右击,在弹出的快捷菜单中选择"修改"命令,并在打开的对话框中选择对应的数据透视表对象,然后在打开的"设置单元格格式"对话框的"字体"选项卡中进行设置。

5.3.3 数据透视表与条件格式

数据透视表在用条件格式实现美化的同时,还可以为数据分析提供便利。例如,可以为数据透视表中的相关字段添加升、降、平的状态图标,如图 5-38 所示。

图 5-38

实战操作:打开下载的"Excel 练习文档"中的"5-13 数据透视表与条件格式.xlsx"表格,为数据透视表中的"求和项:数量"字段添加升、降、平的状态图标(图 5-39)。

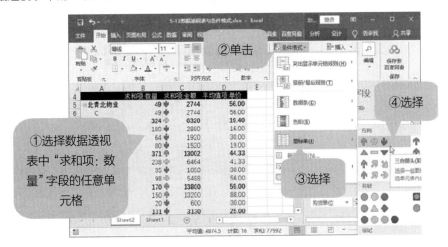

图 5-39

> **快速拓展**
>
> 1. 尝试突出显示数据透视表的"求和项：金额"字段中最大的 3 项数据。
> 2. 尝试为数据透视表的"平均值项：单价"字段中的数据添加数据条。

5.4 筛选数据透视表中的数据

使用数据透视表对数据进行全面汇总后，如果想灵活查看某日期、某分类下的数据，实现更细致的数据分析，就需要对数据进行筛选。Excel 提供了 3 种数据筛选方式，分别是通过下拉菜单筛选，使用切片器或日程表进行筛选。

5.4.1 通过下拉菜单筛选

在 Excel 中创建的数据透视表，其报表筛选字段、行字段、列字段和值字段会提供相应的下拉按钮，单击相应的下拉按钮，在弹出的下拉菜单中就可以对相应的字段数据进行筛选了，筛选方式包括手动筛选、标签筛选、值筛选和复选框设置筛选。

（1）手动筛选

单击字段名称右侧的下拉按钮后，弹出的下拉菜单中一般都会包含一个"搜索"文本框，在其中输入要筛选的数据条件，就可以实现手动筛选数据了。例如，要筛选出数据透视表中胡姓员工的销售数据（图 5-40）。

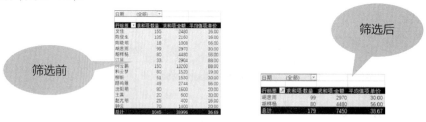

图 5-40

实战操作：打开下载的"Excel 练习文档"中的"5-14 通过下拉菜单筛选.xlsx"表格，通过手动筛选方式在"行标签"下拉菜单中筛选出数据透视表中胡姓员工的销售数据（图 5-41）。

图 5-41

> **小提示**
>
> 不是所有的数据透视表中的报表筛选字段、行字段、列字段、值字段都会提供相应的下拉按钮，系统会根据相应字段的内容判断是否需要进行筛选，只有字段包括可用作筛选依据的数据时才会在字段旁显示下拉按钮。

（2）标签筛选

单击字段名称右侧的下拉按钮后，弹出的下拉菜单中如果包含"标签筛选"命令，则可以进行标签筛选，筛选时还可以在"标签筛选"命令的子菜单中选择筛选的方式。例如，要筛选出数据透视表中非胡姓员工的销售数据，就可以选择"标签筛选"命令下的"开头不是"子命令（图5-42）。

图 5-42

实战操作：在"5-14 通过下拉菜单筛选.xlsx"表格中，通过标签筛选方式在"行标签"下拉菜单中筛选出数据透视表中除胡姓员工以外的员工的销售数据（图5-43）。

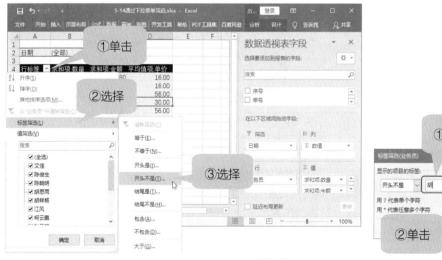

图 5-43

（3）值筛选

和标签筛选方式一样，单击字段名称右侧的下拉按钮后，弹出的下拉菜单中如果包含"值筛选"命令，就可以进行值筛选，筛选时可以在"值筛选"命令的子菜单中选择筛选的条件。例如，要筛选出数据透视表中销售金额大于等于2000的数据，需要选择"值筛选"命令下的"大于或等于"子命令（图5-44）。

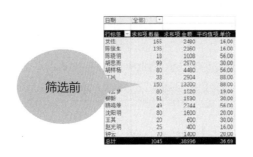

图 5-44

实战操作：在"5-14 通过下拉菜单筛选.xlsx"表格中，通过值筛选方式在"行标签"下拉菜单中筛选出数据透视表中销售金额大于等于 2000 的数据（图 5-45）。

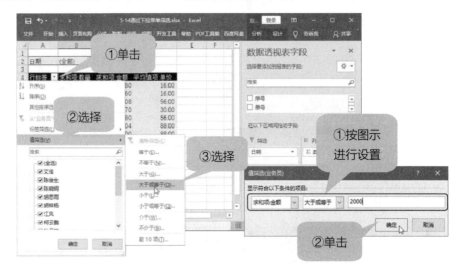

图 5-45

快速拓展

尝试通过值筛选方式在"行标签"下拉菜单中筛选出数据透视表中销售数量低于 50 的员工。

（4）复选框设置筛选

单击字段名称右侧的下拉按钮后，弹出的下拉菜单中一般都会包含一个列表，其中列出了该字段包含的所有数据，通过选中或取消选中对应数据的复选框，就可以实现数据的筛选了。例如，要筛选出数据透视表中 11 月 1 日至 11 月 6 日的销售数据（图 5-46）。

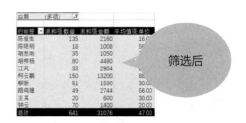

图 5-46

实战操作：在"5-14 通过下拉菜单筛选.xlsx"表格中，通过在报表筛选字段的下拉菜单中设置复选框，筛选出数据透视表中 11 月 1 日至 11 月 6 日的销售数据（图 5-47）。

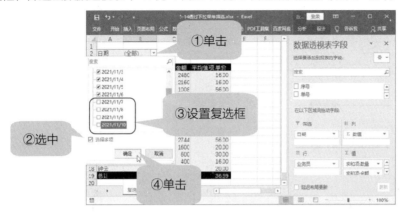

图 5-47

小提示

在数据透视表中筛选数据的操作是叠加的，即每一次增加筛选条件后都会在当前已经筛选过的数据的基础上进一步进行数据筛选。

快速拓展

尝试通过设置复选框的方式在"行标签"下拉菜单中筛选出除陈姓员工以外的员工的销售数据。

5.4.2 插入切片器

通过下拉菜单筛选数据透视表中的数据后，很难看到当前的筛选状态，必须打开对应的下拉菜单才能找到有关筛选的详细信息。如果对多个字段进行了筛选，查看起来就比较麻烦。所以，更多的时候会用切片器来对数据透视表中的数据进行筛选。

切片器就是一种图形化的筛选方式，它可以为数据透视表中的每一个字段单独创建一个筛选器，并使其浮动在数据透视表上。通过对筛选器中字段的筛选可以实现对数据透视表中数据的筛选。此外，切片器还会清晰地标记已应用的筛选器，提供详细信息来指示当前筛选状态，从而便于其他用户轻松、准确地了解已筛选的数据透视表中显示的内容。

例如，在图 5-48 所示的数据透视表中，通过切片器就可以立即分析出对数据透视表中的"品牌""性状""规格"3 个字段进行了筛选，筛选器中高亮显示的内容为保留的数据，灰色显示的内容为筛选掉的数据。

图 5-48

实战操作：打开下载的"Excel 练习文档"中的"5-15 插入切片器.xlsx"表格，在数据透视表中插入"品牌""性状""规格"切片器，并筛选出性状为黑色的数据（图 5-49）。

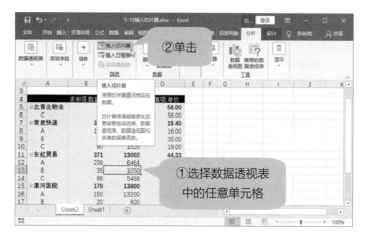

图 5-49

小提示

在"插入切片器"对话框中选中与筛选需求相关的字段名称，即可插入对应的切片器。使用切片器进行数据筛选时，单击某切片器右上方的"多选"按钮，可以在切片器中选择多个筛选条件。如果想清除数据筛选，需要依次单击切片器右上角的"清除筛选器"按钮。

快速拓展

1. 尝试在数据透视表中通过切片器筛选出 B 品牌的所有数据。
2. 尝试清除之前的筛选效果，并通过切片器在筛选出 C 品牌所有数据的基础上，继续筛选出规格为 2B 的数据。

5.4.3 设置切片器样式

Excel 还为切片器提供了预设的样式，以快速更改切片器的外观（图 5-50）。

图 5-50

实战操作：打开下载的"Excel 练习文档"中的"5-16 美化切片器.xlsx"表格，为插入的切片器设置"浅绿，切片器样式深色 6"样式（图 5-51）。

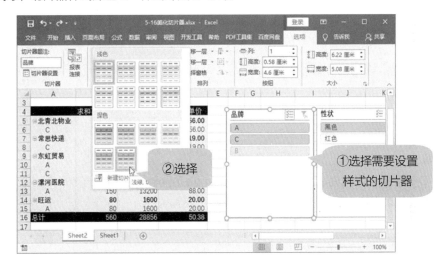

图 5-51

> **小提示**
>
> 在"切片器工具 选项"选项卡中还可以对切片器的排列方式、按钮样式和大小等进行设置,设置方法比较简单,与设置图形、图片等对象的方法类似,这里不再赘述。

5.4.4 插入日程表

日程表和切片器类似,只不过日程表是从日期的角度对数据进行筛选,可以筛选出不同时间段下的数据。日程表能以"年""季度""月""日"4 种时间单位对数据进行筛选和查看。

日程表是专门的日期筛选器,更适合筛选日期跨度大的海量数据,如数据透视表中以月为单位,统计了 2015 年到 2021 年总共 7 年,即 84 个月的数据。此时利用日程表进行数据筛选会更加便捷。下面举个简单的例子,数据透视表中记录了 11 月每天的销售数据,通过插入日程表并按"日"方式查看 11 月 5 日的数据(图 5-52)。

图 5-52

实战操作:打开下载的"Excel 练习文档"中的"5-17 插入日程表.xlsx"表格,通过插入日程表在数据透视表中筛选出 11 月 5 日的数据(图 5-53)。

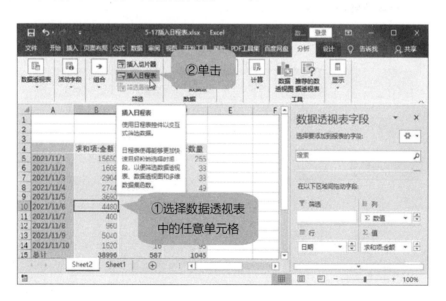

图 5-53

图 5-53（续）

小提示

切片器也可以对日期型的字段进行筛选，但是切片器更适合筛选日期跨度不大的数据。需要注意的是，无论是切片器还是日程表，要筛选日期型数据，都必须保证原始数据中的日期数据格式正确，即保证数据是日期型数据，而非文本、常规等类型的数据（图 5-54）。

图 5-54

小提示

单击日程表筛选器右上角的"清除筛选器"按钮，可以清除对日期的筛选，显示所有的日期和数据。

快速拓展

尝试通过日程表查看数据透视表中 11 月 10 日的数据。

5.4.5　设置日程表样式

使用 Excel 预设的日程表样式可以让日程表与数据透视表的样式统一，此外还可以设置日程表中要显示的部分。例如，为日程表应用深蓝色样式后，取消显示滚动条，效果如图 5-55 所示。

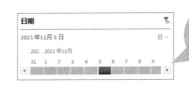

图 5-55

实战操作：打开下载的"Excel 练习文档"中的"5-18 设置日程表样式.xlsx"表格，为插入的日程表设置"浅蓝，日程表样式深色 1"样式，并取消滚动条的显示（图 5-56）。

图 5-56

> **小提示**
>
> 在图 5-56 所示的下拉菜单中选择"新建日程表样式"命令，可以在打开的对话框中选择不同的日程表组成部分，并单独进行格式设置，操作方法类似自定义数据透视表样式，这里不再赘述（图 5-57）。

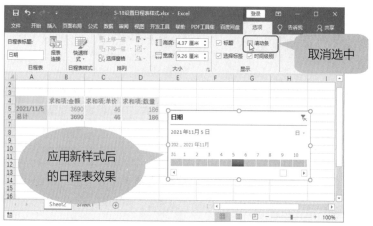

图 5-57

5.5 数据透视图的应用

数据透视图与数据透视表类似，用于透视并汇总数据，不同的是数据透视图以图表的形式来展示数据透视的结果，从而可以更直观地查看和分析数据。本节就来介绍数据透视图的相关使用技巧。

5.5.1 创建数据透视图

在 Excel 2019 中，可以根据原始数据一次性创建数据透视图，这里为前面的销售数据创建数据透视图（图 5-58）。数据透视图的创建方法与自定义创建数据透视表的方法相似，也需要选择数据表中的字段作为数据透视图中的报表筛选字段、行字段、列字段及值字段。

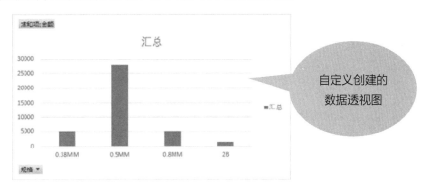

图 5-58

实战操作：打开下载的"Excel 练习文档"中的"5-19 创建数据透视图.xlsx"表格，为表格数据创建数据透视图，以展示不同规格产品的销售金额（图 5-59）。

图 5-59

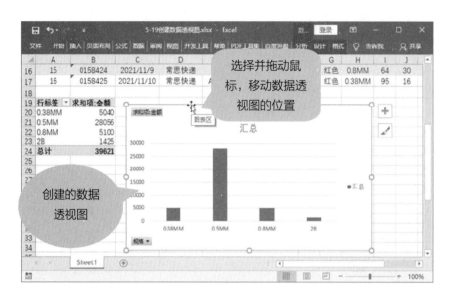

图 5-59（续）

小提示

从图 5-59 可以看出，数据透视图通常有一个与之关联的、使用了相应透视布局的数据透视表，两个报表中的字段相互对应，如果更改了某一个报表中的某个字段，则另一个报表中的相应字段也会发生改变。

快速拓展

尝试为原始数据中的前 14 行数据创建数据透视图。

5.5.2 使用数据透视表创建数据透视图

数据透视图是伴随数据透视表而生的，如果在工作表中已经创建了数据透视表，不妨直接根据数据透视表中的内容快速创建相应的数据透视图，通过数据透视图放大数据特征（图 5-60）。

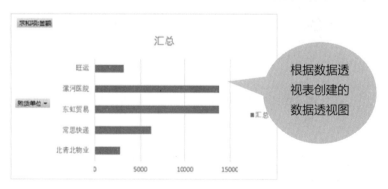

图 5-60

实战操作：打开下载的"Excel 练习文档"中的"5-20 使用数据透视表创建数据透视图.xlsx"表格，为表格中已经创建好的数据透视表配个条形图（图 5-61）。

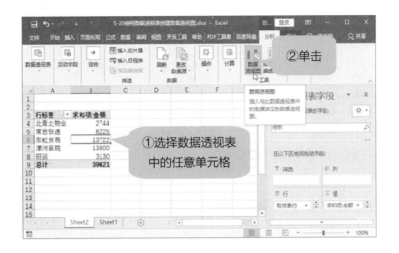

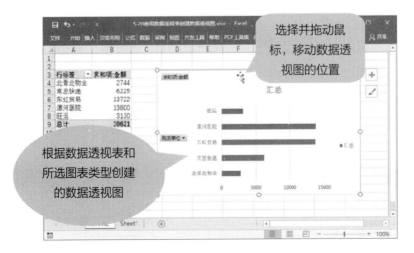

图 5-61

> **小提示**
>
> 数据透视图其实结合了数据透视表和普通图表的功能，有关图表的内容将在下一章详细讲解，本章就点到为止。

> **快速拓展**
>
> 尝试为表格中已经创建好的数据透视表配个饼图。

5.5.3 更改数据透视图的图表类型

根据原始数据创建的数据透视图默认采用柱形图的形式，根据数据透视表创建数据透视图时，需要选择图表类型。只有选择了合适的图表类型才能正确、直观地展示数据所反映的信息，如果对数据透视图的图表类型不满意，还可以进行更改。

例如，前面制作的用于展示不同规格产品销售金额的柱形数据透视图，不便于分析各规格产品的销售额占比，可以将其更改为饼图，让数据得到更好的诠释（图5-62）。

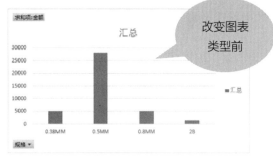

图 5-62

实战操作：打开下载的"Excel 练习文档"中的"5-21 更改数据透视图的图表类型.xlsx"表格，将数据透视图的图表类型更改为饼图（图5-63）。

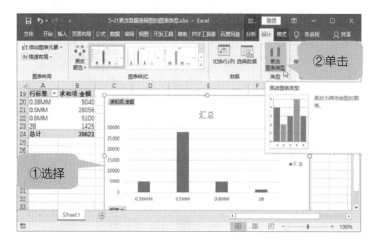

图 5-63

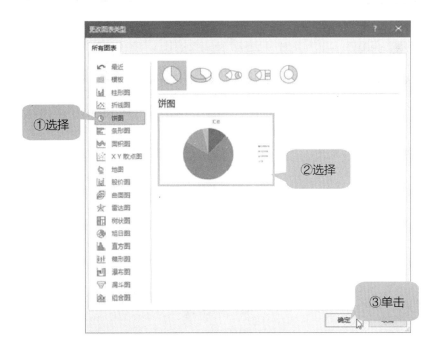

图 5-63（续）

小提示

在数据透视图上右击，在弹出的快捷菜单中选择"更改图表类型"命令，也可更改数据透视图的图表类型。

5.5.4 调整数据透视图的布局样式

数据透视图由图表区、图表标题、坐标轴、绘图区、数据系列、网格线和图例等元素组成。默认情况下创建的数据透视图只包含部分元素，我们可以调整数据透视图中各元素的位置，以及显示或隐藏哪些元素来改变数据透视图的整体布局样式。

（1）快速应用常规的图表布局样式

Excel 将常用的图表布局制作成了快速应用样式，让用户通过选择就可以快速改变数据透视图的整体布局样式。例如，为数据透视图应用预定义的"布局 2"样式，可以改变图例的位置、添加数据标签等（图 5-64）。

图 5-64

实战操作：打开下载的"Excel 练习文档"中的"5-22 调整数据透视图的布局样式.xlsx"表格，为数据透视图应用"快速布局"中的"布局 2"样式（图 5-65）。

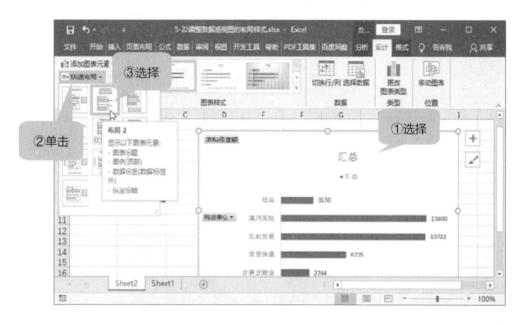

图 5-65

（2）手动设置图表元素的布局

对数据透视图进行快速布局可能并不能满足实际需要，想要灵活设置图表元素的布局，可以通过手动方式来决定要显示的图表元素及其布局的方式。手动设置图表元素的布局，就是对数据透视图中的图表标题、坐标轴、图例、数据标签和绘图区等元素单独进行设置，主要通过单击"数据透视图工具 设计"选项卡中的"添加图表元素"按钮，或图表右侧的"图表元素"按钮 + 来完成。

例如，可以在前面应用了"快速布局"样式的数据透视图中添加主轴主要垂直网格线，然后将图例删除，让数据透视图的布局效果更符合要求（图 5-66）。

图 5-66

实战操作：在"5-22 调整数据透视图的布局样式.xlsx"表格中，为数据透视图添加主轴主要垂直网格线，并删除图例（图 5-67）。

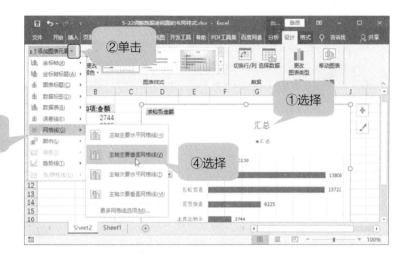

图 5-67

小提示

在"添加图表元素"下拉菜单中选择需要设置的图表元素的名称,在弹出的子菜单中可以设置该元素的显示位置或显示方式。在图 5-67 的"图表元素"列表中取消选中某个复选框,就可以取消该图表元素在图表中的显示;单击某个元素名称右侧的下拉按钮,在弹出的下拉菜单中也可以设置该元素的显示位置或显示方式。

快速拓展

尝试删除数据透视图中的图表标题,并添加主轴次要垂直网格线。

5.5.5 在数据透视图中筛选数据

如果数据透视图中的数据过多,就不便查看和分析数据了。此时,可以通过筛选图表的方法,只查看图表中需要分析的目标项目。与数据透视表相同,数据透视图中的数据主要通过下拉菜单、切片器和日程表来进行筛选。

（1）通过下拉菜单筛选

数据透视图中除了包含与普通图表相同的元素外，还包括字段和项，它们以按钮的方式显示在数据透视图中，分为"报表筛选字段"按钮、"图例字段"按钮、"坐标轴字段"按钮和"值字段"按钮。Excel 根据数据透视图中设置的数据字段类别的不同来显示不同的按钮。有些按钮中显示了▼标记，单击该标记即可在弹出的下拉菜单中对该字段数据进行筛选。

例如，筛选数据透视图中非快递购货单位数据前后的对比效果如图 5-68 所示。

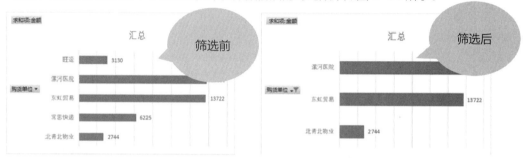

图 5-68

实战操作：打开下载的"Excel 练习文档"中的"5-23 在数据透视图中筛选数据.xlsx"表格，通过下拉菜单筛选出数据透视图中"北青北物业""东虹贸易""漯河医院"3 个购货单位的数据进行显示（图 5-69）。

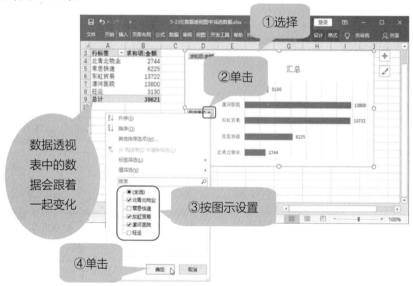

图 5-69

小提示

图 5-69 所示的下拉菜单中还包含了"升序""降序"和"其他排序选项"命令，选择它们即可对所选字段进行排序。

（2）插入切片器或日程表筛选未添加的字段

数据透视图会根据选择的字段添加相应的字段按钮，如果需要对并没有添加的字段进行筛选，就不能通过下拉菜单实现了。此时，需要插入切片器或日程表来实现，插入的方法与数据透视表中插入的方法相同，这里不再赘述。

下面举一个插入切片器后进行筛选的例子，讲解切片器和日程表在数据透视图中的应用。例如，筛选出数据透视图中 A 品牌的销售数据进行显示，筛选前后的对比效果如图 5-70 所示。

图 5-70

实战操作：在"5-23 在数据透视图中筛选数据.xlsx"表格中，通过切片器筛选出数据透视图中 A 品牌的销售数据（图 5-71）。

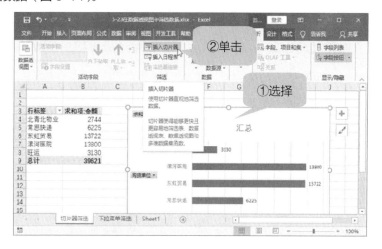

 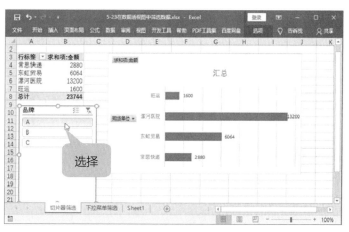

图 5-71

> **快速拓展**
> 尝试插入"规格"切片器,并筛选出规格为 0.8mm 的产品数据,查看数据透视图的效果。

5.5.6 设置数据透视图的样式

默认创建的数据透视图都采用一种样式来展示数据,为了凸显数据透视图要表达的内容,不妨为其设置一种新颖的样式,让数据透视图看起来更加美观。例如,为前面制作的数据透视图快速应用 Excel 预定义的图表样式(图 5-72)。

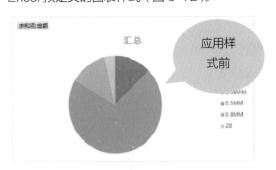
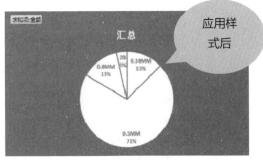

图 5-72

实战操作:打开下载的"Excel 练习文档"中的"5-24 设置数据透视图的样式.xlsx"表格,将"样式 10"应用到数据透视图上(图 5-73)。

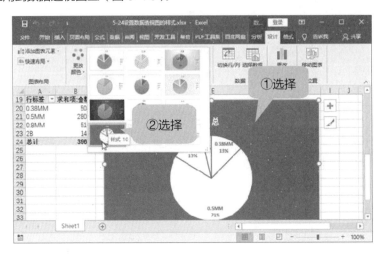

图 5-73

5.6 综合案例:通过数据透视图快速发现最赚钱的商品

市场部最近获取了某竞争对手的 21 款产品在 10 天内的销售数据,对这 21 款产品的销售数据进行分析将有助于公司进行新品规划。现需要通过这些数据推测哪几款产品更容易赚钱。为了更直观地进行数据分析,得出判断结果,这里选择用数据透视图来进行分析(图 5-74)。

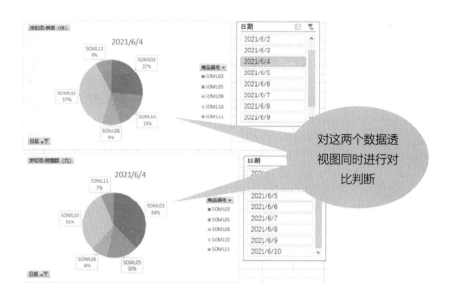

图 5-74

实战操作：打开下载的"Excel 练习文档"中的"5-25 综合案例.xlsx"表格，根据数据分析目的查看获取的原始数据，找到实现数据分析的方法。

分析人员想要分析利润，但原始数据中只有销售价格，并没有成本价，所以无法通过常规的计算公式"利润＝销售价－成本价"来准确计算利润。但是原始数据中提供了各产品的销量和销售额，便可以通过对比销量和销售额的占比来推算利润空间。例如，某商品的销量占了市场 10%的比例，而销售额占了 30%的市场比例。则说明它用 10%的销量获取了 30%的销售额，这款商品的利润空间就比较大。因此，可结合切片器从销量和销售额两个角度对数据进行分析，查看哪款商品长期以较小的销量获取了较大的销售额。

（1）分析不同商品的销量占比

要分析不同商品的销量占比，可以创建以"商品编号"为行字段、"日期"为列字段，对"销量"进行求和统计的饼图，并显示出数据标签，方便进行数据对比（图 5-75）。

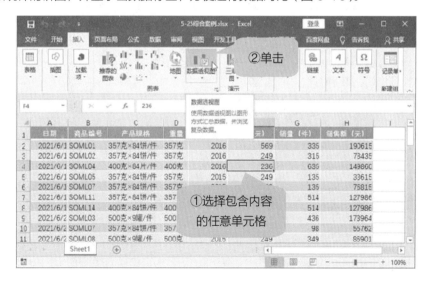

图 5-75

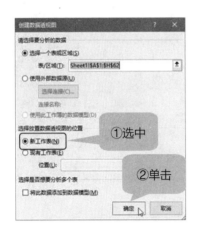

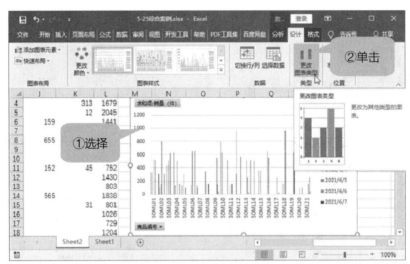

图 5-75（续）

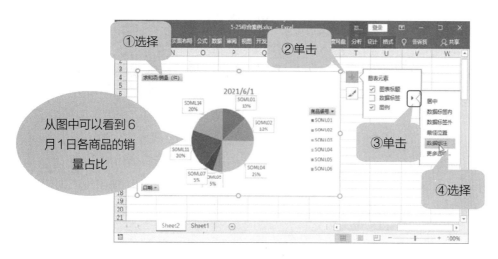

图5-75（续）

（2）分析不同商品的销售额占比

要分析不同商品的销售额占比，可以创建以"商品编号"为行字段、"日期"为列字段，对"销售额"进行求和统计的饼图，并显示出数据标签，方便进行数据对比（图5-76）。

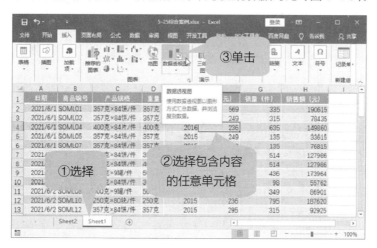

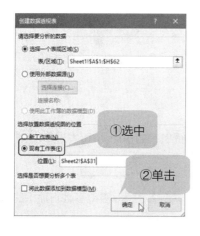  

图5-76

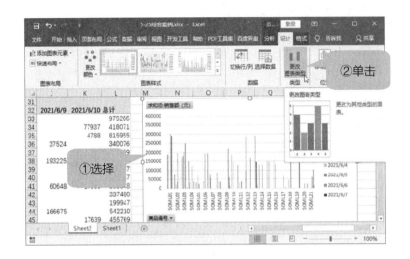

图 5-76（续）

从图 5-76 中可以看到 6 月 1 日各商品的销售额占比，对比前面的销量占比图，可发现 SOML01 商品的销量占比为 13%，销售额占比为 24%，推测这款商品的利润空间较大。

（3）用切片器查看其他日期下各商品的销量和销售额占比

将前面制作的数据透视图修改为饼图类型后，就只能查看第一天的数据了，要对其他日期下的各商品销量和销售额的占比进行对比分析，还需要分别为两个数据透视图添加日期切片器，这样选择不同的日期，数据透视图才会跟着发生变化（图 5-77）。

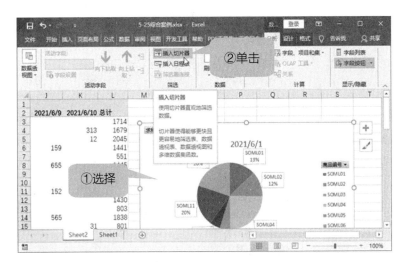

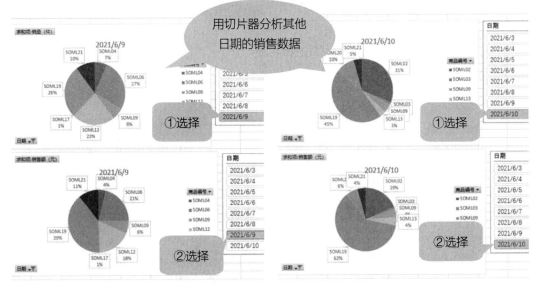

图 5-77

小提示

本例要对比不同日期的商品销量和销售额占比情况,所以两个日期切片器中的日期需要选择一致才具有分析意义。图 5-77 分别是 6 月 9 日和 6 月 10 日的销量占比和销售额占比数据。左上图中,SOML19 商品的销量占比为 26%,销售额占比为 39%;在右上图中,SOML19 商品的销量占比为 45%,销售额占比为 62%,可见这款商品的利润空间较大。

在对商品进行分析时,还需要注意不能只看某款商品在某一天的销售情况,条件允许的情况下,最好多分析同一款商品是否在不同日期都表现出了赚钱的趋势,如果是则可以确定其为赚钱的商品,否则也不能完全确定。如本例中的 SOML03 商品在 6 月 4 日的表现就很好,但在 6 月 2 日的表现都一般。综上所述,从本案例中可以明确得出最赚钱的商品的编号为 SOML01 和 SOML19。

快速拓展

1. 尝试使用切片器继续分析其他日期的商品销售情况,看看还有哪些商品具有较大的利润空间。
2. 分析哪些商品利润较少。

高手技巧

技巧 1 调整数据透视表中的分类汇总、总计的布局方式

默认情况下,创建的数据透视表布局效果都一样,如果有些分类汇总或总计多余了,也可以更改数据透视表原有的布局效果,让数据查看起来更方便。例如,可以隐藏分类汇总、改变总计的方式等。

实战操作:打开下载的"Excel 练习文档"中的"技巧 1.xlsx"表格,隐藏行总计数据(图 5-78)。

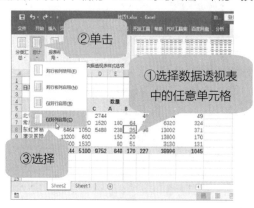 

图 5-78

小提示

单击"数据透视表工具 设计"选项卡中的"分类汇总"按钮,可以在弹出的下拉菜单中对分类汇总进行设置;单击"空行"按钮,在弹出的下拉菜单中可以选择是否在每个汇总项目后插入空行进行分隔;单击"报表布局"按钮,还可以对报表进行更多设置,如以表格形式显示等。

技巧 2　设置值字段的显示效果

数据透视表中的值字段在进行求平均值统计时，经常会显示很多位小数，这与我们日常的读数习惯有所区别，一般显示两位小数位即可，通过设置值字段的显示效果就可以实现。

实战操作：打开下载的"Excel 练习文档"中的"技巧 2.xlsx"表格，设置数据透视表中的"求平均值：单价"字段的数字显示效果为两位小数（图 5-79）。

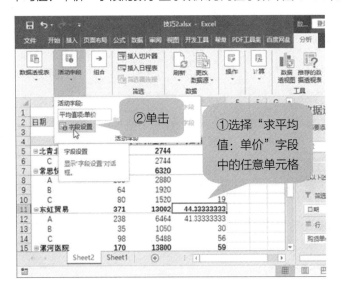
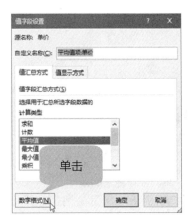

图 5-79

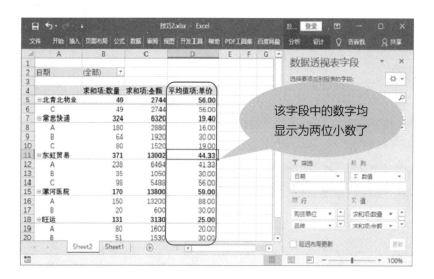

图 5-79（续）

技巧 3　共享切片器，实现多个数据透视表的联动

在 Excel 中，如果根据同一原始数据创建了多个数据透视表，又想实现这些数据透视表的联动，以便进行多角度的数据分析，则可通过共享切片器来实现。例如，本章综合案例中数据透视表就可以共享切片器，从而减少插入相同的切片器的工作量。

实战操作：打开下载的"Excel 练习文档"中的"5-28 技巧 3.xlsx"表格，共享"日期"切片器，让两个数据透视表共用一个切片器，简化操作（图 5-80）。

小提示

如果需要切断切片器与数据透视表的链接，可以在选择切片器后，打开"数据透视表连接"对话框，取消选中对应的复选框，单击"确定"按钮。

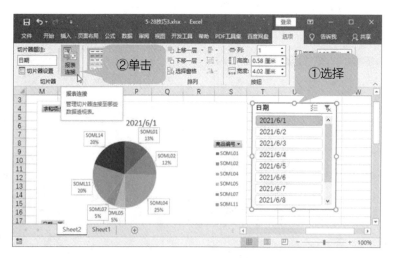

图 5-80

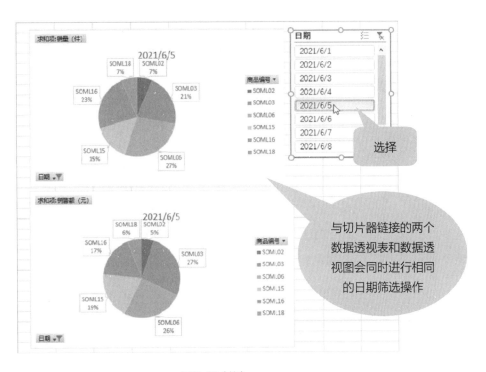

图 5-80（续）

技巧 4　用数据透视表进行数据分组统计

使用数据透视表分析某些特殊数据时，只进行分类汇总可能还得不到需要的效果，还需要使用"分组"功能进行分组查看，该功能可以对数值区域按数值区段进行统计运算。例如，某销售门店的员工每两天轮流上班，需要统计各员工在岗期间的成交次数，可以以两天为单位进行统计。

实战操作：打开下载的"Excel 练习文档"中的"5-29 技巧 4.xlsx"表格，将数据透视表中的数据按日期进行分组，即将每两天的数据分为一组进行计数统计（图 5-81）。

图 5-81

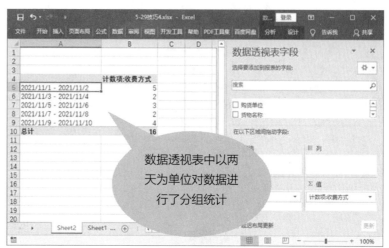

图 5-81（续）

小提示

选择数据透视表中行字段的任意单元格后，单击"数据透视表工具 分析"选项卡中的"分组选择"和"分组字段"按钮，也可以进行分组设置。

动手练练

打开下载的"Excel 练习文档"中的"5-30 动手练练.xlsx"表格，通过创建数据透视表和数据透视图分析 1~3 月各员工的总销售金额，并对数据透视图进行适当美化。完成后的结果如图 5-82 所示。

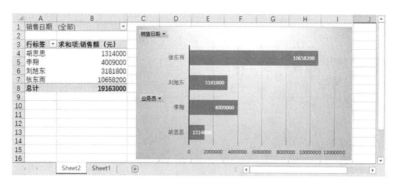

图 5-82

第6章

用数据绘制图表

让数据展示更直观的好办法!

本章导读

通过上一章的学习,我们了解了数据透视图不仅能展示数据分析的结果,还能在分析过程中"放大"数据特征,帮助用户发现更多有价值的信息。普通数据表格也可以通过创建图表来直观展示数据,便于用户发现数据之间更多的内在联系。创建图表时,需要根据数据特征选择合适的图表类型和布局,如此才有利于数据的展示。

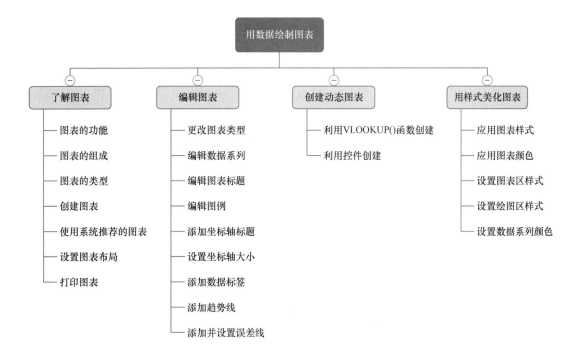

6.1 了解图表

前面介绍的数据透视图结合了数据透视表和图表的功能,所以,普通图表比数据透视图少了交互功能。但是,数据透视图需要基于相关的数据透视表存在,而普通图表可以直接链接到工作表的单元格中,其灵活性远大于数据透视图,所以,普通图表往往可以做得更美观。总之,数据透视图常用于数据分析,而图表则侧重于数据的呈现。

6.1.1 图表的功能

在这个信息"爆炸"的时代,信息的传递越来越追求碎片化、可视化。图表用于将表格中的数据以图形的方式显示出来,本质上是根据工作表中的数据而创建的图表对象。所以,只要表格中的数据正确,并根据展示目的选择了正确的图表类型,那么图表中展示的内容就是正确的。我们不用一一查看复杂的数据,就能迅速了解到这些数据要传达给我们的信息,符合现代人对信息碎片化、可视化的追求。

图表具有独特的功能,这些功能才是它被广泛运用的真正原因。

(1)有效传递数据信息

由于人类对图形的接收和处理能力远高于对文字和数字的接收与处理能力。因此,将数据转换成恰当的图表,更有助于用户快速发现数据规律、分析数据信息,最终提炼出有用信息。

图 6-1 左图所示为统计的某商品 2018~2021 年不同月份的销量数据,数据量很大,容易让人眼花,很难从中发现该商品的销售规律。如果将这些数据转换为图表,如图 6-1 右图所示,数据特征被放大后,就可以快速发现这款产品在每年的 8~12 月处于销售高峰,也就是说从 8 月开始就迎来了该商品的销售旺季。掌握这个规律后,就可以在 8 月前准备好充足的货源,在 1 月前尽量减少库存。

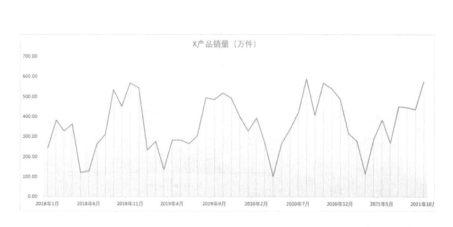

图 6-1

(2)提高信息的可信度

数据分析的成果如果需要展示给他人,仅凭文字描述结论,不仅很难让他人理解,还不免会让人质疑其背后数据的可信度。若能够配上一份严谨的图表,则让人产生信赖感,提高数据的可信度,并将结论更直观地展现给他人,降低了说服他人接受自己观点的难度。

例如,一份互联网用户行为数据通过数据收集、清洗加工、分析后得出的结论是:我国用户的短视频文化消费习惯已经成熟。那么如何让他人接受自己的观点,且更深刻地理解这个数据结论呢?

此时可以将图 6-2 所示的数据用图表展示出来，借助图表，大家可以直观地看到，在用户接触过的内容形式中，短视频位列首位。

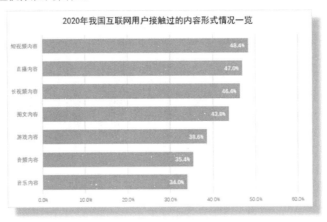

图 6-2

（3）体现专业化

当数据分析工作完成，需要制作数据的分析报告时，如果为工作表数据配上专业的图表，则不仅能让报告看起来更加美观，从视觉上具有全新的美感；还能体现个人职业素养，充分展现出制作者的专业化水平和对工作的态度。

世界知名咨询公司或商业杂志都有专门的图表设计团队，这些公司制作的图表常常成为行业内学习的典范（图 6-3）。

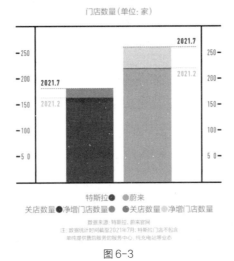

图 6-3

6.1.2 图表的组成

Excel 中的图表对象主要由一个或者多个以点、线、矩形或圆形方式显示的数据系列组成，数据系列的外观取决于图表类型。此外，一个完整的图表还包括图表区、绘图区、图表标题、坐标轴等部分。为了更好地理解和运用图表，下面以柱形图为例讲解图表的组成，如图 6-4 所示，相关简介如表 6-1 所示。

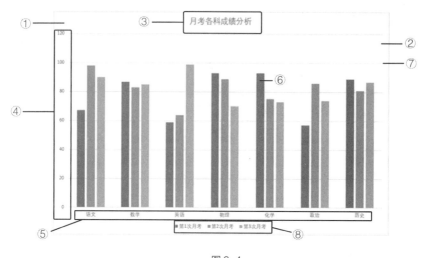

图 6-4

表 6-1

序号	名称	简单介绍
①	图表区	整个图表的背景区域,图表的其他组成部分都汇集在图表区中
②	绘图区	图表区中的一部分,即显示图形的矩形区域,其中主要包括数据系列和网格线等
③	图表标题	用于说明图表所表达内容的文字
④	垂直轴	用于确定图表中垂直坐标轴的最小和最大刻度值
⑤	水平轴	主要用于显示文本标签。一般情况下,水平轴表示数据的分类
⑥	数据系列	在图表中绘制的相关数据点的集合,这些数据源自数据表的同一列或同一行。它是根据用户指定的图表类型以系列的方式显示在图表中的可视化数据。可以在图表中绘制一个或多个数据系列,多个数据系列之间通常采用不同的图案、颜色或符号来区分
⑦	网格线	贯穿绘图区的线条,用于帮助使用者估算数据系列所示值
⑧	图例	为了更好地说明图表中的符号、颜色或形状在定义数据系列时所代表的内容,应当运用图例进行说明。图例由图例标识和图例项两部分构成。其中,图例标识代表数据系列的图案,即不同颜色的小方块或线段;图例项用于说明与图例标识对应的数据系列的名称,一种图例标识只能对应一种图例项

> **小提示**
>
> 有的图表中还会包含单位、注释等信息。当有具体数据时,配上单位信息能更好地表达出数据所代表的含义;如果图表中存在不易看懂的内容,就可以添加注释进行补充说明,在商业图表中,还经常会对图表中所用数据的来源进行说明。

6.1.3 图表的类型

Excel 提供了十几大类图表,不同类型的图表有不同的特性,适用情况也各不相同。如果选择了错误的图表类型,后面的工作做得再完美也无济于事。所以,需要先摸清不同类型图表的特征,再根据数据的展示目的选择图表类型。

可视化专业人员 Andrew Abela(安德鲁·阿贝拉)基于数据的四大展示目的整理出了图表的选择方法,如图 6-5 所示。

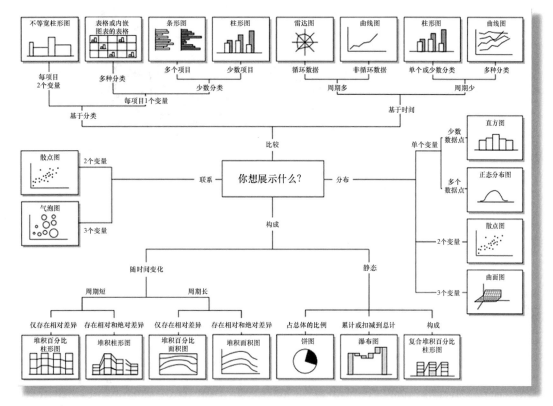

图6-5

从图6-5中不难发现,使用图表展示的数据主要有以下4种相关关系:比较、构成、分布及联系。

◇ 比较。用于比较数据的大小——是差不多,还是一个比另一个更大或更小。"大于""小于"或者"大致相等"都是比较相对关系时的常用词。可以对不同类型的数据进行比较,也可以对不同时间段的数据进行比较。基于分类的数据比较,常用柱形图或条形图来展示,当数据名称较长时选择条形图,数据名称较短时选择柱形图;如果关心数据是如何随着时间变化而变化的,每周、每月、每年的变化趋势是增长、减少、上下波动或基本不变,这时候常用折线图来展示数据(图6-6)。

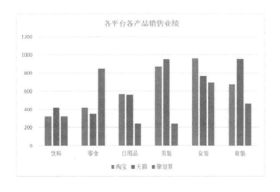
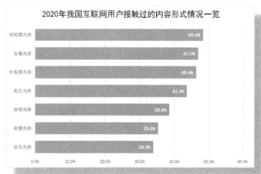

图6-6

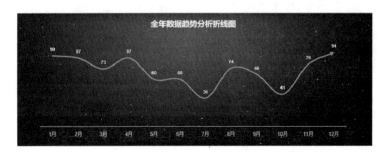

图6-6（续）

◇ 构成。主要关注每个部分占整体的百分比，即数据的构成情况，常用饼图来展示这类数据。如果想表达的信息包括"份额""百分比"和"预计将达到百分之多少"，就用饼图，也可以用复合堆积百分比柱形图。如果想要表达的是随着时间变化的数据构成，就用堆积百分比柱形图、面积图等。如果既想体现数据的变化趋势又想体现数据总量的变化，就选择面积图（图6-7）。

 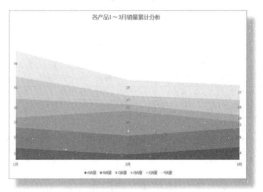

图6-7

◇ 分布。主要关心各数值范围内各包含了多少项目，如果想表达的信息包含"集中""频率"与"分布"等，这时候就可以使用柱形图、曲面图（曲面图是寻找数据最佳组合的最优图表）；同时，还可以根据地理位置数据，通过地图展示不同分布特征（图6-8）。

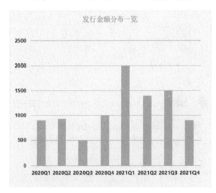 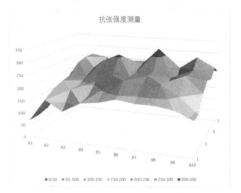

图6-8

◇ 联系。主要展示一个变量随着另一个变量变化的关系。如果想表达的信息是"与……有关""随……而增长""随……而不同"等，就要用到联系类的图表。如果要查看两个变量之间是否具有某种模式关系，例如，预期销售额可能随着折扣幅度的增长而增长，这时候可以选择散点图；如果要查看3个变量之间是否存在关系，就选择气泡图（图6-9）。

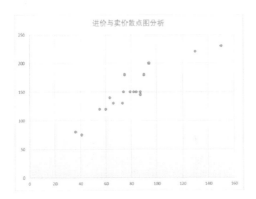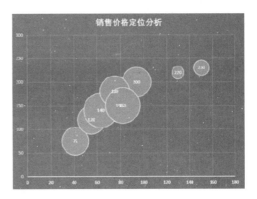

图 6-9

> **小提示**
>
> Excel 中的图表种类丰富，常用的图表类型有柱形图、条形图、饼图和折线图。但为了保证图表类型的选择不出错，应该了解所有图表类型的基本常识。

6.1.4　3步创建一个图表

要将 Excel 表格中的数据创建成图表，正确步骤是：选择数据→选择图表→确认图例项、坐标轴数据。

- ◇ 选择数据。在表格中选择用于创建图表的数据。如果选择了工作表中包含数据的某个单元格，则默认将与所选单元格连续构成表格的区域都设置为图表的数据区域。在 Excel 中，也可以根据部分数据区域创建图表，只需要在创建图表前先选择这部分数据区域。
- ◇ 选择图表。选择要创建的图表类型。在选择数据后，可以直接单击"插入"选项卡的"图表"组中的某个图表按钮，再在弹出的下拉菜单中选择需要的图表类型；也可以打开"插入图表"对话框，通过查看图表的预览效果，选择更符合需求的图表类型。
- ◇ 确认图例项、坐标轴数据。一般来说，创建柱形图、饼图、折线图等简单图表时，通常不需要确认图例项、坐标轴数据。但是如果出现创建好的图表不能正确展示数据的情况，就需要编辑图表的图例项和坐标轴数据了。

例如，在表格中记录了几次月考的各科考试成绩，要将前 4 次月考的语文、数学、英语成绩制作成柱形图表，以分析不同科目的成绩变动情况。可以先选择前 4 次月考中这 3 个科目的成绩所在的单元格区域，再选择插入柱形图，最后调整行与列的位置（图6-10）。

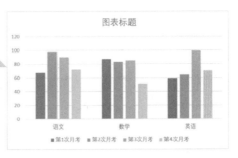

图 6-10

实战操作：打开下载的"Excel 练习文档"中的"6-1 创建图表.xlsx"表格，将表格中前 4 次月考的语文、数学、英语成绩制作成柱形图（图6-11）。

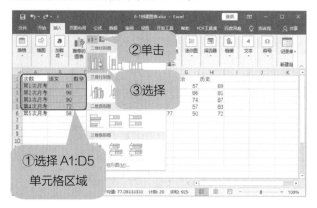

图 6-11

> **小提示**
>
> 选择图表数据时，还可以按住【Ctrl】键选择多列或多行表格数据来创建图表。选择图表数据后，单击"插入"选项卡的"图表"组右下角的 按钮，可以打开"插入图表"对话框，在其中可以选择 Excel 提供的所有图表类型（图 6-12）。

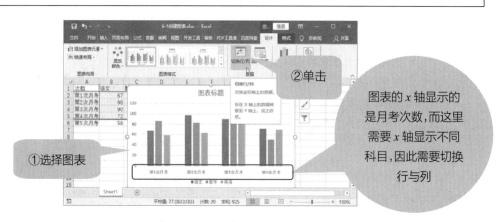

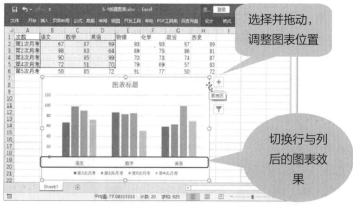

图 6-12

小提示

一般情况下,创建的图表如果数据显示出错了,通过切换行与列的方式就可以让其显示正确。如果图表中要显示的数据相对复杂,则需要编辑数据系列和分类标签等,相关内容将在下一节中讲解。

快速拓展

1. 尝试创建图表分析语文科目 5 次月考成绩的走势。操作提示:创建柱形图或折线图。
2. 尝试创建图表分析第 5 次月考的各科成绩占比,从而找出该同学的强项和弱项科目。操作提示:创建饼图。

6.1.5 使用系统推荐的图表

通过前面介绍的 3 步法创建图表可以根据需求灵活展现数据,但是需要用户对图表类型有一定的了解,并根据经验做出正确的判断。这对刚接触图表的用户来说有一定的难度,因为同样的数据,选择不同类型的图表来展示,得到的效果是不一样的。

Excel 贴心地为图表新手提供了"系统推荐的图表"功能,它会根据选择的数据的特征推荐图表类型,能满足用户的一般需求。对图表内容尚需熟悉的新手就可以浏览推荐的图表的效果,根据展示目的,结合数据特点,从中选择一种符合需求的图表类型来创建图表,后续再进行适当的调整(图 6-13)。

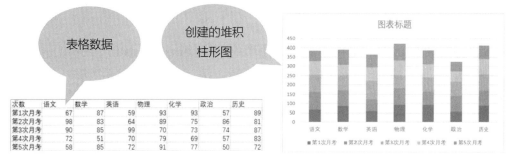

图 6-13

实战操作:打开下载的"Excel 练习文档"中的"6-2 使用系统推荐的图表.xlsx"表格,使用"系统推荐的图表"功能查看该表格可以创建为哪些图表,并最终创建各科成绩的累计总分柱形图,分析出该同学的强项和弱项科目(图 6-14)。

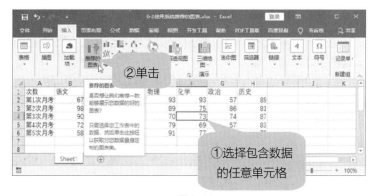

图 6-14

图6-14（续）

小提示

使用系统推荐的图表，可以降低图表选择的错误率。如果对图表类型较为熟悉，建议直接创建图表，可以提高制图效率。在"插入图表"对话框中单击"所有图表"选项卡，在其中可以预览使用任何一种图表类型展示当前数据的效果。

快速拓展

查看每一种推荐的图表类型，看看它们展示数据的侧重点，研究每一种图表类型适用于展示数据的哪个层面，最后尝试直接创建相同的图表。

6.1.6 为图表设置布局

在表格中创建的图表会采用系统默认的图表布局。前面介绍了图表的组成，布局图表就是对图表中的各组成元素进行位置上和格式上的调整，如显示或隐藏某些元素，调整某些元素在图表中的显示位置，设置某些元素的字体格式、显示方式等。

同一个图表经过布局设置后效果也是千差万别的，在具体设置过程中，应该根据展示需要为图表量身定制一种布局。这不仅涉及很多操作技巧（相关内容在下一节中讲解），还需要操作者具有一定的审美能力。

新手在不知道为图表选择什么布局时，可以使用"快速布局"功能，从中选择预定义的布局样式。选择某个布局样式时，不仅可以在弹出的下拉菜单中看到该布局包含的元素，还可以实时查看图表应用该布局后的效果。如要为前面通过"系统推荐的图表"功能制作的图表换一种布局效果，以便查看各项数据的值（图6-15）。

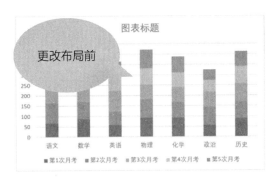
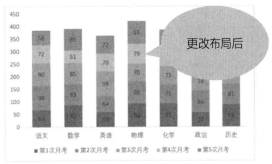

图 6-15

实战操作：打开下载的"Excel 练习文档"中的"6-3 为图表设置布局.xlsx"表格，为图表应用"快速布局"中的"布局 4"样式（图 6-16）。

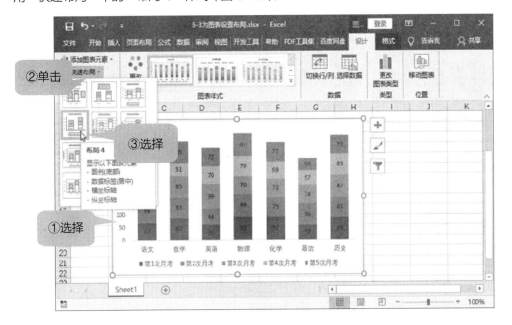

图 6-16

快速拓展

选择不同的图表布局样式，看看每种样式都包含哪些元素，方便单独设置各元素时进行参考。

6.1.7 打印图表

默认情况下，打印工作表会将工作表中的所有内容都打印到纸上。如果一个工作表中既有数据，又有图表，而打印时只需要打印图表，就要进行一定的设置将图表单独打印出来。

实战操作：打开下载的"Excel 练习文档"中的"6-4 打印图表.xlsx"表格，将其中的折线图打印出来（图 6-17）。

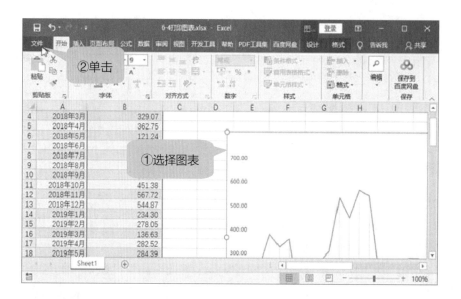

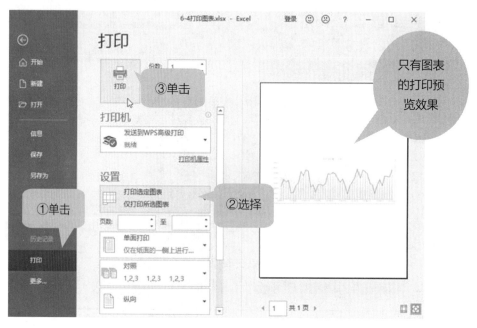

图 6-17

小提示

在 Excel 主界面中单击"打印"选项卡后,在右侧可以设置打印选项,如在"份数"数值框中可以设置要将内容打印几份,在"页数"数值框中可以设置要打印的页码范围,还可以设置打印方式和页面方向等。

快速拓展

尝试只打印工作表中的部分内容。操作提示:先选择需要打印的单元格区域,然后在"打印"界面的"设置"栏的第一个下拉列表框中选择"打印选定区域"选项。

6.2 编辑图表

图表的制作往往不是一蹴而就的，如果图表类型选择错了，就要更改图表的类型；数据显示不对，就要编辑图表中的数据；要想让制作的图表别具一格，就应根据需要灵活调整各元素的效果，而这需要掌握一定的技巧。本节就来介绍编辑图表的相关技巧。

6.2.1 更改图表类型

如果创建的图表没有表达出数据的含义，可以更改整个图表类型，直到选择了最合适的图表类型为止；也可以更改图表中某个或多个数据系列的图表类型，让一部分数据显示为不同的图表类型。

（1）**更改整个图表的图表类型**

若对图表类型的相关知识掌握不到位，创建的图表很可能不符合预期要求。此时不用重新作图，更改图表类型即可。例如，要将制作好的堆积柱形图更改为折线图，更改前后的对比效果如图6-18所示。

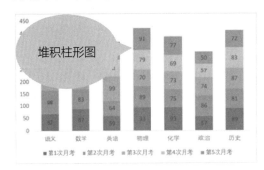 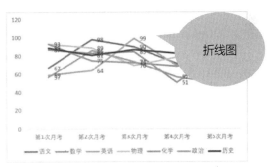

图 6-18

实战操作：打开下载的"Excel 练习文档"中的"6-5 更改图表类型.xlsx"表格，将其中的图表更改为折线图（图6-19）。

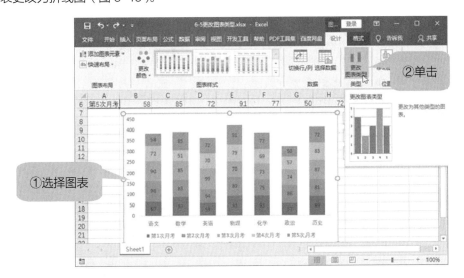

图 6-19

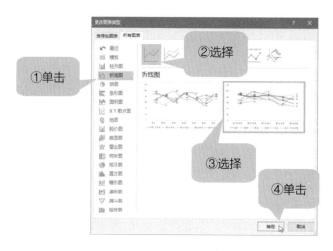

图 6-19（续）

（2）更改数据系列的图表类型

一般情况下，创建的图表中的数据系列都只包含了一种图表类型；如果表格中包含两种不同的数据系列，也可以分别为不同的数据系列选用最合适的图表类型，将它们放置在同一个图表中，即所谓组合图表，这样能更加准确地传递图表信息。

例如，将柱形图中的"合计"数据系列更改为折线图类型，让各商品销售数据以柱形展示，合计数据以折线展示，不仅能在第一时间告诉读者这是两种不同类型的数据，还能让图表更美观（图 6-20）。

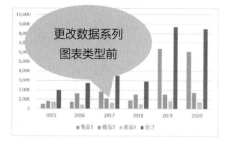

图 6-20

实战操作：打开下载的"Excel 练习文档"中的"6-6 更改数据系列的图表类型.xlsx"表格，将图表中的"合计"数据系列更改为折线图类型（图 6-21）。

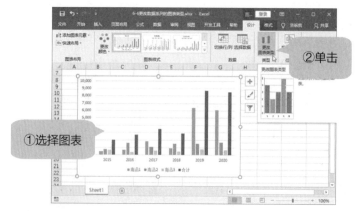

图 6-21

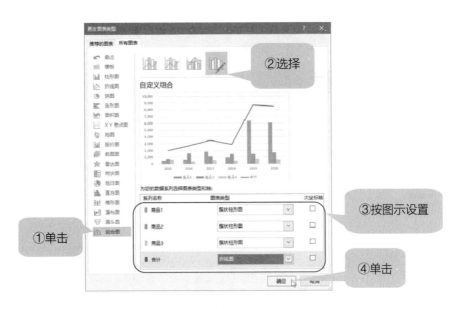

图 6-21（续）

小提示

在"更改图表类型"对话框中设置组合图时，如果需要为某个数据序列设置单独的坐标轴，以不同的单位和刻度来显示该数据系列，可以选中该数据序列右侧的复选框。此后会在图表的右侧添加次坐标轴，并以该坐标轴中的设置显示对应的数据序列。

6.2.2 编辑数据系列

在创建有些图表时，由于数据输入的位置和内容有误，制作的图表可能会显示有误；或者在创建图表后还需要添加或删除图表中的数据系列，这都需要编辑数据系列。

例如，折线图是最能够体现数据走势的图表，它的组成元素比较单一，容易将读图者的视线集中在线条的走势上。但是折线图中最多只能展现 3 个数据项目，当数据项目大于 3 时，就意味着一个折线图中有多条线条，线条之间会相互层叠，导致图表信息读取困难，如图 6-22 左图所示。此时，可以通过删除图表中的数据系列来改善图表效果，如通过编辑数据系列将图 6-22 左图中的数据显示为语文、数学和英语 3 科的成绩。

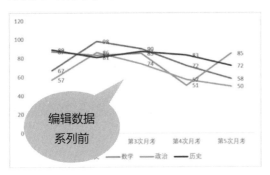
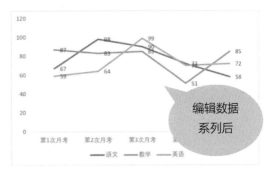

图 6-22

实战操作：打开下载的"Excel 练习文档"中的"6-7 编辑数据系列.xlsx"表格，删除图表中的政治、历史数据系列，添加英语数据系列（图6-23）。

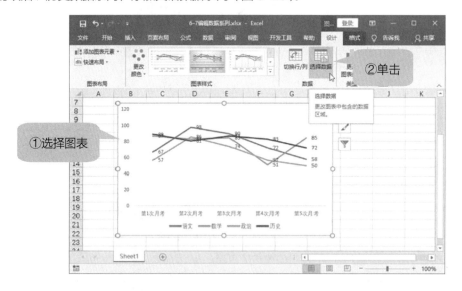

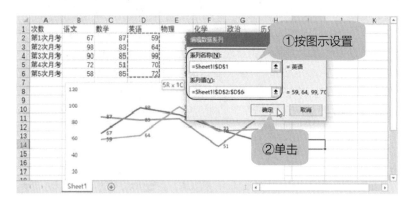

图6-23

> **小提示**
>
> 在"选择数据源"对话框的"水平（分类）轴标签"列表中，取消选中某个复选框可以在图表中隐藏该分类项数据。单击"切换行/列"按钮，可以交换图表中的数据系列和分类数据（图6-24）。

图 6-24

> **快速拓展**
>
> 尝试取消显示图表中前两次月考的相关成绩。操作提示：在"选择数据源"对话框的"水平（分类）轴标签"列表中取消选中对应的复选框。

6.2.3 编辑图表标题

在创建图表时，图表会自动根据数据源中的相应数据为图表设置标题。如果数据源中没有提供标题信息，则图表中不会显示图表标题。此时，需要先添加图表标题，再修改标题内容。

图表标题的作用是让读者可以通过其内容快速掌握图表所要表达的大致信息。为图表添加标题前后的对比效果如图 6-25 所示。

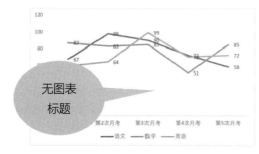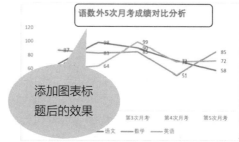

图 6-25

实战操作：打开下载的"Excel 练习文档"中的"6-8 编辑图表标题.xlsx"表格，为图表添加标题（图 6-26）。

图 6-26

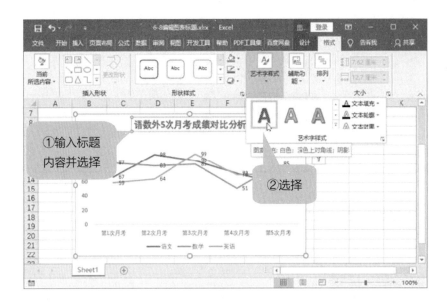

图 6-26（续）

> **小提示**
>
> 在"图表标题"的子菜单中选择"无"命令，将隐藏图表标题；选择"居中覆盖"命令，将居中显示标题并将其覆盖在图表上方；选择"更多标题选项"命令，将打开"设置图表标题格式"任务窗格，在其中可以设置图表标题的填充颜色、边框颜色、边框样式、阴影和三维格式等样式。

6.2.4 编辑图例

在图表中添加图例，可以指明图表中不同颜色、不同类型的数据系列分别代表了什么。图例也是可以进行编辑的，包括调整图例的显示位置、设置图例效果等。例如，有些图表适合将图例放置在图表标题下方，方便在查看数据前先了解各数据系列分别代表了什么（图 6-27）。

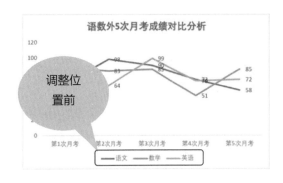 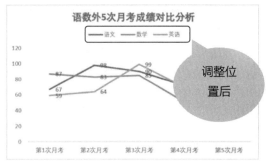

图 6-27

实战操作：打开下载的"Excel 练习文档"中的"6-9 编辑图例.xlsx"表格，将图表中的图例调整到图表标题的下方，并为其设置合适的格式（图 6-28）。

第 6 章 用数据绘制图表

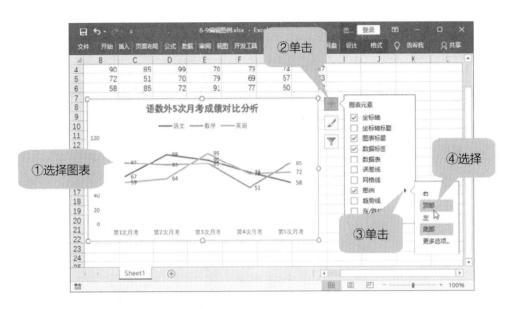

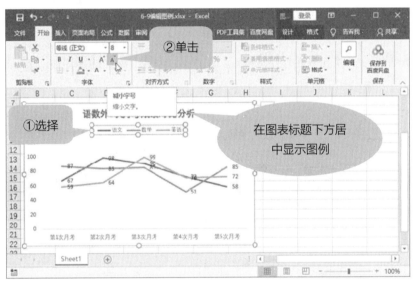

图 6-28

小提示

　　图表布局也是一门艺术，并不是每一个图表都需要显示出所有的图表元素。每一种元素都有不同的作用，是否需要添加、添加在什么位置、设置什么样的格式，都需要配合整体的效果来确定。例如，如果图表中的数据系列使用了数据标签等，已经能够清楚准确地说明各数据项，则可以不用再添加图例。此外，图表中只有一种数据系列时也可以不添加图例。

快速拓展

　　尝试将图例移动到绘图区的左上角。操作提示：设置图例显示在顶部后，通过拖动的方法将其向左移动。

6.2.5 添加坐标轴标题

坐标轴标题的作用是指明垂直轴、水平轴分别代表什么内容。例如，若垂直轴代表销售额，可设置轴标题为"销售额"。

对轴标题进行命名时，要注意单位的添加，当垂直轴代表销售额时，可以设置轴标题为"销售额（万元）"或"销量额/万元"（图6-29）。

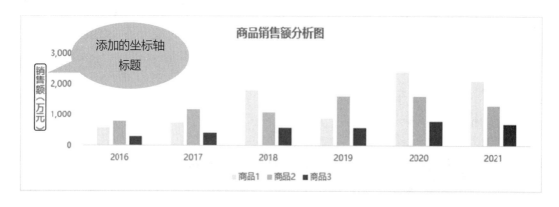

图6-29

实战操作：打开下载的"Excel练习文档"中的"6-10 添加坐标轴标题.xlsx"表格，为图表中的垂直轴添加标题，并设置文字排列方向为竖向，以方便阅读（图6-30）。

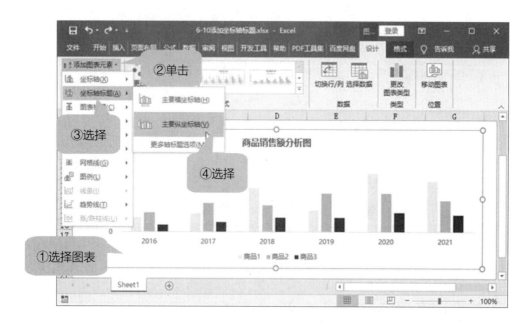

图6-30

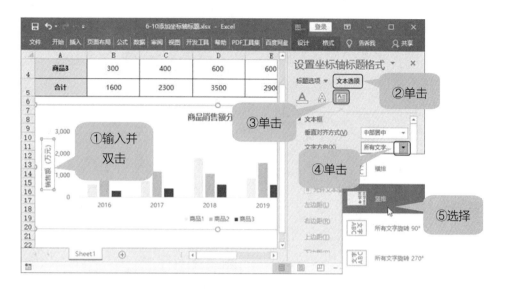

图 6-30（续）

> **小提示**
>
> 若要编辑图表元素，可以单击"添加图表元素"按钮，也可以单击图表右侧的"图表元素"按钮，在弹出的下拉菜单中选择相应的命令来实现。

6.2.6 设置坐标轴大小

创建图表时，系统会根据选择的数据适当扩大最小和最大值的范围，用于定义坐标轴的最小值、最大值和单位刻度。如果默认的刻度不合适，就要通过设置坐标轴大小来进行调整。

例如，考试成绩满分为 100 分，在制作成绩分析图表时，系统默认显示的最大值为 120，这样即使得了 100 分，也总是会觉得与满分还有很大差距。所以，需要调整最大值为 100，以符合实际情况（图 6-31）。

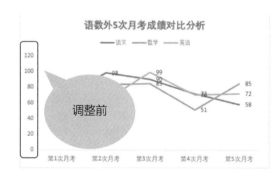
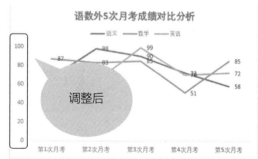

图 6-31

实战操作：打开下载的"Excel 练习文档"中的"6-11 设置图表坐标轴大小.xlsx"表格，设置图表垂直轴的最大值为 100（图 6-32）。

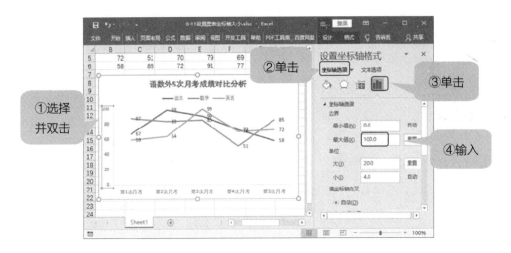

图 6-32

> **小提示**
>
> 双击图表的组成元素，即可快速显示出该元素的格式任务窗格，其中集成了该元素的主要设置内容，方便用户进行编辑操作。

> **快速拓展**
>
> 1. 尝试修改垂直坐标轴的最小值为"50"。提示：通常情况下，垂直坐标轴都应该从 0 开始设置，否则数据就不真实了。
> 2. 重新制作一个数据较大（普遍大于 1 万）的图表，尝试修改坐标轴的单位为"千"，减少对较大数据的辨识时间。操作提示：在"设置坐标轴格式"任务窗格的"坐标轴选项"选项卡中设置"显示单位"参数。

6.2.7 添加数据标签

设置数据标签后可以在图表的数据系列上显示出对应的数值和名称，使图表更清楚地表现数据的含义。添加数据标签后还可以调整数据标签在图表中的位置，为其设置数字格式、填充颜色、边框颜色、样式、阴影等（图 6-33）。

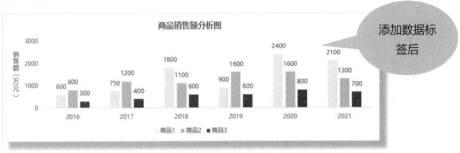

图 6-33

实战操作：打开下载的"Excel 练习文档"中的"6-12 添加数据标签.xlsx"表格，为图表中的柱形添加显示在外侧的数据标签（图 6-34）。

小提示

选择图表中的某个数据系列，可以单独设置该数据系列的数据标签是否添加和添加的位置。如果要删除添加的数据标签，也可以先选择数据标签然后按【Delete】键进行删除。

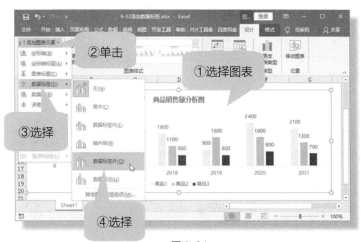

图 6-34

快速拓展

1. 尝试在数据标签中显示数据系列的名称，并删除图例。操作提示：在"设置数据标签格式"任务窗格中的"标签选项"栏中选中"系列名称"复选框。
2. 尝试设置数据标签以货币格式显示。操作提示：在"设置数据标签格式"任务窗格中的"数字"栏中设置"类别"为"货币"。

6.2.8 添加趋势线

为了方便分析图表中数据的变化趋势，可以为图表添加趋势线。趋势线主要用于以图形的方式在图表中展示数据系列的变化趋势，常用于预测数据等。

例如，在折线图中虽然可以直观看到各数据的变化规律，但是当数据波动较大，或数据点太多时，要从数据点中直观看出数据系列的变化规律还是有一定难度的。而添加趋势线，就可以帮助展示数据的变化趋势了，如图 6-35 所示，可以发现语文成绩整体呈下滑趋势。

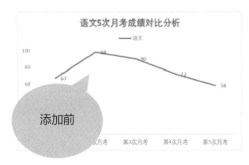 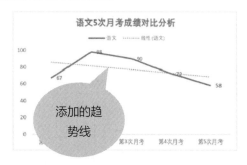

图 6-35

实战操作：打开下载的"Excel 练习文档"中的"6-13 添加趋势线.xlsx"表格，为图表中的数据添加趋势线，查看语文成绩在这几次月考中的整体变化情况（图 6-36）。

> **小提示**
>
> 常用的趋势线有 3 种。
>
> 线性：线性趋势线是适用于简单线性数据集的最佳拟合直线；如果数据点构成的图案类似于一条直线，则表明数据是线性的，可以为其添加线性趋势线。
>
> 指数：指数趋势线是一种曲线，它适用于表示速度增减得越来越快的数据值；如果数据值中含有零或负值，则不能使用指数趋势线。
>
> 移动平均：移动平均趋势线平滑处理了数据中的微小波动，从而可以使图像及预测趋势的显示更加清晰。

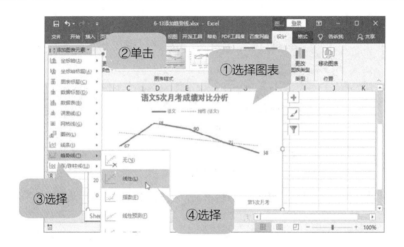

图 6-36

6.2.9 添加并设置误差线

当数据分析存在一定误差时，可以添加误差线来准确表示图表数据。误差线通常运用于统计或科学记数法数据中，用于显示相对序列中每个数据标记的潜在误差或不确定度（图 6-37）。

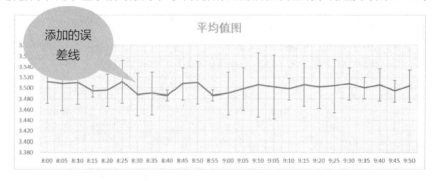

图 6-37

实战操作：打开下载的"Excel 练习文档"中的"6-14 添加并设置误差线.xlsx"表格，为图表中的数据系列添加自定义误差线（图 6-38）。

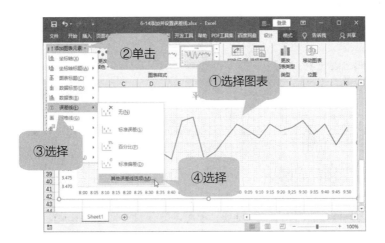

图 6-38

> **小提示**
>
> 如果数据系列产生的误差都是相同的,如都是数据的 10%,则可以直接添加 10% 的标准误差线(图 6-39)。

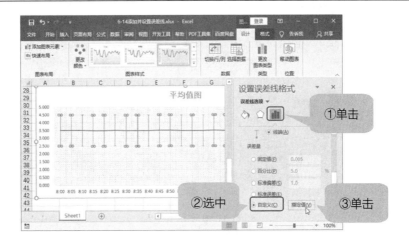

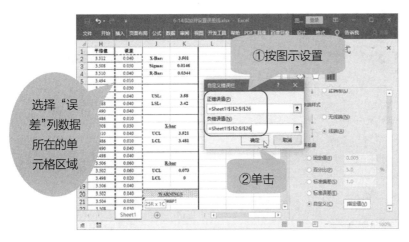

图 6-39

> **小提示**
>
> 在图表中还可以添加数据表、网格线、线条、涨/跌柱形等元素，具体的操作方法与添加图例、数据标签的方法相似，也是在对应的格式任务窗格中完成，这里不再赘述。

6.3 创建动态图表

普通图表中可能有几组内容相似的数据，如果分别制作图表就会产生很多重复操作，而且会浪费很多空间，还不便于分析数据。此时，可以通过制作动态图表，设置一个可操作的区域，在一个图表区中切换多个图表。这样，数据展示效率更高，还可以灵活地读取数据，分析出更多有价值的信息。

6.3.1 利用 VLOOKUP() 函数创建动态图表

动态图表的制作原理其实很简单，就是通过改变图表的源数据，达到让图表随之变化的效果。制作方法也并不困难，可以通过简单的函数编写和数据有效性设置来实现。

例如，要制作各次月考各科成绩占比的分析饼图，可以设定一个图表的数据源区域，在这个区域中利用 VLOOKUP() 函数实现不同次月考的成绩选择，最终使图表的源数据有多种选择，呈现出动态的效果。为了保证每次选择的数据源都是正确的，还需要设置数据有效性来规定可选择的数据区域（图 6-40）。

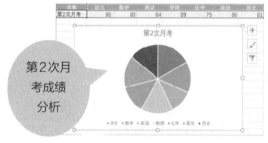 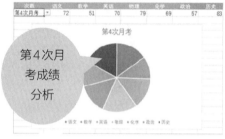

图 6-40

实战操作：打开下载的"Excel 练习文档"中的"6-15 利用 VLOOKUP() 函数创建动态图表.xlsx"表格，通过设置数据有效性限制可变动的数据为前 5 次月考中的某一次，然后通过 VLOOKUP() 函数调用对应月考中的每科成绩，再根据新制作的数据区域创建饼图分析各科成绩占比（图 6-41）。

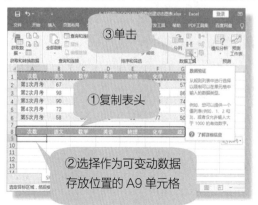 

图 6-41

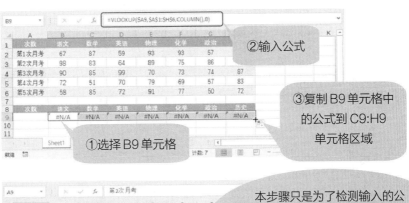

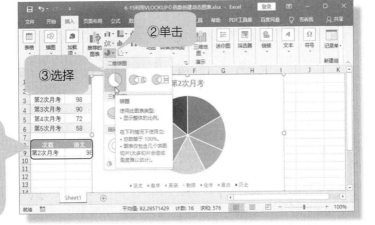

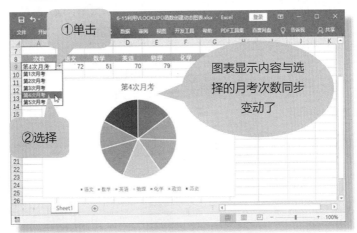

图 6-41（续）

6.3.2 利用控件创建动态图表

结合使用控件和函数,也可以实现动态图表的制作。它的制作原理还是用函数实现图表数据源的变化,只不过可变动的数据用控件来完成了。例如,用控件创建上个动态图表效果,实现分析各次月考各科成绩占比的柱形图(图6-42)。

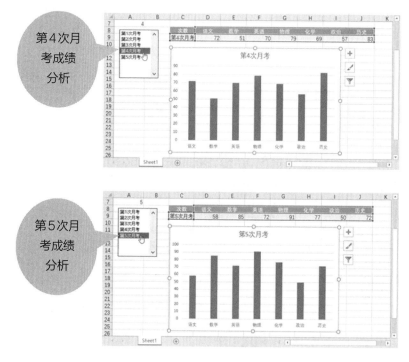

图6-42

实战操作:打开下载的"Excel练习文档"中的"6-16利用控件创建动态图表.xlsx"表格,通过插入列表框控件限制可变动的数据为前5次月考中的某一次,然后通过INDEX()函数调用对应月考中的每科成绩,再根据新制作的数据区域创建柱形图以分析各科成绩(图6-43)。

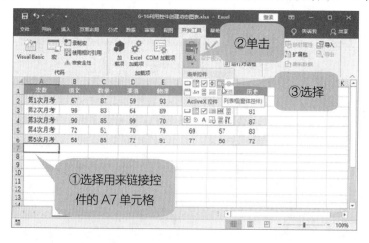

图6-43

第 6 章 用数据绘制图表

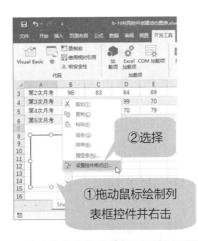
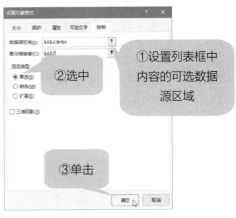

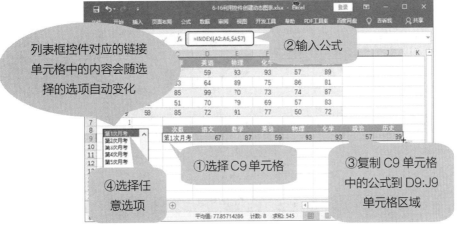

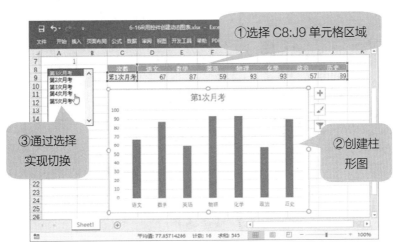

图 6-43（续）

小提示

Excel 默认不会显示"开发工具"选项卡，需要打开"Excel 选项"对话框，单击"自定义功能区"选项卡，在右侧的列表中选中"开发工具"复选框。

6.4 用样式美化图表

Excel 默认创建的图表总是会应用同一种样式，视觉冲击力差，如果为它量身设计一个漂亮的外观，给人的第一印象就会好很多。因此，图表制作好以后，记得适当美化图表，以提升它的美观度。

6.4.1 为图表应用样式

创建图表后，可以快速将一个预定义的图表样式应用到图表中，让图表外观快速得到改变。这些预定义的图表样式多是非常专业的，基本不需要用户进行再次编辑，可以直接使用（图6-44）。

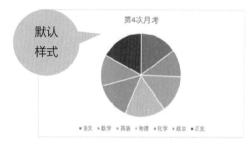
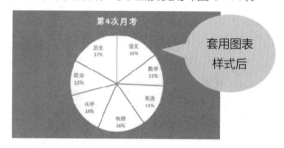

图 6-44

实战操作：打开下载的"Excel 练习文档"中的"6-17 为图表应用样式.xlsx"表格，通过直接套用系统提供的图表样式"样式 10"，实现图表的快速美化（图 6-45）。

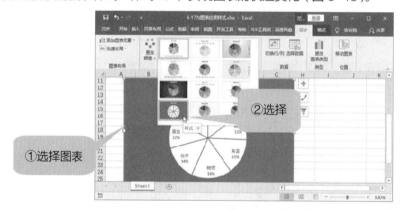

图 6-45

快速拓展

尝试为图表套用各种图表样式，查看不同的效果。

6.4.2 为图表应用其他颜色

如果不喜欢图表采用的颜色，还可以单独对图表配色进行更改，使得图表更加美观精致，如将蓝色的图表更改为绿色的图表（图 6-46）。

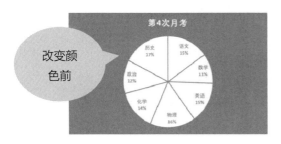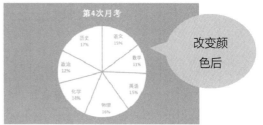

图 6-46

实战操作：打开下载的"Excel 练习文档"中的"6-18 更改图表颜色.xlsx"表格，为图表应用系统配置的"彩色调色板 4"颜色（图 6-47）。

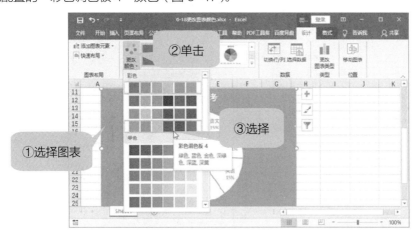

图 6-47

6.4.3 设置图表区样式

为图表应用样式的主要目的是改变图表区的整体风格，如果不喜欢预设的样式，也可以自定义图表区的填充颜色、边框颜色、边框样式、文字效果等，还可以在图表区中添加文本框和形状。例如，要将制作的饼图自定义为柠檬切片的效果，就可以通过自定义图表区样式来完成（图 6-48）。

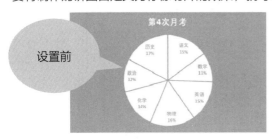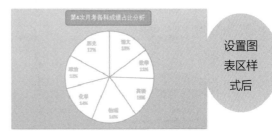

图 6-48

实战操作：打开下载的"Excel 练习文档"中的"6-19 设置图表区样式.xlsx"表格，为图表的图表区应用"强调效果-金色，强调颜色 4"样式；并为图表区中的文字应用"渐变填充：金色，主题色 4；边框：金色，主题色 4"样式；然后在图表区中插入圆角矩形，用于输入图表标题内容，并为其应用"彩色填充-绿色，强调颜色 6"样式（图 6-49）。

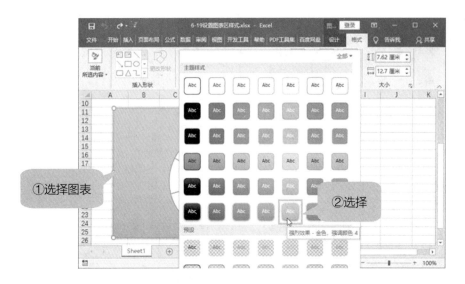

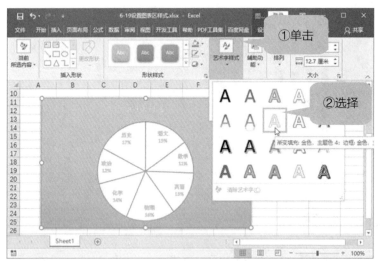

图 6-49

> **小提示**
>
> 图表中各组成元素的样式都可以通过自定义的方法进行设置。首先选择要设置的图表元素，然后按照本例的方法在"图表工具 格式"选项卡中设置文字的格式，形状的填充颜色、边框颜色、边框样式、阴影，以及三维格式等。

6.4.4 设置绘图区样式

默认情况下，图表绘图区的颜色与图表区的颜色一致。但是绘图区作为图表主要展示数据的区域，可以填充为不同的颜色以便区分。例如，在白色图表中为绘图区填充浅绿色，就会让读图者首先注意到绘图区中的数据系列（图6-50）。

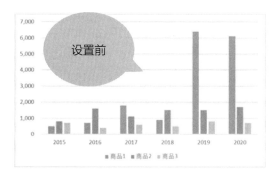
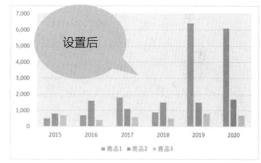

图 6-50

实战操作：打开下载的"Excel练习文档"中的"6-20设置绘图区样式.xlsx"表格，为图表中的绘图区填充浅绿色背景（图6-51）。

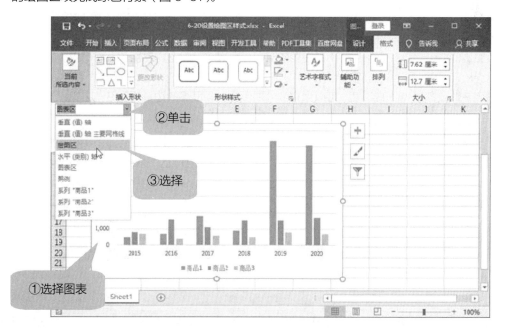

图 6-51

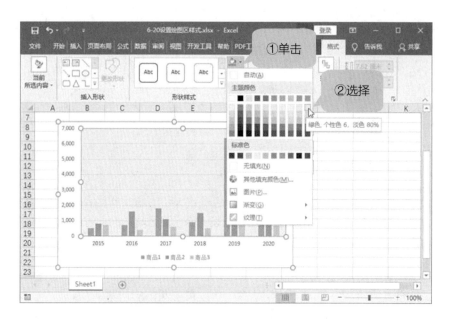

图 6-51（续）

> **小提示**
>
> 对于图表中不容易选取的元素，用户都可以在"图表工具 格式"选项卡的"当前所选内容"组的下拉菜单中选择相应的图表元素名称来选择。

6.4.5 设置数据系列颜色

如果图表中包含多个数据分类，可以为重要的数据系列自定义突出的颜色，还可以为数据系列中的重要数据点设置颜色。例如，柱形图中的"商品3"数据系列原本显示为橙黄色，是3个数据系列中颜色最突出的，但是该数据系列并不是重要的数据，可以将其设置为深蓝色，降低色彩的饱和度，使其不再突出。另外，图表中的商品1在2019年和2020年的销售数据非常突出，若要重点突出这两个数据点在该数据系列中的效果，可以为它们添加颜色饱和度高的边框（图6-52）。

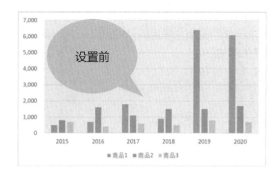
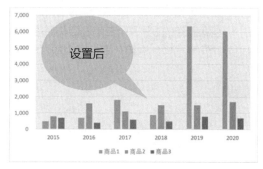

图 6-52

实战操作：打开下载的"Excel练习文档"中的"6-21设置数据系列颜色.xlsx"表格，依图6-53所示设置数据系列的颜色。

第 6 章 用数据绘制图表

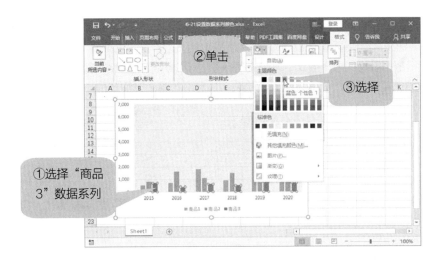

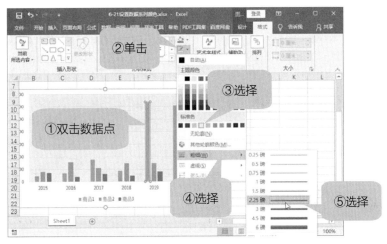

图 6-53

6.5 综合案例：用图表展示销售额和增长率情况

老板要求将 2010—2020 年的销售额及增长率数据制作成一个组合图表，以便放到年终总结报告中。因为制作的 PPT 报告是简洁类风格，所以要求制作的图表也采用简洁的风格，删除多余的、不必要的元素，颜色选用公司标志中的"绿色+橙色"（图 6-54）。

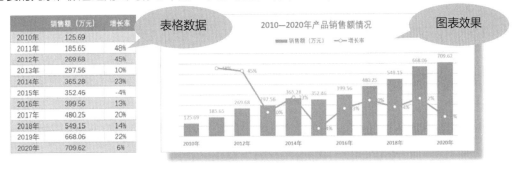

图 6-54

实战操作如下。打开下载的"Excel 练习文档"中的"6-22 综合案例.xlsx"表格，先根据提供的数据创建"柱形+折线"组合图表，然后输入图表标题，调整整个图表的颜色；接着将图例放在图表标题下方，再设置数据系列的显示效果，添加数据标签。有了数据标签读图者就可以轻松读取各数据内容了，本着简洁的制作风格，将坐标轴隐藏起来。最后再对图表的细节进行完善（图 6-55）。

> **小提示**
>
> 将柱形图的柱形适当加宽，可以增加柱形图的美感。不过，柱形的宽度最好为柱形之间距离的两倍左右，过宽或过窄都不方便查阅数据。

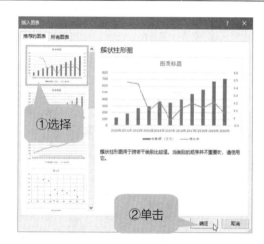
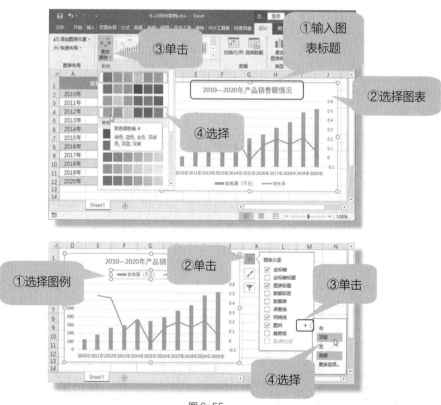

图 6-55

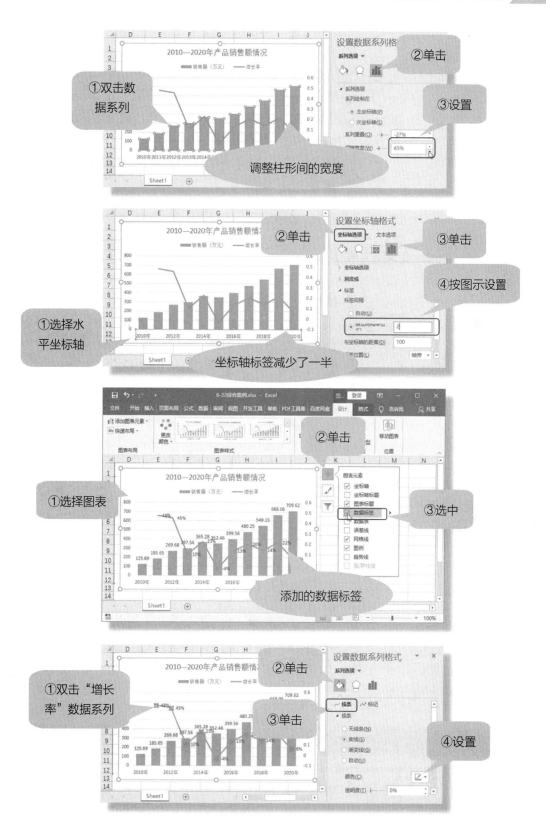

图 6-55（续）

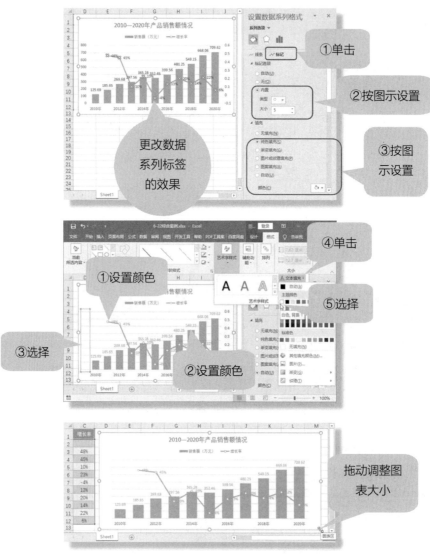

图 6-55（续）

> **小提示**
>
> 这里不能直接删除坐标轴，否则数据的显示将受到影响。如果不需要坐标轴，一般将其设置为与图表区相同的颜色进行隐藏即可。如果图表中的数据系列比较多，最好为数据标签应用与数据系列相同的颜色，方便对数据进行分类查看。

高手技巧

技巧 1　快速放大图表

前面介绍的图表都显得较小，如果需要放大图表，则需要拖动鼠标指针来实现。而图表放大后，可能会遮挡其下方的单元格,此时就需要移动图表的位置。如果表格中拥有大量数据,又要查看图表细节,可以直接将图表放大显示在一个单独的工作表中。

实战操作:打开下载的"Excel 练习文档"中的"6-23 技巧 1.xlsx"表格,将图表单独制作成一个工作表(图 6-56)。

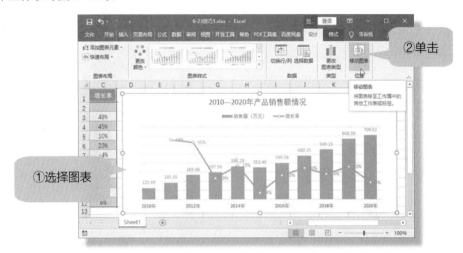

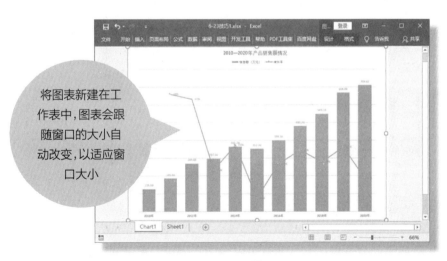

图 6-56

小提示

通过"移动图表"功能将图表移动到其他普通工作表中后,图表将还原为最初的大小。

技巧 2　将图表保存为图表模板

对于可能需要经常制作的图表，可以将其创建为图表模板，以后在创建相同样式的图表时，根据这个模板来创建就更加方便了。

实战操作：打开下载的"Excel 练习文档"中的"6-24 技巧 2.xlsx"表格，将图表保存为模板文件，并在新工作表中快速生成应用了该图表样式的新图表（图 6-57）。

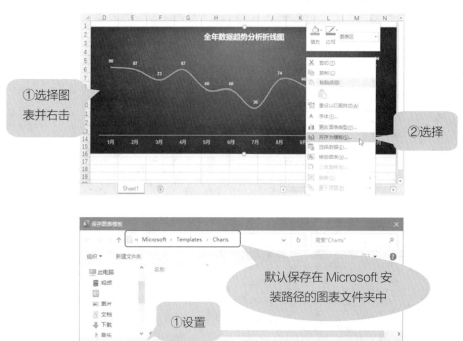

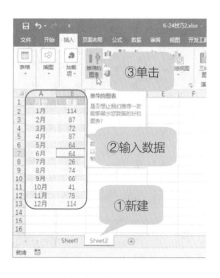
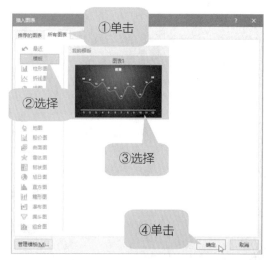

图 6-57

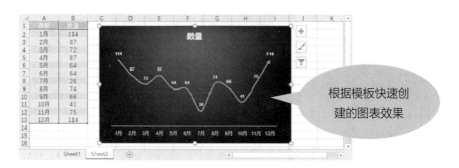

图 6-57（续）

技巧 3　巧妙制作信息图表

在一些相对轻松的环境中，可以将图表制作成形象有趣的信息图；操作方法也很简单，就是使用"复制粘贴"法将图标、图片等元素粘贴到图表的柱形、条形等中。

实战操作：打开下载的"Excel 练习文档"中的"6-25 技巧 3.xlsx"表格，结合 Excel 2019 的"插入图标"功能，将柱形图中的柱形替换为对应的产品图片（图 6-58）。

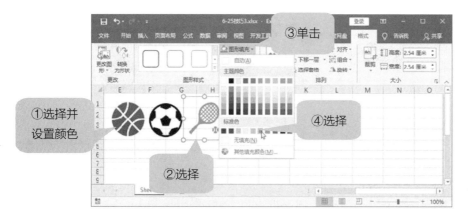

图 6-58

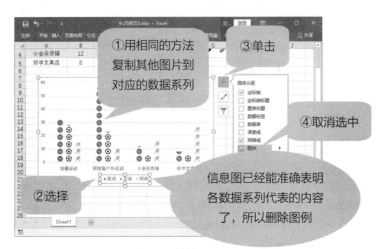

图 6-58（续）

小提示

Excel 2019 提供了多种类型的矢量图形，通过"插入图标"功能就可以将它们直接插入表格，还可以对它们进行旋转、着色和调整大小等编辑操作。部分图标还可以转换为 Office 形状，以便用户更改其颜色、大小或纹理，也可以将其拆散后重新组合为新图标。

技巧 4　用迷你图直观显示数据

有些时候，用户关注的重点是数据本身，如果将数据做成图表反而无法体现明细数据，这时就应该选择用表格来展示数据。但如果同时想让数据读取更容易，那么可以在相关内容附近的单元格中添加迷你图，以起到辅助读数的作用，让数据与图表并存。

实战操作：打开下载的"Excel 练习文档"中的"6-26 技巧 4.xlsx"表格，为表格数据添加柱形迷你图，以便分析各门店的销售情况（图 6-59）。

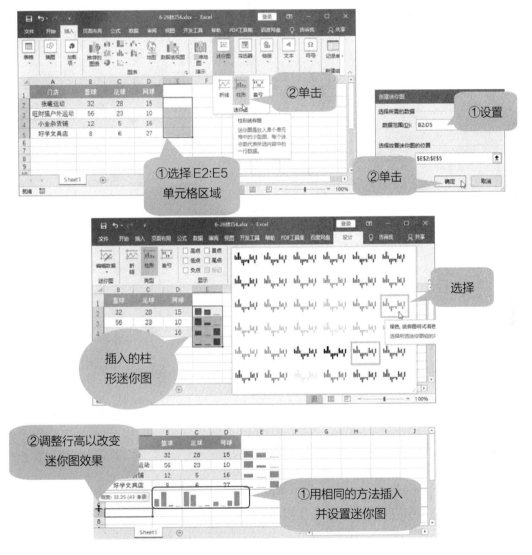

图 6-59

小提示

插入迷你图后，还可以在"迷你图工具 设计"选项卡中设置要显示的高点、低点、首点、尾点、负点等重要数据点。

动手练练

打开下载的"Excel 练习文档"中的"6-27 动手练练.xlsx"表格，根据表格中的数据创建 4 个图表，分别用于分析各产品的销售走势，以发现最畅销产品和最滞销的产品；分析各平台产品的销售业绩和销售占比，找出平台的优劣，以及各平台善于销售的产品类型；分析各产品的销售占比，发现畅销的产品类别。完成后的结果如图 6-60 所示。

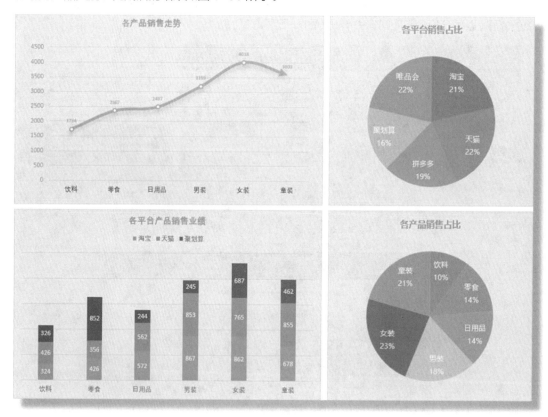

图 6-60

小提示

在对数据进行分析时，可能需要用多个图表从多个角度对数据进行分析，才能得到更准确的分析结果。例如，在分析各平台产品的销售业绩和销售占比、找出平台的优劣，以及各平台善于销售的产品类型时，还可以创建各平台产品销售业绩的百分比堆积柱形图。

第三篇
数据分析与报告

数据分析是一个完整的流程，前面已经介绍了分析的流程和 Excel 中的常用技巧与简单的分析工具。本篇将结合几个常见的应用领域，列举多个实际应用案例，详细介绍使用 Excel 完成日常数据管理与分析的具体方法和步骤；并在最后一章中介绍数据分析报告的相关知识，让你在完成数据分析后，能制作出一份严谨专业的数据分析报告。

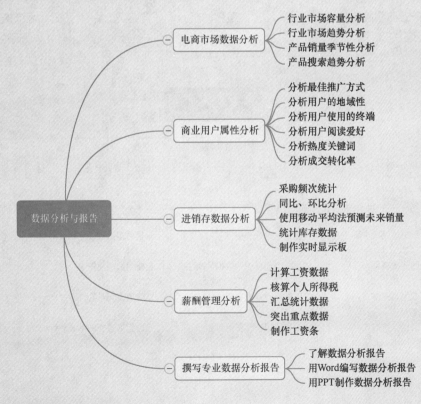

第 7 章

电商市场数据分析

掌握现有市场和未来发展趋势!

本章导读

通过前面几章的学习,我们已经掌握了大部分 Excel 技巧。本章开始,我们将通过实例来真正了解 Excel 的具体用法。电商行业是这几年火热的行业之一,越来越多的人步入这个行业。而这一行业产生的数据也是相当多的,本章就举几个例子全方位介绍使用 Excel 对电商市场数据进行分析的方法。

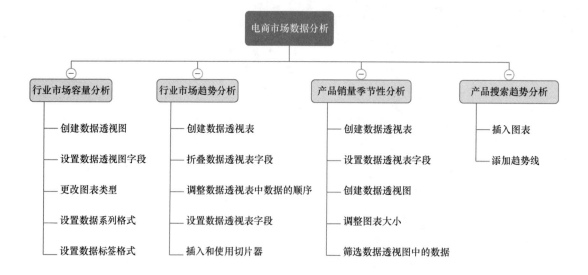

7.1 行业市场容量分析

做生意最重要的就是把握市场行情，了解未来趋势。就拿最近几年特别火的电商市场来说，如果你准备开一个淘宝店铺，就需要提前做好很多方面的筹备工作，而行业市场容量是在进入一个市场之前必须分析的内容。如果不做市场容量分析，就根本不知道目前所处的行业怎么样、每年的销售额有多少等。

下面对女装子类目的市场容量进行分析，如图 7-1 所示。这些数据可以通过生意参谋和生 e 经进行采集，再进行清洗和加工获得。

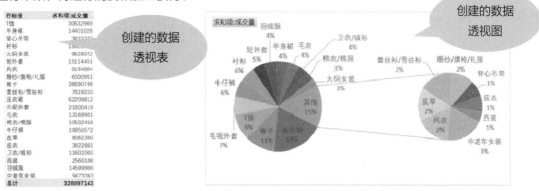

图 7-1

实战操作：打开下载的"Excel 练习文档"中的"女装行业数据.xlsx"表格，为收集到的 12 个月内的女装子类目相关数据创建数据透视图表，以获得不同子类目的市场容量占比数据（图 7-2）。

> **小提示**
>
> 分析市场容量时，用销量来分析比用销售额来分析更准确，毕竟有些产品的单价很高，即使销量不高，也会使得销售额很高。在分析的时候注意不能只看绝对数据，即不能仅看哪个数据的占比就说它的市场容量大，要对具体数据具体分析。例如，有些项目类别还可以继续划分小类别；还有的项目有明显的销售旺季，而有的则一年四季都可以卖，如 T 恤和裤子就不能直接拿来对比。

图 7-2

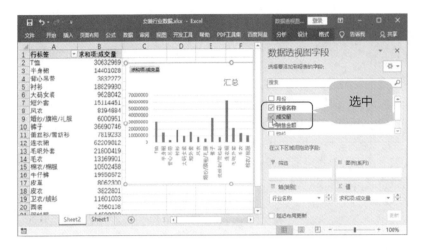

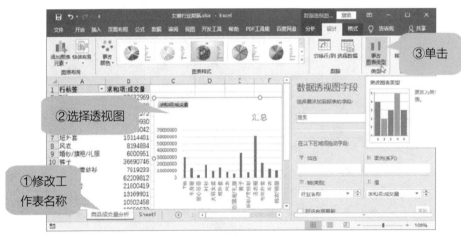

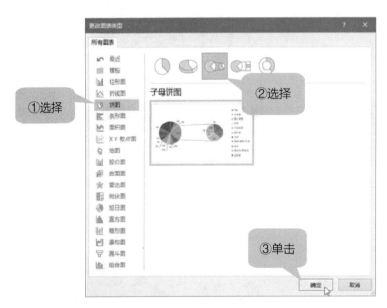

图 7-2（续）

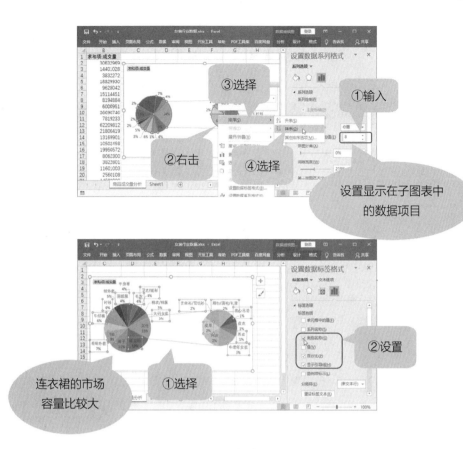

图 7-2（续）

> **小提示**
>
> 分析数据时一定要结合实际情况，当发现某一个类目的市场容量比较大时，要思考它的市场容量为什么会比较大，是因为真的需求量大，还是有其他的原因。如图 7-2 所示，为了进一步分析，还可以插入切片器，把每个月或者每个季度的数据单独分析一遍，做到全面分析。

7.2 行业市场趋势分析

不同的产品具有不同的销售特征和生命周期，所以在准备进入某个行业时，还需要清楚该行业什么时候进入比较好、什么时候是上升期、什么时候是衰退期。例如，通过分析获知连衣裙的市场容量比较大，现在要对该子类目进行发展趋势分析，效果如图 7-3 所示。

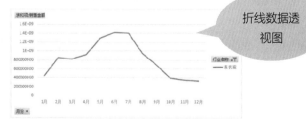

图 7-3

实战操作：在"女装行业数据.xlsx"表格中，根据"月份""行业名称""销售金额"字段创建数据透视图表来分析不同子类目的生命周期，在创建的折线数据透视图中查看连衣裙类目的具体市场趋势（图7-4）。

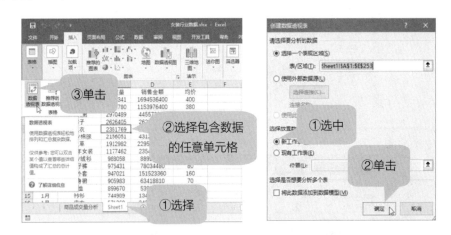

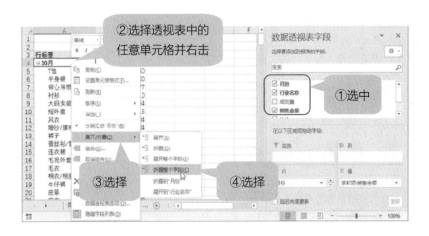

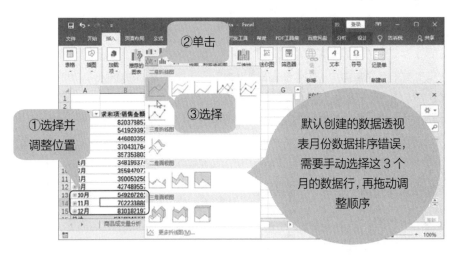

图7-4

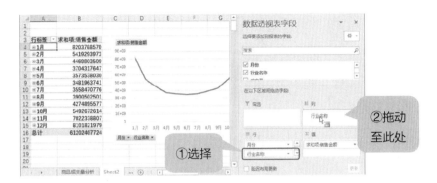
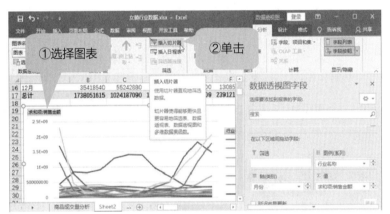

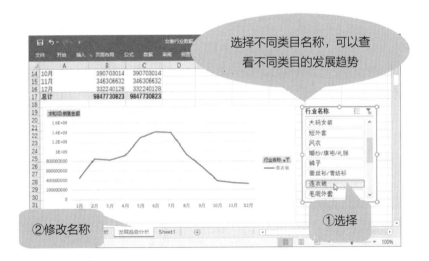

图 7-4（续）

7.3　产品销量季节性分析

不同产品具有不同的生命周期，所以应该根据不同的时间、地点和环境灵活做出决策。其中，根据不同季节选择销售不同的产品是最常见的。例如，要分析随着季节变迁不同产品的销量情况，选择当季最热销的产品进行销售，可以创建图 7-5 所示的数据透视图。

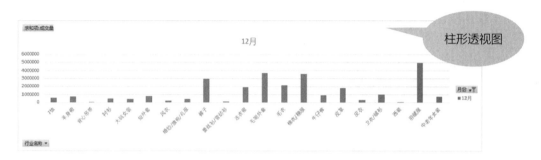

图 7-5

实战操作：在"女装行业数据.xlsx"表格中，根据"月份""行业名称""成交量"字段创建数据透视图表来分析不同月份下各子类目的销量情况，在创建的柱形数据透视图中可以快速查看出当前月畅销的产品有哪些（图 7-6）。

> **小提示**
>
> 本节的案例与上一节的案例可以采用相同的数据进行分析，但是侧重点不同，读者可以对比最终效果进行揣摩和学习。

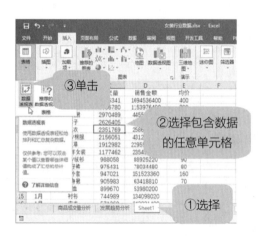

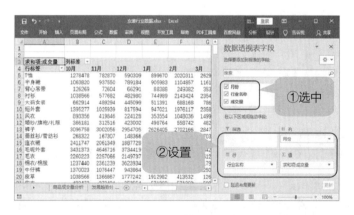

图 7-6

图 7-6（续）

7.4 产品搜索趋势分析

对行业中感兴趣的子类目进行研究时，还可以通过商品的热度情况来进行分析。一般能体现商品热度的指标有成交量、搜索量等。若某种商品被人们所搜索，则可以说明人们对这种商品感兴趣。所以，分析商品的搜索量，可以了解市场上大多数人关注的东西，以此为准则调整供货量就可以让销量得到较好的保证。例如，收集了连衣裙某个月的搜索数据，将这些数据制作成折线图，就可以分析该商品搜索的趋势了，效果如图 7-7 所示。

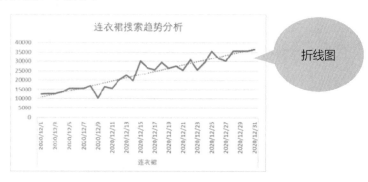

图 7-7

实战操作：打开下载的"Excel 练习文档"中的"连衣裙搜索数据.xlsx"表格，为收集的商品搜索数据创建折线图，并添加简单的趋势线，便于发现搜索趋势（图 7-8）。

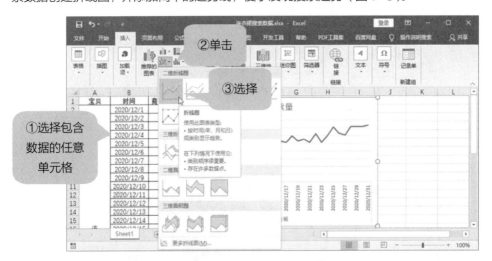

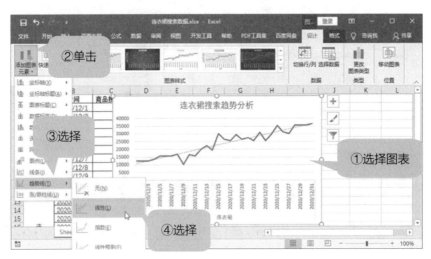

图 7-8

高手技巧

技巧 1　对数据透视表中的数据进行排序

创建数据透视表后，还可以对相关数据进行排序，从而帮助用户更加清晰地分析和查看数据。如果字段名称右侧有下拉按钮，单击该下拉按钮，在弹出的下拉菜单中可以选择排序的方式。如果需要对值字段的数据进行排序，但这样的字段一般没有对应的下拉按钮，此时可以在该字段中选择任意单元格并右击，在弹出的快捷菜单中选择"排序"命令，再在子菜单中选择排序的方式。

实战操作：打开下载的"Excel 练习文档"中的"技巧 1.xlsx"表格，通过设置对数据透视表中的数据进行排序，将所有销量数据按照从小到大的顺序排列（图 7-9）。

图 7-9

技巧 2　将数据透视表转换为普通表格

数据透视表具有强大的分析功能，如果需要将分析结果保存下来，可以将数据透视表转换为普通表格，方便下次直接利用分析后的数据。

实战操作：打开下载的"Excel 练习文档"中的"技巧 2.xlsx"表格，将分析后的数据透视表保存为普通表格（图 7-10）。

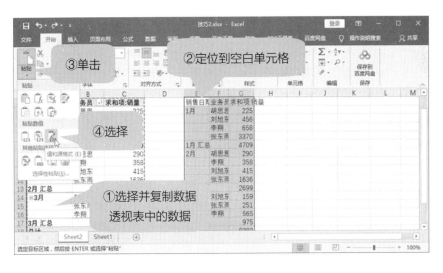

图 7-10

动手练练

打开下载的"Excel 练习文档"中的"动手练练.xlsx"表格，根据表格中的数据创建 3 个数据透视图表，分别用于分析有交易卖家数的趋势，以发现该行业的大致市场容量；分析总卖家数的趋势，了解该行业的大致市场趋势；分析购买需求趋势，掌握产品销量的季节性趋势及市场的需求量变化。完成后的结果如图 7-11 所示。

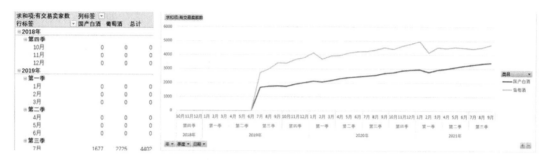

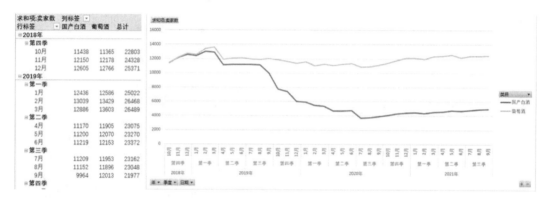

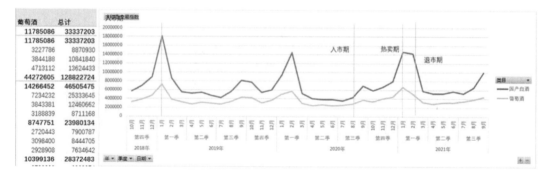

图 7-11

第 8 章

商业用户属性分析

深入了解用户，更好地为其服务！

本章导读

通过用户调研、数据分析，可以将用户的基本信息和行为属性综合起来，得到用户的精准画像，以便帮助运营者针对用户的属性特点，找出最合适的运营方式。本章将以某微信公众号的后台统计数据为例，讲解分析用户属性的具体操作。

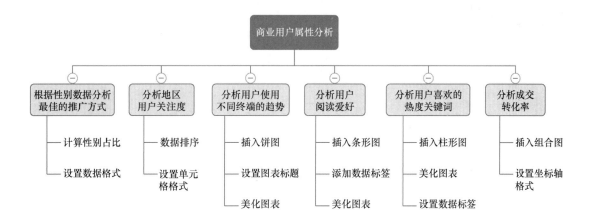

8.1 根据性别数据分析最佳的推广方式

由于男性和女性在兴趣爱好、需求等方面存在不同，因此，了解一个运营平台的用户性别占比具有很重要的意义。例如，对某微信公众号的关注用户性别占比进行分析，可以让策划人员在进行图文内容策划时更有针对性。性别占比的统计效果如图 8-1 所示。

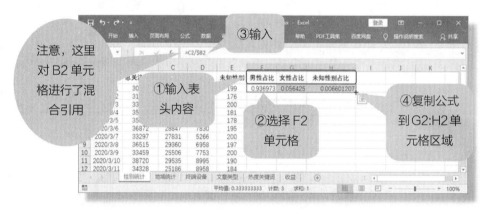

图 8-1

实战操作：打开下载的"Excel 练习文档"中的"微信公众号统计数据.xlsx"表格，将"性别统计"工作表中的数据转换为占比数据（图 8-2）。

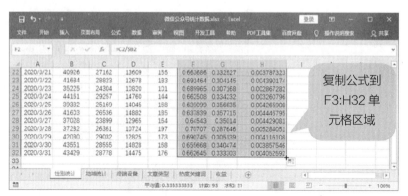

图 8-2

图 8-2（续）

8.2 分析地区用户关注度

不同地区用户的关注点和需求不同。所以，微信运营人员还需要根据公众号后台数据，统计每个地区的用户数量，分析发布的内容更受哪些地区的用户关注，他们的价值观、消费观、审美观如何，以便精准制定公众号推广策略。例如，对本例微信公众号各地区用户数进行分析的效果如图 8-3 所示。

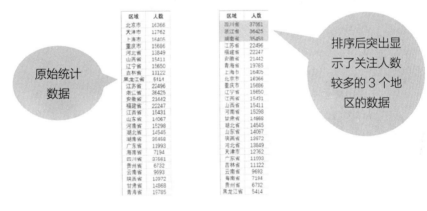

图 8-3

实战操作：在"微信公众号统计数据.xlsx"表格中，将"地域统计"工作表中的数据进行排序，并突出显示人数较多的前 3 个地区（图 8-4）。

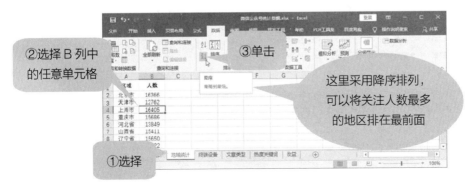

图 8-4

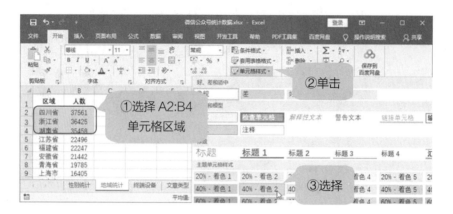

图 8-4（续）

8.3 分析用户使用不同终端的趋势

统计使用不同终端的用户人数，可以分析使用每种终端的用户的数量分布情况，为微信运营人员制定相关的微信平台运营方案提供依据。例如，对 Android、iPhone、WP7 和未知 4 种终端的用户数据进行统计，并制作饼图，以方便查看各种终端使用人数的占比，如图 8-5 所示。

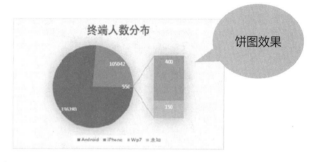

图 8-5

实战操作：将"终端设备"工作表中的数据用图表表示，并分析不同数据的占比（图 8-6）。

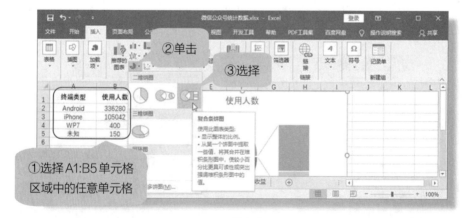

图 8-6

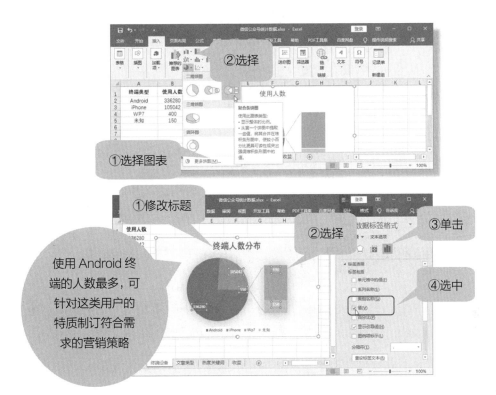

图 8-6（续）

8.4 分析用户阅读爱好

微信运营人员还需要根据公众号后台数据，总结平常发布的文章类型，看看哪类文章更受用户青睐，方便投其所好，以此打造"爆款"，实现高效运营。例如，对文章类型和对应的阅读量数据进行统计，并制作条形图，如图 8-7 所示。

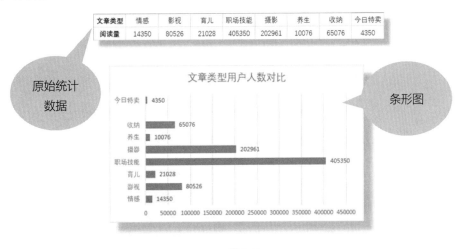

图 8-7

实战操作：将"文章类型"工作表中的数据用条形图表示出来，方便进行数据读取（图 8-8）。

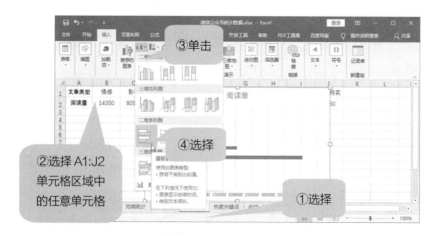

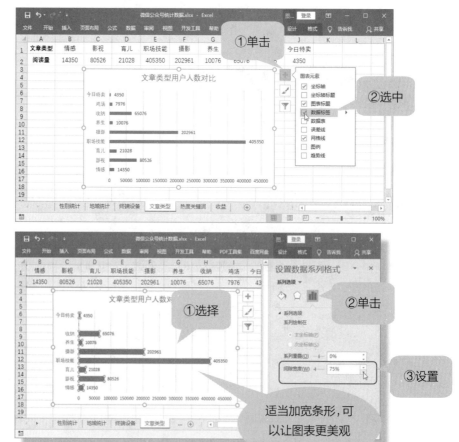

图 8-8

> **小提示**
>
> 制作图表前,可以对原始数据进行排序,让制作出来的图表有明显的数据大小区别,这样的图表也会更美观。本例中图表展示的数据项不是很多,不排序也能看出不同数据项的大小,所以就省略了这一操作。

8.5 分析用户喜欢的热度关键词

在阅读文章时，如果文章内容包含用户感兴趣的词，就会提高用户阅读的概率。这些词也就是常说的热度关键词。微信运营人员可以通过计算热度关键词的占比情况，分析大部分用户比较关注的词，以判断用户对哪一类文章更感兴趣，并制订相应的推广方案，如图 8-9 所示。

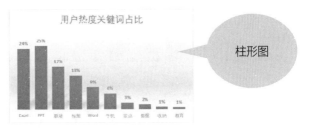

图 8-9

实战操作：将"热度关键词"工作表中的数据占比情况用柱形图表示出来（图 8-10）。

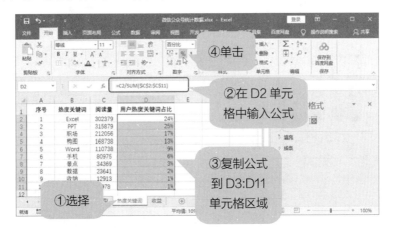

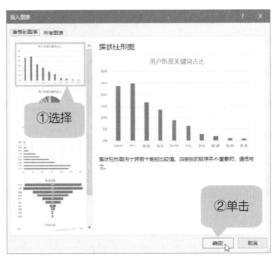

图 8-10

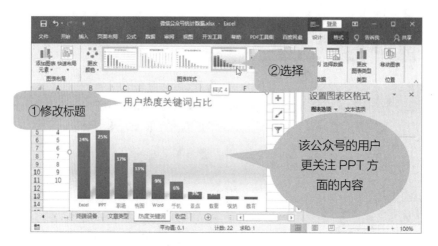

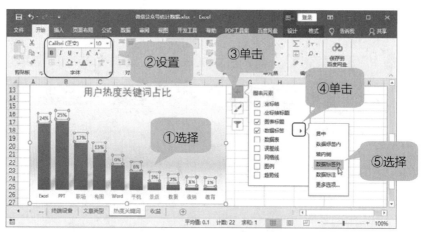

图 8-10（续）

8.6 分析成交转化率

如果运营者希望提高用户的访问量和下单量，就可以通过多种渠道进行品牌推广。但有些用户可能只打开页面看了看，并没有产生具体的交易行为。这时运营者就需要分析不同渠道的访问量、成交量及成交转化率，以便根据分析结果制订更好的营销方案，帮助商家提高销量。例如，某微信公众号中包含产品推广链接，并进行了多种渠道的推广，收集到相关数据后，需要统计分析转化率数据，如图 8-11 所示。

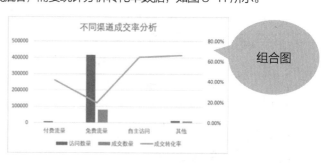

图 8-11

实战操作：将"收益"工作表中的数据用图表表示出来，并分析不同渠道的转化率（图8-12）。

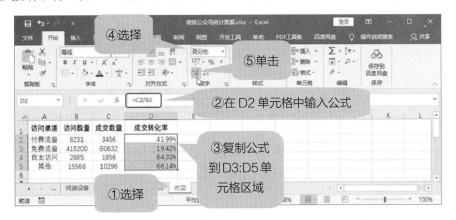

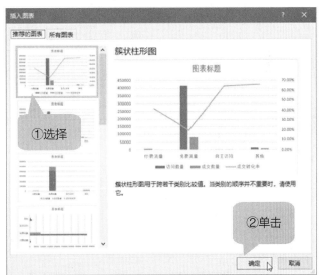

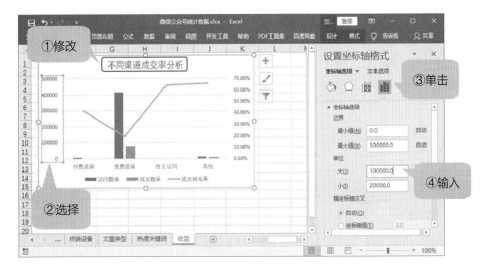

图8-12

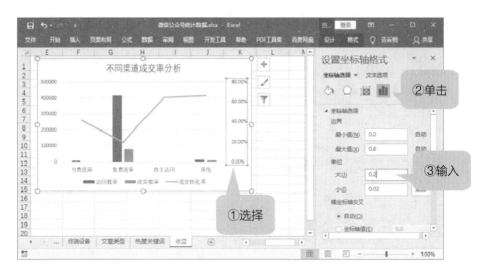

图 8-12（续）

高手技巧

技巧 1　在图表中实现数据筛选

创建图表后，还可以用"图表筛选器"对图表数据进行筛选，将需要查看的数据筛选出来，从而帮助用户更好地查看与分析数据。选择图表后，单击其右侧显示出的"图表筛选器"按钮 ，就可以实现数据筛选了。

实战操作：打开下载的"Excel 练习文档"中的"技巧 1.xlsx"表格，让图表仅显示淘宝和天猫下的日用品、男装、女装和童装的数据（图 8-13）。

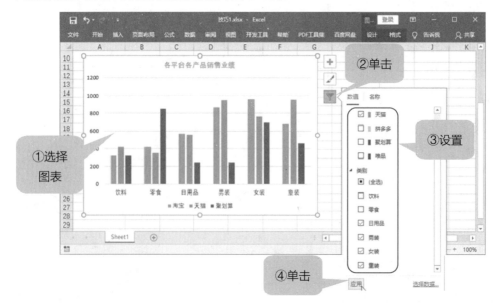

图 8-13

技巧2　将图表保存为PDF文件

调整图表的长和宽会改变图表的整体效果，甚至会产生数据信息读取误差（尤其是折线图，一旦将图表的整体高度减小，就会导致其中的折线变得平缓，不容易查看到趋势的变化。如果将高度调得很大，又会导致其中的折线变得很陡峭，容易夸大数据的变化趋势）。所以，在工作表中完成图表的设计后，为了更好地保护图表的整体效果，可以将图表单独保存为PDF文件，以便管理与查看图表。

实战操作：打开下载的"Excel练习文档"中的"技巧2.xlsx"表格，将其中设计好的图表保存为PDF文件（图8-14）。

图8-14

动手练练

打开下载的"Excel练习文档"中的"动手练练.xlsx"表格，根据表格中的数据创建多个图表，分别用于分析不同终端设备的店铺浏览量、商品浏览量占比，以及不同终端用户的使用习惯，包括浏览时的停留时长、跳失率、下单转化率、支付转化率等；分析店铺和商品的访客数量变化趋势；最后对比加购、支付、下单的买家数量，从而掌握整个流程中各个环节的流失数据；对比支付、下单、退款的金额数据，清楚资金的流动轨迹。完成后的结果如图8-15所示。

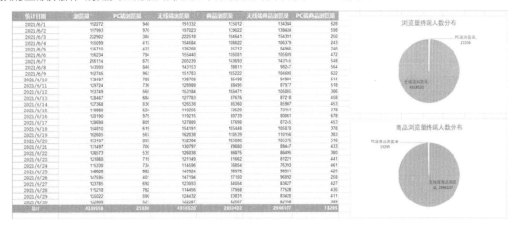

图8-15

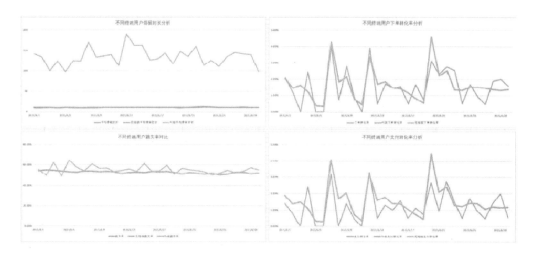

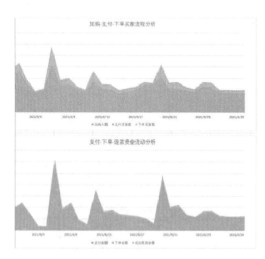

图 8-15（续）

小提示

本例可以进行多方面的数据分析，但是在进行数据分析前，需要先将文本型数据转换为可以进行计算的数值型数据，以保证后续的数据分析不出错。

第 9 章

进销存数据分析

高效调整和调度企业资源！

本章导读

进销存是指企业管理中的购销链，包括对采购（进）→入库（存）→销售（销）的动态管理，能够有效地解决企业账目混乱、库存不准、信息反馈不及时等问题。本章将分别对进货采购数据、销售明细数据和库存积压情况进行处理与分析，帮助决策者根据变化制订出精准的应对方案。

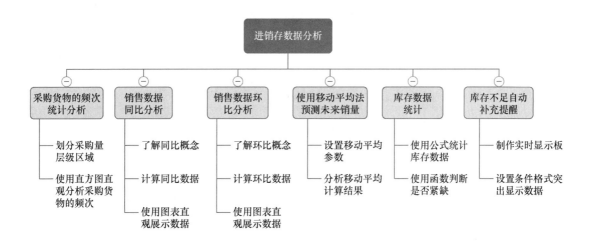

9.1 采购货物的频次统计分析

通常情况下,企业的采购数据都需要记录在册,而且单次采购的货物通常会有批次和金额的限定,不能随意采购。对统计的采购数据进行分析可以得出哪些产品需要经常采购,方便根据实际情况调整采购货物的量和频次。

直方图是用于展示数据的分组分布状态的一种图形,用矩形的宽度和高度表示频数分布。通过直方图,用户可以很直观地看出数据分布的形状、中心位置及数据的离散程度等。

直方图是一种较直观、形象的图示法,常用于统计学。直方图是对统计调查所得到的原始数据的直观概括,它表明了调查数据的频数分布,从直方图中我们能够直观地看出数据所隐含的总体信息。

下面将介绍如何用直方图来统计分析采购货物的频次。这里将采购量简单地划分为 5 个层级,如图 9-1 所示。

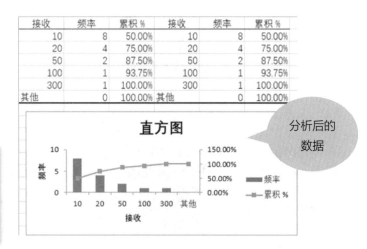

图 9-1

实战操作:打开下载的"Excel 练习文档"中的"采购数据.xlsx"表格,使用直方图统计各货物的采购频次(图 9-2)。

图 9-2

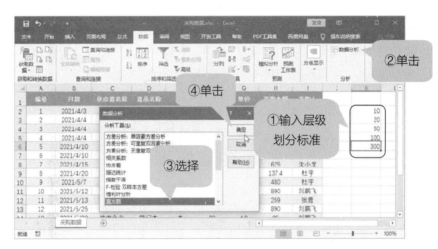
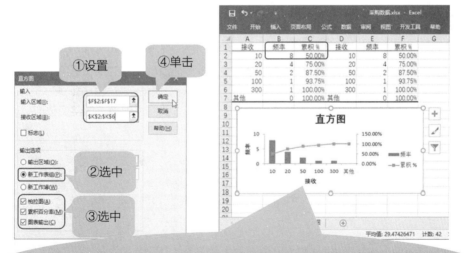

结合图和表中的内容可以得出，采购数量在 20 以内的货物，购买 4 次的累积百分率就达到 75%了，说明它们的采购工作占据了整个采购工作的大部分，需要调用更多资源去管理，如以后每次多买点，就可以降低购买频率

图 9-2（续）

9.2 销售数据同比分析

同比分析是与历史同时期的数据进行比较，简单理解为与不同年份的同一时期数据进行比较。同比分析是数据分析中经常用到的一种对照分析，通常用本期分析数据与去年同期分析数据进行对比。例如，今年1月比去年1月，今年6月比去年6月等。

同比分析一般是为了反映当期与同期之间的增长或减少幅度。同比增长速度主要是为了消除季节变动的影响，用以说明将本期增长水平与去年同期增长水平进行对比而得到的相对增长速度。

同比增长速度的公式如下：

$$同比增长速度=（本期水平-同期水平）\div 同期水平 \times 100\%$$

在 Excel 中做同比增长分析时，通常使用柱状图和折线图。需要分析的数据量较少时最好使用柱状图，因为柱状图简单明了，一眼就可以看出对比情况（高度差），能够非常直观地反映分析结果，如图9-3所示。

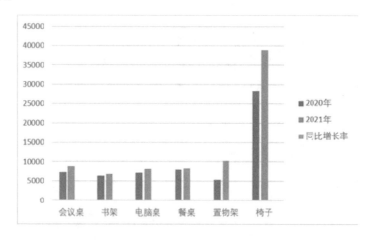

图9-3

但仅用柱状图只能反映出同比是增长还是减少，却不能反映出它的增长速度。而使用折线图就可以很直观地反映某产品的增长速度，如图9-4所示。斜率大表示增长率高，增长速度快；反之，增长率低，增长速度慢。所以，当需要分析的数据量较多，又想反映增长速度变化时，一般采用折线图。

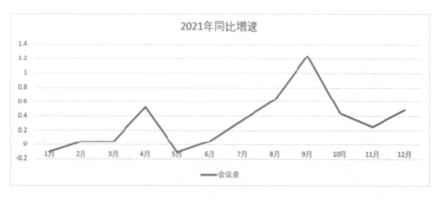

图9-4

小提示

如果直接在柱状图中绘制折线图，往往会出现一个问题：图形中的增长率显示不出来。因为增长率大多是 1 左右的数值，而其他数据却很大，存在数量级别的巨大落差，所以在图中可能看不到增长率图形。图 9-3 所示的柱状图中，纵坐标轴以 5000 为单位刻度，90%（0.9）的柱形对 5000 来说大小，根本看不清。这时，在制作过程中可以利用次坐标轴来解决这一问题，即在一个图表中使用双坐标轴，在创建柱形图后，将增长率显示在次坐标轴中，用折线来表示，如图 9-5 所示。这样，就能在一个图表中既直观反映增长情况，又直观反映其增长速率了。

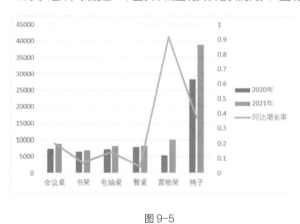

图 9-5

实战操作：打开下载的"Excel 练习文档"中的"销售数据.xlsx"表格，根据统计的 2020 年和 2021 年的销售数据，进行销售数据同比分析，并制作出对应的图表。

1. 同比分析不同产品的销售情况

根据统计的 2020 年和 2021 年的销售数据，可以计算出 2021 年各月各产品相对 2020 年对应月份数据的同比增速，并制作出对应的图表，以便对公司不同时期的产品销售情况进行分析（图 9-6）。

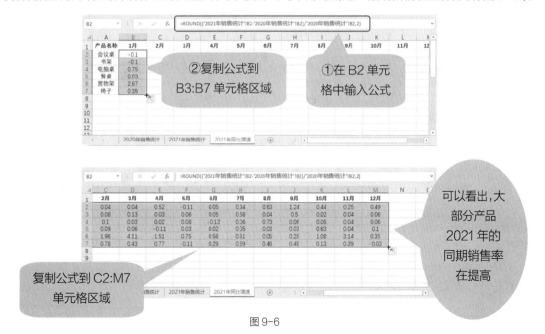

图 9-6

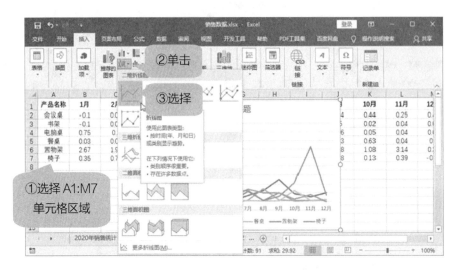

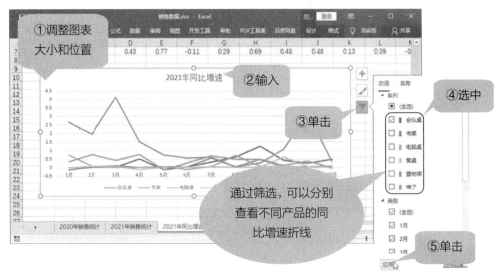

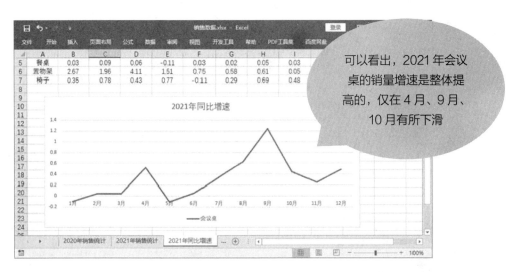

图9-6（续）

2. 同比分析总销量的情况

根据统计的 2020 年和 2021 年的销售数据，还可以计算出 2021 年各产品总销量相对 2020 年总销量的同比增速，并制作出对应的图表，以便对公司产品的总体销售情况进行分析（图 9-7）。

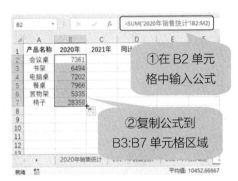

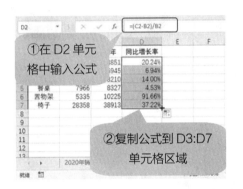
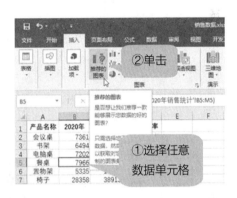
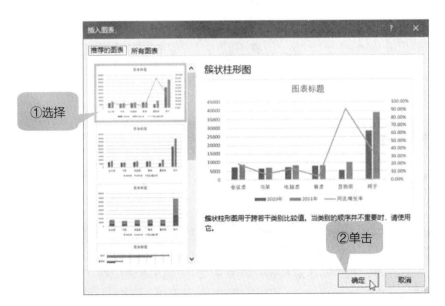

图 9-7

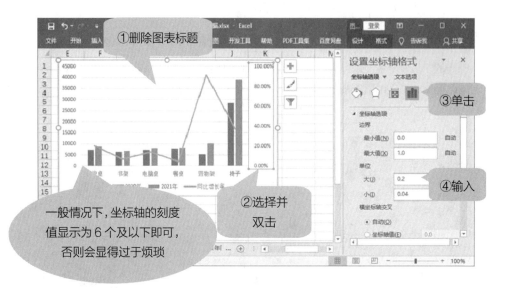

图 9-7（续）

9.3 销售数据环比分析

不仅可以对去年同期数据进行同比分析，还可以按时间序列对周期数据进行环比分析。环比是对相邻周期的数据进行对比。例如，将今年 1 月与今年 2 月、2021 年第一季度与 2021 年第二季度相比较等。

环比增长速度一般是指本期水平与前一时期水平之比，用以说明本期比上期增长了多少，体现的是逐期的增长速度。环比增长速度计算公式如下：

$$环比增长速度 = （本期水平 - 上期水平）\div 上期水平 \times 100\%$$

其实，环比与同比只是在内容分析上有所区别，而在图表的制作上基本是相同的。当数据量较少时一般采用柱形图；当数据量较多时，既可以采用柱形图，也可以采用折线图，还可以将"环比增长率"设置在"次坐标轴"上，如图 9-8 所示。

第 9 章 进销存数据分析

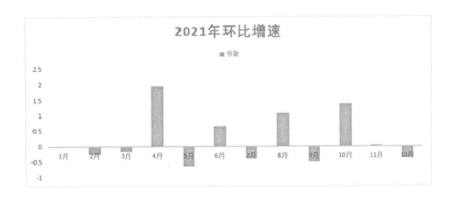

图 9-8

实战操作：在"销售数据.xlsx"表格中，根据统计的 2021 年销售数据，计算出 2021 年各月各产品相对前一个月的环比增速，并制作出对应的图表，以便对公司不同时期的产品销售情况进行分析（图 9-9）。

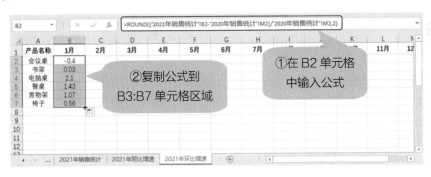

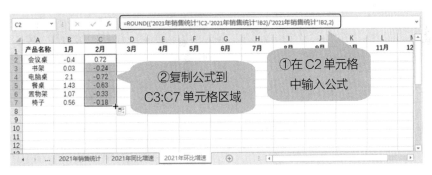

图 9-9

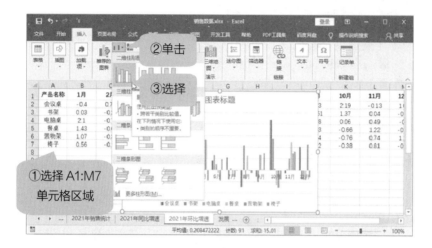

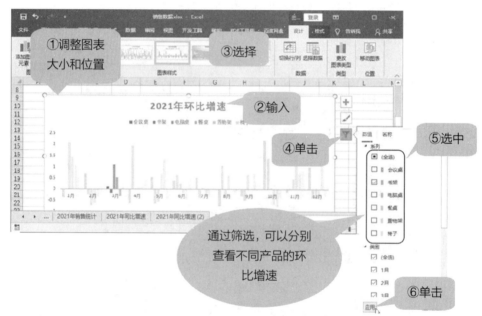

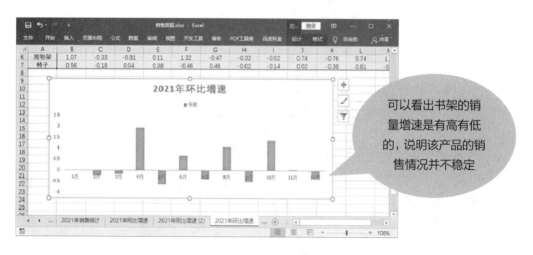

图 9-9（续）

> **快速拓展**
>
> 尝试在一个图表中表示具体的销量、同比和环比销售数据。操作提示：将每个月的具体销量数据、同比数据和环比数据放在一个工作表中，然后把销量数据做成柱状图，同比和环比数据做成折线图（这一步可以通过更改图表类型来完成，只需要单独设置同比和环比数据系列的图表类型，再将它们显示在次坐标轴上即可），这样比较方便观察。

9.4 使用移动平均法预测未来销量

移动平均法是一种简单的平滑预测技术，它是根据时间序列资料逐项推移、依次计算包含一定项数的序时平均值，以反映长期趋势的一种方法。利用时间序列数据进行预测时，通常假定过去的变化趋势会延续到未来，这样就可以根据过去已有的形态或模式进行预测。移动平均法适用于销售量略有波动的产品的预测。企业对未来销售数据进行预测分析时，通常都会相当谨慎，会人为将一些波动因素进行过滤。

在 Excel 中，图表不具备直接过滤波动因素的功能，但用移动平均功能可以轻松实现，具体操作方法是：对一组最近的实际数据进行统计，然后通过移动平均法来反映长期趋势。当时间序列的数值受周期变动和随机波动的影响起伏较大，不易显示出事件的发展趋势时，使用移动平均法可以消除这些因素的影响，以显示出事件的发展方向与趋势（图 9-10）。

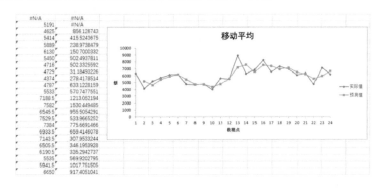

图 9-10

实战操作：在"销售数据.xlsx"表格中，使用"移动平均"功能计算出 2020 年至 2021 年销售数据的移动平均数，假设移动平均项数为 2（图 9-11）。

图 9-11

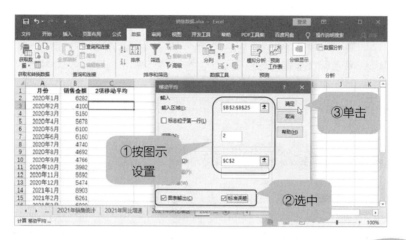

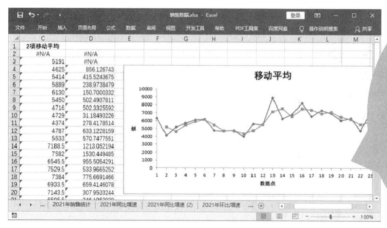

图 9-11（续）

9.5 库存数据统计

库存数据也很重要，其主要为产品的囤放和中转数据，对其进行分析可以保证购入与售出的平衡。鉴于此，我们需要对库存数据进行实时监控和分析。

实战操作：打开下载的"Excel 练习文档"中的"库存数据.xlsx"表格，根据提供的入库记录明细数据，计算出"产品库存实时统计表"中的内容，并判断出各产品的库存值是否为安全值（图 9-12）。

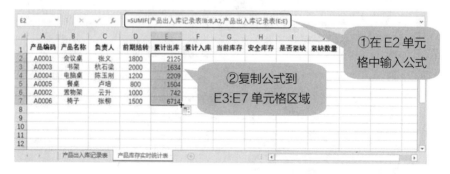

图 9-12

第 9 章 进销存数据分析

图 9-12（续）

9.6 库存不足自动补充提醒

库存表中虽然已经统计出了各种产品的库存动态情况，但不明显。为了实现实时监控，我们需要用条件格式将需要紧急备货的数字凸显出来，效果如图 9-13 所示。

图 9-13

实战操作：在"库存数据.xlsx"表格中，制作一个醒目的产品状态实时显示板（图 9-14）。

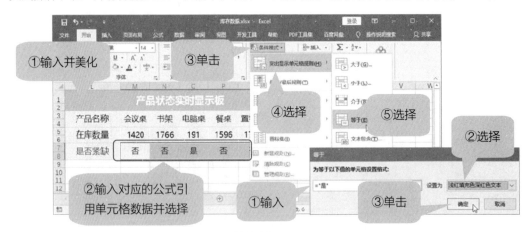

图 9-14

高手技巧

技巧 1　使用数据透视表进行同比分析

前面介绍了进行同比分析的方法，并对同比分析的原理进行了讲解。此外，还可以利用数据透视表，通过设置数值显示方式进行同比分析。

实战操作：打开下载的"Excel 练习文档"中的"用数据透视表分析.xlsx"表格，同比分析 2020 年和 2021 年各月的总销售额差异百分比（图 9-15）。

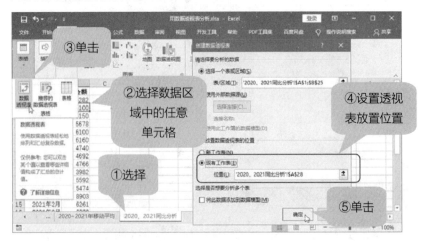

图 9-15

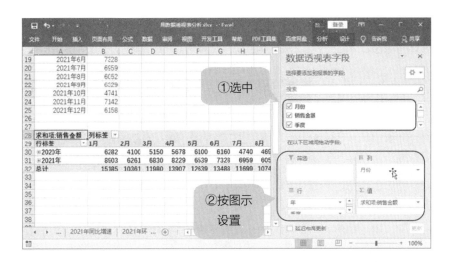

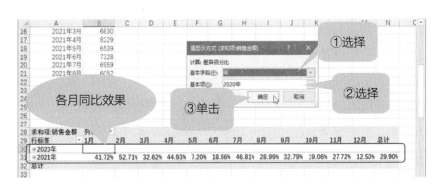

图 9-15（续）

技巧 2 使用数据透视表进行环比分析

利用数据透视表进行环比分析的方法与同比分析相似，也是通过将数值显示方式设置为"差异"或"差异百分比"来实现的，但二者设置的基本参考字段不同。

实战操作：在"用数据透视表分析.xlsx"表格中，复制"2020、2021 同比分析"工作表，通过设置数据透视表参数，环比分析 2020 年和 2021 年各月的总销售额差值（图 9-16）。

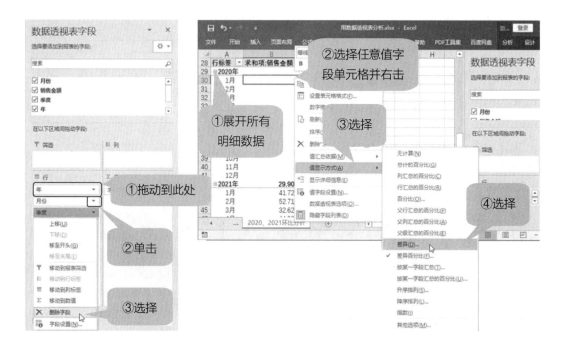

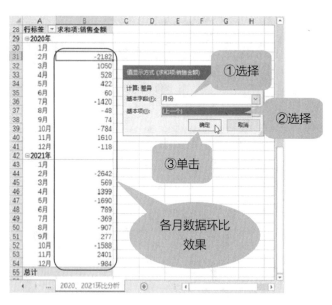

图 9-16

> **小提示**
> 这里在设置数值显示方式时，如果选择"差异百分比"命令，则可显示出各月的环比百分比数值。

动手练练

打开下载的"Excel 练习文档"中的"动手练练.xlsx"表格，根据表格中的数据创建数据透视图，得到方便加工的原始数据，然后将其整理成符合数据分析要求的基础数据。再对当年的出库数据进行环比分析，对销售金额数据进行移动平均计算。完成后的结果如图 9-17 所示。

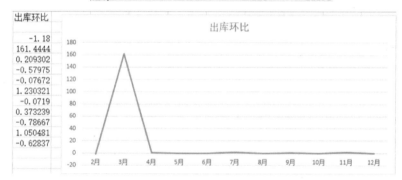

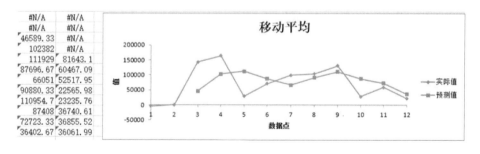

图 9-17

第 10 章

薪酬管理分析

让薪酬管理不再烦琐!

本章导读

薪酬管理分析是每个财务人员必备的技能。本章将介绍一个常见的工资表,通过公式简化部分计算操作,并进行常规的薪酬数据分析。希望读者学习完本章后,能更加轻松地处理薪酬数据。

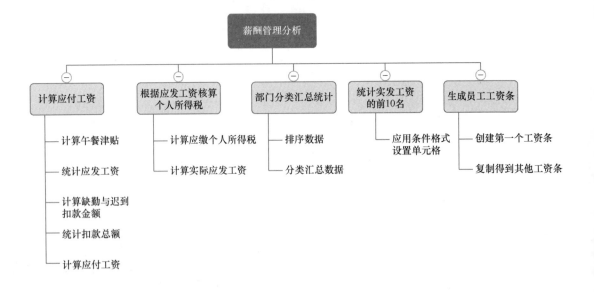

10.1 计算应付工资

工资表中涉及的数据计算项目很多,而且其整体框架是根据公司的规章制度来完善的。若平时统计的一些数据需要导入,应将其转换成对应的数字,然后通过公式来简化计算,再得出结果。下面是一个常见的工资表,其总的设计框架就是"所有应发工资-所有扣款项目-个人所得税=实际发放工资",其中的一些无规则数据已经输入完毕,需要通过公式来计算具体的数值,完成后的效果如图10-1所示。

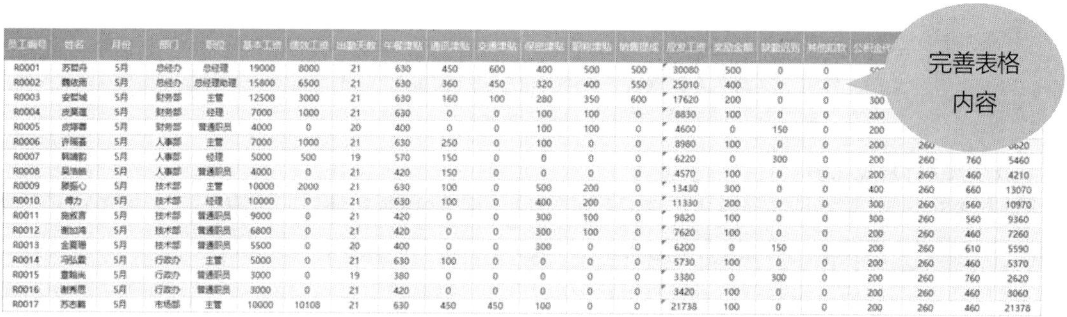

图 10-1

实战操作:打开下载的"Excel 练习文档"中的"工资表.xlsx"表格,通过公式计算出午餐津贴、应发工资、缺勤与迟到扣款金额、扣款总额、应付工资。

(1) 计算午餐津贴

这里假设该公司规定每个工作日给员工补助午餐津贴,普通职员补助20元,其他管理人员补助30元。通过对出勤天数数据进行计算,便可以得到对应的午餐补助费用,但在设计公式时,需要对员工是否为普通职员进行判定(图10-2)。

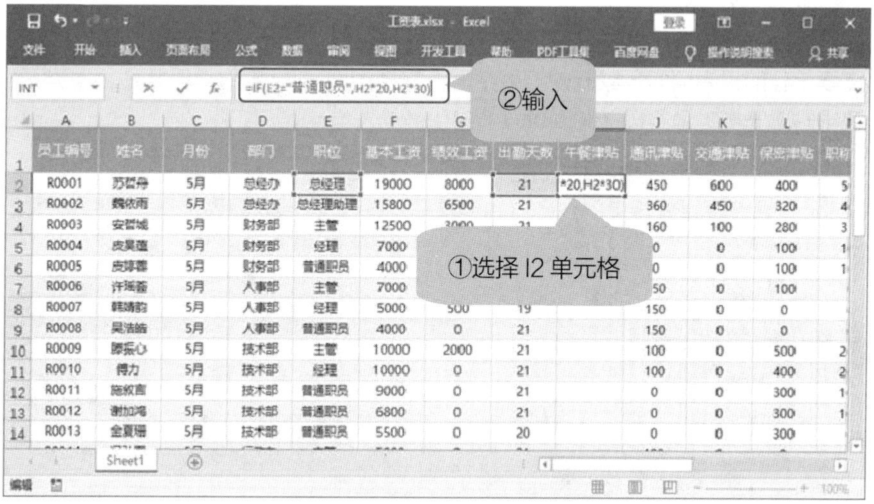

图 10-2

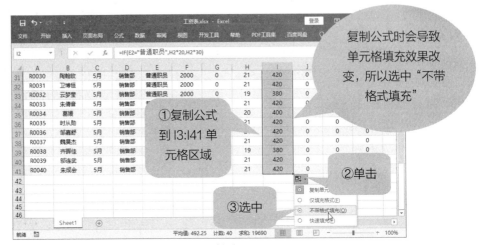

图 10-2（续）

（2）统计应发工资

在本案例中，应发工资=基本工资+绩效工资+午餐津贴+通讯津贴+交通津贴+保密津贴+职称津贴+销售提成。只需要用 SUM() 函数对两个区域的数据进行求和统计就可以了（图 10-3）。

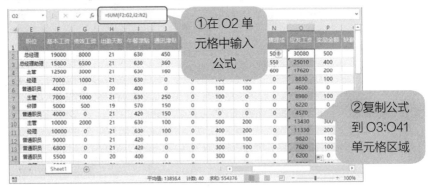

图 10-3

（3）计算缺勤与迟到扣款金额

假设该公司采用上下班灵活制，早上班就早下班，迟到就延迟下班，所以没有迟到扣款一项。考勤这部分需要统计的只有请假、缺勤的扣款数据，且规定请一天假就扣除 150 元，则只需要根据出勤天数计算出缺勤天数，再乘以 150 即可（图 10-4）。

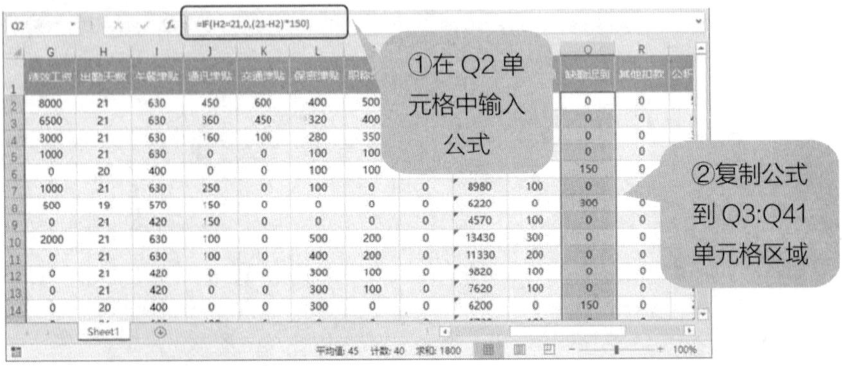

图 10-4

（4）计算应付工资

在本案例中，应付工资=应发工资+奖励金额-扣款总计，输入公式对相应字段进行计算就可以了（图10-5）。

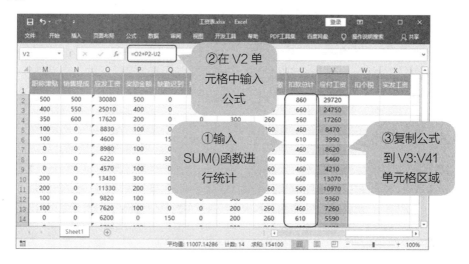

图 10-5

> **小提示**
>
> 实际工作中的工资表应根据公司的具体制度设计表格框架，相应的计算方式也就不一样了。另外，还可能需要制作其他的辅助表格先计算出一些数据。例如，如果考勤制度中设计了更复杂的计算方式，就需要进行更复杂的计算，可以先建立单独的考勤表，并在其中计算出相应的奖惩扣款数据，再将结果调用到工资表中。

10.2 根据应发工资核算个人所得税

在工资计算中，个人所得税的计算是比较重要的一个环节。本例中的个人所得税是根据2020年新版个人所得税计算方法计算得到的。个人所得税的起征点为5000元，这就代表着扣减五险一金后若工资不高过5000元，是无须缴纳个人所得税的。但是，2020年个人所得税的测算是以年为单位进行计算的，为了便于测算，下面梳理了以月为单位的个人所得税税率表，将工资、薪金所得分为7级超额累进税率，税率为3%至45%，如表10-1所示。

表10-1 个人所得税税率表

级数	应纳税所得额	税率(%)	速算扣除数
1	不超过 3000 元的	3	0
2	超过 3000 元至 12000 元的部分	10	210
3	超过 12000 元至 25000 元的部分	20	1410
4	超过 25000 元至 35000 元的部分	25	2660
5	超过 35000 元至 55000 元的部分	30	4410
6	超过 55000 元至 80000 元的部分	35	7160
7	超过 80000 元的部分	45	15160

应纳税所得额是指"每月收入金额−各项社会保险金（五险一金）−起征点（5000元）"。

使用超额累进税率的计算方法为：应纳税额=全月应纳税所得额×税率−速算扣除数

$$全月应纳税所得额=(应发工资−五险一金)−5000$$

实战操作：在"工资表.xlsx"表格中，根据表10-1中的税率计算方式，计算各员工的应缴个人所得税和实际应发工资。

（1）计算应缴个人所得税

在本案例中，应缴个人所得税=应付工资×对应的税率，但是每个人的工资不同，对应税率级别的判断就相对复杂一些，需要嵌套IF()函数来判断（图10-6）。

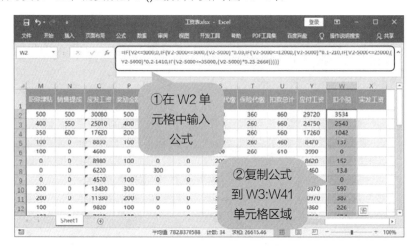

图10-6

小提示

图10-6中的公式先对工资是否超过5000进行判断，如果没有就返回"0"，否则继续判断工资是否超过17000（第2级的上限），如果没有就按照第2级计算个人所得税，即"（工资−5000）*0.1−210"；否则继续判断工资是否超过30000（第3级的上限），依次类推下去。

（2）计算实际应发工资

本案例的实发工资=应付工资−个人所得税，输入简单的公式即可得到具体的结果（图10-7）。

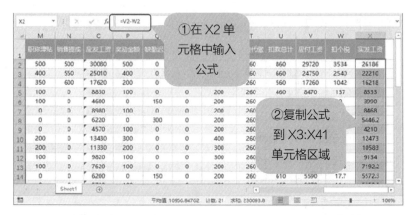

图10-7

10.3 部门分类汇总统计

工资表的相关数据计算完成后,还可以对这些数据进行简单的分析,了解薪酬的分配情况。例如,可以汇总各部门的薪酬,效果如图 10-8 所示。

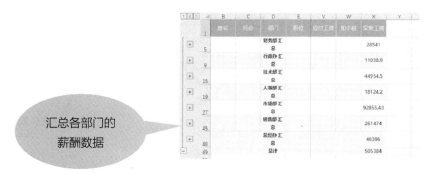

图 10-8

实战操作:在"工资表.xlsx"表格中,根据部门字段汇总实发工资数据;首先对部门字段进行排序,然后进行汇总,最后因工资表中包含的数据比较多,为方便查看数据,可以冻结部分单元格的位置(图 10-9)。

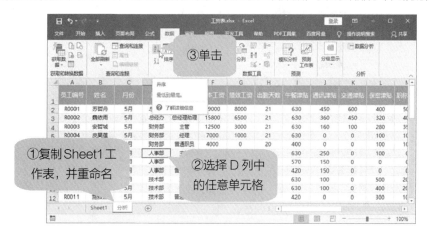

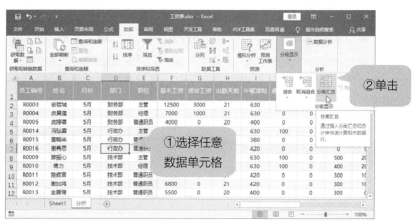

图 10-9

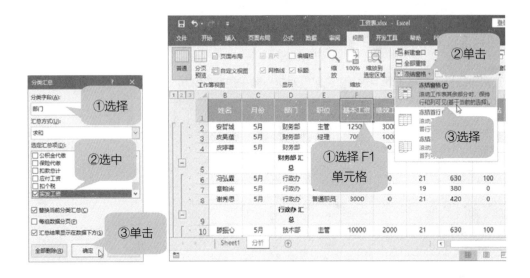

图 10-9（续）

> **小提示**
>
> 冻结窗格时，会以选择单元格的左侧和下方为界限划定固定区域和可移动区域。在该单元格左侧和上方的区域将被固定，即使滚动鼠标滚轮这些区域也会一直显示在界面中。而该单元格右侧和下方的区域将不被固定，可随着鼠标滚动的显示不同的内容。

10.4 统计实发工资的前 10 名

分析薪酬数据时，经常需要对实发工资高的数据进行筛选查看，通过排序、筛选和应用条件格式即可实现。这里通过条件格式来实现，效果如图 10-10 所示。

实战操作：在"工资表.xlsx"表格中，为实发工资前 10 名所在的单元格填充颜色（图 10-11）。

图 10-10

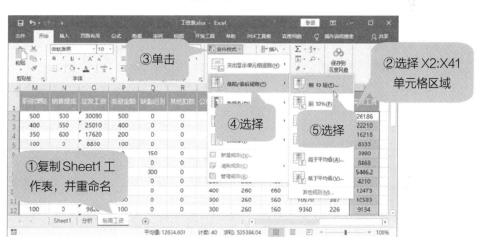

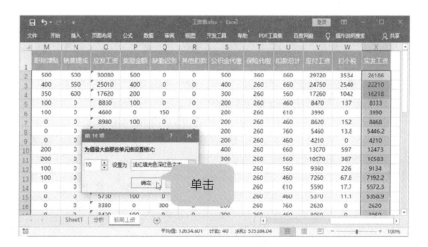

图 10-11

10.5 生成员工工资条

通常在发放工资时需要同时发放工资条,以使员工能清楚地看到自己各部分工资的金额。工资条将根据工资表制作成在每行数据上方添加表头的效果,为了方便后续将打印的工资条再裁剪成每人一条,一般还会在每行数据的下方添加一行空白单元格,以方便裁剪,如图10-12所示。

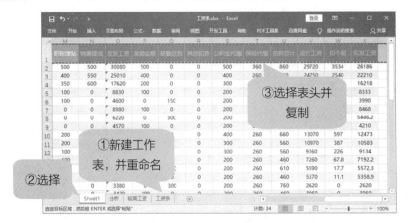

图 10-12

实战操作:在"工资表.xlsx"表格中,用其中的工资数据生成工资条(图10-13)。

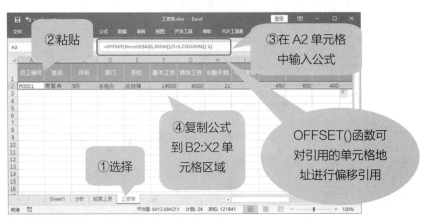

图 10-13

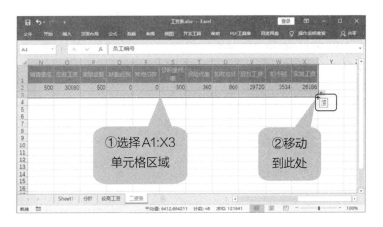

图 10-13（续）

高手技巧

技巧 1 图解 OFFSET() 函数具体是如何实现偏移引用的

OFFSET() 函数在下拉菜单、动态引用、动态图表等操作中的作用不可替代。它以指定的引用为起始点，通过给定偏移量得到新的引用，并可以指定返回的行数或列数。下面以图示的方式帮助读者理解该函数，如图 10-14 所示，表示以 J2 单元格为起始点，向下偏移至 J6 单元格，向左偏移至 D6 单元格，返回以 D6 单元格为起始单元格的 4 行 3 列单元格区域，得到 D6:F9 单元格区域，该区域为新的引用区域。

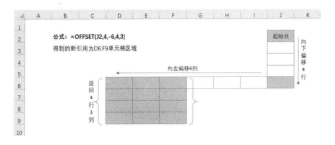

图 10-14

技巧 2　两种快速替代函数中的逻辑值参数 FALSE 的方法

由于逻辑值只有 TRUE 或 FALSE，因此当函数中的参数为逻辑值时，便可以进行简写。当要指定参数为 FALSE 的时候，可以用 0 来代替，甚至连 0 也可以不写，只用半角逗号占据参数位置。例如，VLOOKUP()函数的参数 range_lookup 需要指定逻辑值，就可以将公式进行简写，如要输入函数“=VLOOKUP(A2,B2:G20,4,FALSE)”，可简写为“=VLOOKUP(A2,B2:G20,4,0)”，也可简写为“=VLOOKUP(A2,B2:G20,4,)”。

动手练练

打开下载的“Excel 练习文档”中的“动手练练.xlsx”表格，根据表格中的数据完善工资的相关计算，这里需要调用“岗位津贴标准”工作表中的数据来完成津贴计算，可以使用 VLOOKUP()函数来实现；然后使用“分类汇总”功能对工资数据按部门汇总；最后生成员工工资条。完成后的结果如图 10-15 所示。

员工编号	姓名	部门	职务	工龄	社保扣费	绩效评分	基本工资	工龄工资	绩效奖金	岗位津贴	实发工资
2021001	郑展盛	总经办	总经理	8	360	63	6000	2400	1890	1500	11430
2021002	李伊伶	总经办	总经理助理	3	260	71	4500	900	2130	600	7870
2021003	孔尉任	总经办	职员	5	360	83	4000	1500	4000	300	9440
2021004	康韦泽	人事部	主管	4	360	70	5000	1200	2100	1000	8940
2021005	钱德桦	人事部	经理	5	360	77	5000	1500	2310	1000	9450
2021006	滕书鸿	人事部	职员	2	260	92	4000	200	4000	300	8240
2021007	孙远丰	技术部	主管	3	260	83	4000	900	4000	1000	9640
2021008	严卓耀	技术部	经理	3	260	60	3500	900	1800	1000	6940
2021009	杨文盛	技术部	职员	1	260	89	3500	100	4000	300	7640
2021010	陶翰歌	技术部	职员	4	260	89	3000	1200	4000	300	8240
2021011	卫博恒	技术部	职员	3	260	68	3000	900	2040	300	5980
2021012	云梦莹	市场部	主管	5	360	91	5000	1500	4000	1000	11140
2021013	朱倩音	市场部	经理	4	360	74	4500	1200	2220	1000	8560
2021014	葛媛	市场部	经理	5	260	72	4000	1500	2160	1000	8400
2021015	时从勋	市场部	职员	3	260	79	4000	900	2370	300	7310
2021016	邹嘉舒	市场部	职员	2	260	86	4000	200	4000	300	8240
2021017	魏昊杰	市场部	职员	2	260	62	4000	200	1860	300	6100

	A	B	C	D	E	F	G	H	I	J	K	L
1	员工编号	姓名	部门	职务	工龄	社保扣费	绩效评分	基本工资	工龄工资	绩效奖金	岗位津贴	实发工资
2	2021001	郑展盛	总经办	总经理	8	360	63	6000	2400	1890	1500	11430
3	2021002	李伊伶	总经办	总经理助理	3	260	71	4500	900	2130	600	7870
4	2021003	孔尉任	总经办	职员	5	360	83	4000	1500	4000	300	9440
5			总经办 汇总									28740
6	2021012	云梦莹	市场部	主管	5	360	91	5000	1500	4000	1000	11140
7	2021013	朱倩音	市场部	经理	4	360	74	4500	1200	2220	1000	8560
8	2021014	葛媛	市场部	经理	5	260	72	4000	1500	2160	1000	8400
9	2021015	时从勋	市场部	职员	3	260	79	4000	900	2370	300	7310
10	2021016	邹嘉舒	市场部	职员	2	260	86	4000	200	4000	300	8240
11	2021017	魏昊杰	市场部	职员	2	260	62	4000	200	1860	300	6100
12	2021018	齐晖佳	市场部	职员	1	260	91	3000	100	4000	300	7140
13	2021019	邹连武	市场部	职员	1	260	77	3000	100	2310	300	5450
14			市场部 汇总									62340
15	2021004	康韦泽	人事部	主管	4	360	70	5000	1200	2100	1000	8940
16	2021005	钱德桦	人事部	经理	5	360	77	5000	1500	2310	1000	9450
17	2021006	滕书鸿	人事部	职员	2	260	92	4000	200	4000	300	8240
18			人事部 汇总									26630

1	编号	姓名	部门	职务	工龄	社保扣费	绩效评分	基本工资	工龄工资	绩效奖金	岗位津贴	实发工资
2	2021001	郑展盛	总经办	总经理	8	360	63	6000	2400	1890	1500	11430
3												
4	编号	姓名	部门	职务	工龄	社保扣费	绩效评分	基本工资	工龄工资	绩效奖金	岗位津贴	实发工资
5	2021002	李伊伶	总经办	总经理助理	3	260	71	4500	900	2130	600	7870
6												
7	编号	姓名	部门	职务	工龄	社保扣费	绩效评分	基本工资	工龄工资	绩效奖金	岗位津贴	实发工资
8	2021003	孔尉任	总经办	职员	5	360	83	4000	1500	4000	300	9440
9												
10	编号	姓名	部门	职务	工龄	社保扣费	绩效评分	基本工资	工龄工资	绩效奖金	岗位津贴	实发工资
11	2021004	康韦泽	人事部	主管	4	360	70	5000	1200	2100	1000	8940
12												
13	编号	姓名	部门	职务	工龄	社保扣费	绩效评分	基本工资	工龄工资	绩效奖金	岗位津贴	实发工资
14	2021005	钱德桦	人事部	经理	5	360	77	5000	1500	2310	1000	9450

图 10-15

第 11 章

撰写专业数据分析报告

更好地展示成果！

本章导读

通常情况下，数据分析人员在数据分析完成以后，需要将数据分析的结果展现给客户、领导或相关同事，这时，就需要撰写数据分析报告。数据分析报告一般使用 Word 或 PowerPoint 来制作，通常用适量的文字搭配数据与图表。

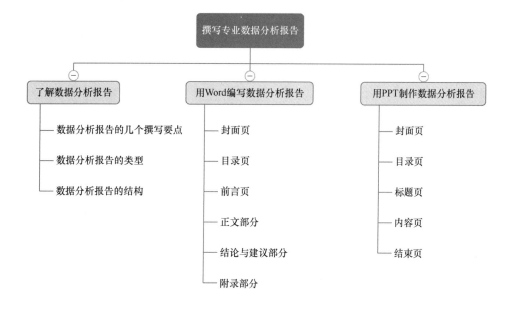

11.1 了解数据分析报告

在日常应用中,数据的分析实际上就是业务的分析,分析的目的是分享交流分析结果。数据分析人员在数据分析完成以后,为了将分析的结果更好地展现给相关人员,就需要撰写一份数据分析报告。

数据分析报告的目的就是科学、全面地展示出整个数据分析项目,重点是把分析成果有效地组织和呈现出来,让报告阅读者方便评估企业运营的质量、项目的可行性等,为决策者提供科学严谨的决策依据。

11.1.1 数据分析报告的几个撰写要点

数据分析报告对一个数据分析师来说是至关重要的,它是整个分析过程的成果展现。对客户、领导、同事来说,他们不会参与整个数据分析过程,他们能看到的就是数据分析人员最终提供的数据分析报告。所以,数据分析价值几乎全部体现在报告的质量上。因此,数据分析人员应该学会如何写好一份数据分析报告。

数据分析报告可以体现一个数据分析师的综合素质,写好一份数据分析报告的技巧有很多,但在其撰写过程中必须掌握以下基本要点。

(1)严谨的分析框架

数据分析报告需要把数据分析的目的(起因)、过程、结果及建议方案完整地呈现出来,供决策者参考。所以,一份好的数据分析报告首先要有分析框架,大致应遵守"发现问题→总结问题→解决问题"这一流程来编排,并且应保证前后内容的衔接是逻辑缜密、经得起推敲的。通过有条理、实事求是的分析过程,推导出"站得住脚"的结论。最好在撰写报告前列一个详细的分析框架,如图11-1所示。这样的框架可以帮助你分析报告是否存在疏漏、结构是否逻辑严谨。

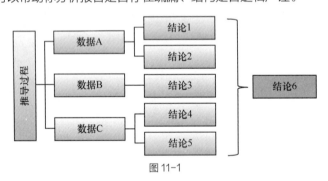

图11-1

(2)可靠的数据来源

好的报告要有可靠的数据,因为数据的展示、分析、预测和评估等操作都是基于原始数据的。所以,为了保证结论准确有效,要保证原始数据的可靠性、真实性。在数据分析的整个过程中,获取和整理数据往往会占据60%以上的时间和精力。

(3)明确的分析结论

数据分析报告还必须有明确的结论,数据分析的目的就是获得一个明确的结论(或结果)。如果一份资料只有数据,没有结论,那么它顶多算个报表。数据分析报告必须要从数据中分析、提炼出观点来,否则数据分析就失去了它的意义。

分析结论必须是基于严谨的数据分析推导过程得出的,需要有理有据。例如,若要得出全球经济发展趋势的结论，就不能只用反映美国经济的数据；若要得出中国物联网技术取得突破性发展的结论，就不能列举反映美国物联网技术的数据。

分析结论更不能带有主观性和猜测性。数据分析结论是决策者决策项目时的重要参考依据，必须提供科学而严谨的依据，以降低项目运营风险，提高企业核心竞争力。

另外，分析结论必须要体现分析项目的重点内容，分析结论不要太多，要精、突出重点；最好一个分析对应一个最重要的结论，精简的结论容易让阅读者接受。

（4）统一的规范用语

这是编写数据分析报告的基本原则，即数据分析报告中使用的名词和术语要规范，标准要统一。

规范。首先要选择书面规范用语，如使用"聚类分析"而不是"差异和相似性分析"；其次要保证用词准确，避免使用含糊的词语，从而造成歧义。

统一就是要保证在整份报告中，指代相同内容的用语前后要一致，不能出现报告前面使用的是"商业智能"，后面使用的是"Business Intelligence"的情况，虽然二者语义相同，但是形式不统一，容易将读者搞得一头雾水。

有些词存在不同的释义，这也需要解释清楚，如"高端理财"，不同的释义得到的结论是不同的。严谨的释义会让阅读者清楚你的分析基础和假设，从而正确理解并合理利用你的报告结论。另外，还应根据读者的不同决定是否要解释报告中的分析方法和术语。

（5）较好的可读性

由于人与人之间的思维模式不同，认知不同，对信息的理解方式也不同。想让数据分析报告具有较好的可读性，就需要站在阅读者的角度去写分析报告，用他们能理解的方式来确定分析报告的写作逻辑、用语专业程度等，尽量让每个阅读者都能无障碍阅读。这就要求在制作报告前，先了解清楚你的报告对象是谁，他的文化水平怎么样、他最关心的内容是什么。

写报告为的就是沟通，通常情况下，使用通俗易懂的描述性语句即可。这样，读者可以用最短的时间理解你的观点。不建议使用特别专业的名词、术语，至少不要频繁使用。对于过于专业的名词、术语，在其第一次出现时，最好给予一定的说明。

较好的可读性的另一表现就是分析报告要尽量图文并茂，例如，为相关说明配一张图片，或者使用图表来代替大量的数字和文字。图文并茂的方式能够让数据生动形象，具有视觉冲击力，有助于阅读者更形象、更直观地看清问题和结论，从而进行思考。

（6）必须提出建议或解决方案

数据分析报告的价值在于给决策者提供参考和依据，所以报告中仅给出结论和找出问题是不够的，更重要的是给出解决问题的建议或解决方案。

建议一定要是能够落地执行的，为此要做到三点：一是搞清楚给谁提建议；二是结合业务提建议；三是不回避不良结论，发现问题一定要如实报告，这也是分析报告价值的重要体现。

11.1.2 数据分析报告的类型

数据分析报告的种类较多，应用范围较广的有针对某类数据展开分析制作的专项数据分析报告，如部门考勤或薪资分析报告等；有对收集的相关数据进行全面分析制作的整体数据分析报告；有项目执行过程中制作的定期数据分析报告……

数据分析的目的、对象、时间等内容不同，制作的数据分析报告的形式自然也不同。根据数据分析报告的制作思路"发现问题→总结问题→解决问题"，可以将数据分析报告分为 4 类，它们所解决的问题难度递增，对企业的支持程度也递增，分析难度也递增，如表 11-1 所示。

表 11-1　数据分析报告的 4 种类型

数据分析报告的类型	包含的必选内容	包含的可选内容
描述类报告	发生了什么事	
因果类报告	发生了什么事 这事为什么发生	
预测类报告	发生了什么事 未来如何发展	这事为什么发生
咨询类报告	发生了什么事 应如何应对	这事为什么发生 未来如何发展

（1）描述类报告

描述类报告类似记叙文，用于描述现象和问题。其内容要从需求出发，将项目的特征或功能陈述清楚。这类报告不要求对项目进行太深入的分析，但是要求做到全面分析，旨在说明研究对象"是什么"，或项目"发生了什么事"。

日常工作中的定期报告、即席查询报告、多维分析报告等都属于描述类报告。描述类报告需要从宏观角度出发，全面分析出对象的整体信息，所以其内容一般由多个方面组成，每个方面都代表了事件或项目的一个侧面，所有方面综合起来就能得出对对象的整体认识并做出评价。例如，分析企业运营情况的分析报告可以按图 11-2 所示的方面进行描述。

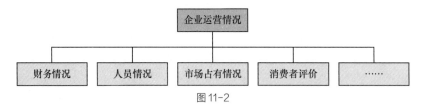

图 11-2

（2）因果类报告

因果类报告类似议论文，用于实现原因挖掘、趋势预测和问题改进。其内容要把事件和项目描述清楚，并找到问题和现状的有关起因及其与结果之间存在联系的证据。

日常工作中的专项数据分析报告就是典型的因果类报告。在因果类报告中，虽然也要描述发生了什么事或当前情况，但应该针对重点项目和问题项目进行分析。因果类报告需要聚焦于一点，完成描述后要继续探索、深挖，进行具体的因果分析，直到找到症结所在。

（3）预测类报告

预测类报告类似科幻小说，但并非胡思乱想，而是要根据市场的过去推断市场的未来发展趋势，发现潜在的机会和威胁。其内容要对过去和现状进行描述，再通过合理的数据分析推导出未来一定时期内的可能变化情况。

预测类报告既可以在描述完过去和现状后，进行因果探索，也可以直接分析未来的状况。日常工作中的市场规模预测报告、市场潜力分析报告等都属于预测类报告，它们可以帮助决策者减少对未来事物认识的不确定性，是进行可行性决策时的重要依据。

（4）咨询类报告

咨询类报告类似推理小说，是 4 类报告类型中最有难度的一类，常常用于指导企业应该如何发展和规划。咨询类报告要求分析全面且深入，不仅要描述现状、探索因果、分析未来发展，还要找到应对策略。

所以，其在内容安排上需要对每一个问题点都进行详尽且深刻的分析，最终通过对比、预测等方法找到最佳策略。日常工作中的综合分析报告大多属于咨询类报告。

11.1.3 数据分析报告的结构

一份数据分析报告包含的内容很多,必须按照一定的结构来安排内容,才不至于让报告内容松散、没有联系。合理的报告结构还能保证报告逻辑清晰无误,方便读者阅读。

数据分析报告的结构并不是一成不变的,不同的数据分析项目、不同的报告查阅对象、不同性质的数据分析,适合采用的报告结构也有所不同。总的来说,数据分析报告的内容框架要遵循结构化思维,要让报告内容主次分明、有条理、重点突出。

最经典的报告结构是"总—分—总"结构,其框架如图 11-3 所示。

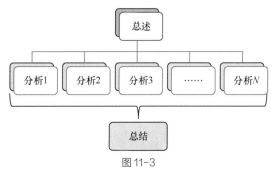

图 11-3

总述部分是对整份报告的分析背景、目的、对象、范围、过程、收获和基本经验等进行概述;分析部分是数据分析报告的主要部分,用于展示说明客观的事实、情况、原因、经验或问题等,并分成多个模块,用标题或小标题进行划分;最后会根据整个数据分析过程,总结出一个结论或建议。

一个典型的数据分析报告的结构的图示效果如图 11-4 所示。

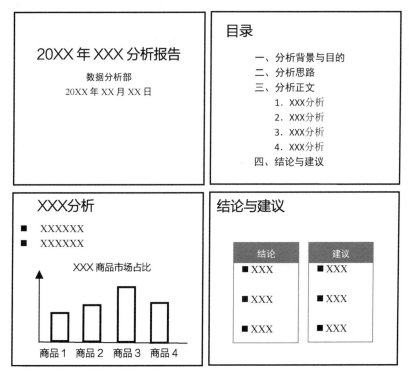

图 11-4

11.2 用 Word 编写数据分析报告

Word 是制作数据分析报告的常用软件，将需要存档或沟通的整个数据分析过程用文字记录下来，再搭配合适的数据表格、图片、图表等，就可以让报告变得较完善了。

使用 Word 编写的数据分析报告主要包括开篇、正文和结尾三大部分。开篇部分包括封面页、目录和前言（主要包括分析背景、目的与思路）；正文部分主要包括具体分析过程与结果；结尾部分包括结论、建议及附录。

11.2.1 封面页

封面页是报告的"脸面"，受众不仅可以从封面页知道这是一份什么样的报告，还会从封面页的视觉设计中受到潜在的影响。Word 报告的封面会占文档的一页内容，在该页中需要写明报告的标题；有时，报告的作者名也要在标题下方出现；为了将来方便参考，完成报告的日期也应当注明，这样能够体现出报告的时效性。

报告标题要精简干练，根据版面的要求控制在一两行内。出于美观考虑，可以添加与报告内容相关的图片，让页面不至于太单调。图 11-5 所示是几个排版效果比较优秀的数据分析报告的封面页。

图 11-5

封面页的标题是全篇报告的"精华"，不仅需要表现数据分析的主题内容，还要能够激发读者的阅读兴趣，因此需要重视标题的制作，以增强其表现力。

（1）标题的拟定要求

标题的拟定需要遵循以下 4 个原则。

① 直接。数据分析报告是一种应用性较强的文体，它直接为决策者的决策和管理服务，所以标题必须直截了当地说明报告内容。有时也可以直接在标题中加入部分或者关键结论以达到表达基本观点的效果，让读者一看标题就能明白数据分析报告的主题，加快对报告内容的理解。

② 确切。标题应该能准确概括报告内容或对象特点，做到文题相符。例如，一份分析"我国在线旅游平台数据"的报告，"我国"是范围限定词，不能缺少，更不能将这个限定词改成"美国""四川"等范围或等级不相符的词。

③ 简明。标题要直接反映出数据分析报告的主要内容和基本精神，就必须具有高度的概括性。尽量用较少的文字集中、准确、简洁地进行表述。

④ 具有艺术性。除了以上 3 项基本要求外，标题的撰写还应力求活泼个性、独具特色与艺术性。要使标题具有艺术性，就要抓住对象的特征展开联想，适当运用修辞手法进行突出和强调，如"国风重玩""网络绿洲"等。

（2）标题常用的类型

常用的数据分析报告标题有以下 4 类，拟定标题时可作为参考。

① 解释基本观点。直接在标题中放上报告的数据分析结论，说清楚数据分析报告的基本观点，先引起读者的注意，再在报告中解释这个结论的分析过程。在因果类和咨询类报告中，经常会用到这种类型的标题，如《不可忽视高价值客户的保有》《视频付费项目是公司发展的重要支柱》《移动端将是重要销售渠道》等。

② 概括主要内容。重在叙述数据反映的基本事实，概括分析报告的整体内容或主要内容，让读者能抓住全文的中心。在描述类报告和因果类报告中，经常会用到这种类型的标题，如《XX 公司销售额比去年增长 20%》《2020 年公司业务运营情况良好》等。

③ 交代分析主题。反映分析的对象、范围、时间、内容等情况，并不直接体现分析人员的看法和主张。在预测类和咨询类报告中，经常会用到这种类型的标题，如《发展公司业务的途径》《2021 年电商行业流量研究》《2021 年部门业务对比分析》等。

④ 提出问题。以设问的方式提出报告所要分析的问题，引起读者的注意和思考。在描述类和因果类报告中，经常会用到这种类型的标题，如《客户流失到哪里去了》《新品上市遭遇价格战的原因所在》《1500 万利润是怎样获得的》。

11.2.2 目录页

目录页用于展示数据分析报告的内容框架，能体现出报告的分析思路，也可以帮助读者快捷方便地找到所需的内容。制作目录时，需要将比较重要的二级标题罗列出来，若有必要，也可以罗列出三级标题；但级别不宜太多，否则会导致目录过长，反而不方便查看。如果数据分析报告包含较多的图表，最好再单独制作一个图表目录，以便日后更有效地使用报表（图 11-6）。

图 11-6

在 Word 中撰写数据分析报告时，无论是章节标题目录，还是图表目录，都不用手动输入，通过插入的方式即可自动添加，然后再修饰。使用 Word 添加标题目录的方法如图 11-7 所示。

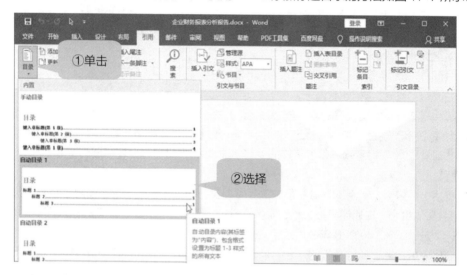

图 11-7

使用 Word 添加图表目录的方法如图 11-8 所示。

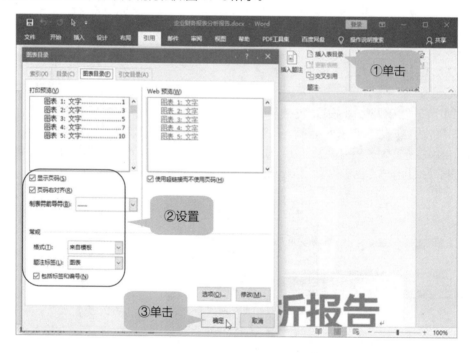

图 11-8

11.2.3 前言页

在数据分析报告正文开始前，通常有一段导语，用于说明分析的目的、对象、范围、过程、收获和基本经验等，这个部分称为前言页。虽然这部分并非数据分析报告的必需部分，但一个制作精良的前言页无疑会为报告增色不少。

前言页中的内容主要包括分析背景、目的及思路 3 个方面，写作时一定要深思熟虑，必须抓住主旨，紧扣中心内容，使读者对调查分析有一个整体认识；或提出领导所关注和调查分析迫切需要解决的问题（图 11-9）。

图 11-9

11.2.4 正文部分

正文是数据分析报告的核心部分，用于系统全面地描述数据分析的过程，并对每部分分析进行总结讨论，从而阐述观点。

撰写报告正文时，应根据之前分析思路中确定的每项分析内容，利用各种数据分析方法，一步步地展开分析；通过图文结合的方式，形成报告正文，方便阅读者理解。正文根据要展示说明的客观的事实、情况、原因、经验或问题等，可划分成多个模块，用标题或小标题来进行区分。正文部分通常有以下 4 种基本的构成形式。

- ◇ 分述式：多用来描述对事物多角度、多侧面分析的结果，特点是涉及面广。
- ◇ 层进式：主要用来表现对事物逐层深化的认识，适用于深入研究的数据分析报告。
- ◇ 三段式：由现状、原因和对策构成。
- ◇ 综合式：主体部分将上述 3 种构成形式融为一体，实现综合运用。

编写正文内容时，只有想法和主张是不行的，必须进行科学严密的论证，一步一步推导出结论，最好一个分析模块只给出一个最直接、最符合主题的分析结论。在内容安排上，每一个模块应该有逻辑联系，不能随心所欲地穿插内容，让读者的思路出现跳跃，造成阅读障碍。另外，最好以图文并茂的方式来呈现内容，在数据分析报告中需要大量使用各种图表而非文字，因为图表能够一步到位地将数据呈现在读者面前。

图 11-10 所示为"DOU 艺计划：短视频艺术传播与美育论坛"活动中发布的《网络绿洲——短视频艺术普及与全民美育研究报告》的部分正文示例。

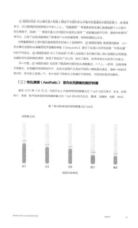

图 11-10

11.2.5 结论与建议部分

数据分析报告的结论是以数据分析结果为依据得出的分析结果,通常为综述性的文字。它不是数据分析结果的简单重复,而是结合公司实际业务,对各层面数据分析结果进行综合形成的总体论点。结论应与正文紧密衔接,与前言相呼应,以达到分析报告首尾呼应的效果。结论应该措辞严谨、准确、鲜明(图 11-11)。

图 11-11

结论部分通常有以下 4 种形式。

- ◇ 自然结尾:把观点阐述清楚,得出明确的结论即可;如果正文部分已经实现了这样的效果,就不用再特意添加结论部分进行说明了。
- ◇ 总结性结尾:如果正文部分的阐述属于多个层面的分别小结;为了深化文档主旨,概括前文内容,可以在结论部分再一次强调调查分析后总结的对项目的看法,做总结性的收尾。
- ◇ 启示性结尾:根据正文中的内容,在结论部分稍加总结,或展示事物发展的趋势,引起读者的思考和探讨;这类总结多出现在因果类和预测类报告中,因为有些结论不能百分之百确定。

◇ 预测性结尾：在结论部分作出预测并说明发展趋势，同时，指出可能产生的后果和影响；这类总结多出现在预测类报告中。

除了可以包含总结内容外，这一部分还可以包含建议、解决办法等内容。建议是根据数据分析结论对企业或业务等所面临的问题提出的解决方法，建议主要关注保持优势及改进劣势等方面。因为分析人员所给出的建议主要是基于数据分析结果得到的，存在一定的局限性，所以必须结合公司的具体业务才能得出切实可行的建议。

11.2.6 附录部分

附录是数据分析报告的补充部分，并非所有报告都必须添加附录，但它的存在会让报告显得更为正式。附录一般包含相关术语解释、计算方法、数据来源、正文中涉及的相关图片、参考的论文和相关资料等，可以让报告阅读者追溯资料出处，从而更深入地理解报告（图11-12）。

图 11-12

> **小提示**
>
> 不同对象、不同场合下使用的数据分析报告有所不同，所以每一份数据分析报告都需要提取出有用的信息，用这些信息来指导实践，而不是流于形式。报告中不一定包含全部的构成章节，例如，日常工作中的描述类报告，如果只需要在报告中展示最近一段时期的订单情况，那么报告中一定要有正文部分，结论或建议可以不用给出，甚至封面、目录、前言也可以没有。

11.3 用 PPT 制作数据分析报告

数据分析报告实质上是一种沟通与交流的形式，其目的是将分析结果、可行性建议及其他有价值的信息传递给相关人员。因此在这个过程中，传递信息的方式很重要。

使用 Word 制作的数据分析报告很详尽，但是可读性没有用 PowerPoint 制作的数据分析报告强，也不便于沟通。所以，对于需要分享的数据分析报告，一般采用 PowerPoint 制作。

PowerPoint 制作的数据分析报告所包含的内容与 Word 制作的数据分析报告内容略有不同，它一般包含封面页、目录页、标题页、内容页和结束页。

11.3.1 封面页

数据分析报告 PPT 的封面页用于写明报告的题目，为方便归档，完成报告的日期也应当注明。标题页中有时还会注明报告撰写者及其所在单位和部门。制作封面页时，重点是突出报告标题文字，可以使用图片或色块辅助，使版面整洁美观。

报告型 PPT 的封面页常使用左右型（左图右文或左文右图）、上下型（上图下文或下文上图）或全图型（文字在图片中间）的排版方式（图 11-13）。

图 11-13

11.3.2 目录页

目录页用于将报告的各模块呈现给读者，方便读者快速了解报告的内容框架和查找报告内容。但 PPT 数据分析报告的目录与 Word 报告的目录有所不同，由于在实际放映中目录页停留的时间并不长，加上 PPT 的每页幻灯片中放置的内容不宜过多，因此，PPT 报告的目录页中只列出一级标题即可。

PPT 报告的目录页通常设计为左右型的排版方式，即一侧是图片或简介，另一侧是目录内容（图 11-14）。

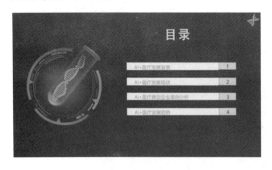 

图 11-14

11.3.3 标题页

PPT 会将报告的内容依次安排在不同的幻灯片中，每张幻灯片既隶属于整个 PPT，又是独立的个体，所以其前后内容的逻辑没有 Word 报告中的那么强。为了增强逻辑，提醒观众即将展示的内容，一般会制作标题页（也称为过渡页），这时 PPT 框架为"封面—目录—标题 1—内容①—内容

②—内容③—标题 2—内容①—内容②—标题 3—内容①—内容②—内容③……"。

制作标题页时可以复制目录页效果，再突出显示即将展示的内容；也可以单独提取出即将放映的标题内容，再以图片等对象作为背景，如图 11-15 所示。

图 11-15

标题页还可以看作目录页的分解，在 PPT 报告的目录页中只列出了一级标题，为了让观众了解即将展示的详细内容，可以在提取出当前讲解内容的一级标题后，再安排各级小标题，制作出该节的详细目录，如图 11-16 所示。

图 11-16

在一个 PPT 中，标题页有很多张，同一个 PPT 中的标题页的排版设计应该统一，只修改其中的文字内容即可。

11.3.4 内容页

PPT 内容页是数据分析报告的主体部分，包括结论与建议的分析过程，以及最后的结论与建议页（为了让领导能快速看到数据分析的结论，也可以将结论与建议页放在分析过程之前）。

这些内容需要用多张幻灯片来呈现，再将它们依次放在对应的标题页后面。注意按照分析思路及读者的思维逻辑顺序安排这些幻灯片的位置和内容，使整个演示文稿的结构清晰明了。

制作内容页时，要善于使用图片、图表、表格、SmartArt 图形等，呈现出图文并茂的效果。每页幻灯片中的内容都需要高度提炼，用尽量少的内容展示尽量多的信息。而且每页最多展示两个主题，尽量只安排一个主题。可以的话，最好为每张内容页添加一个小标题，以说明当前展示的主题内容。

图 11-17 所示为 Fastdata 极数发布的《2019 年上半年中国生鲜电商行业发展分析报告》中的两张内容页，可作为制作内容页时的参考。

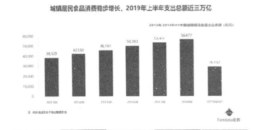

图 11-17

11.3.5 结束页

PPT 报告必须有头有尾，戛然而止的汇报会显得突兀且没有礼貌，因此通常会制作结束页来收尾。结束页的内容通常为感谢观众，或提出需要延伸思考的问题。由于数据分析报告一般是团队合作的成果，因此也可以在结束页中表示对团队或指导老师的感谢。

结束页最好使用与封面页相同的背景图片、排版效果、字体，达到首尾呼应的效果。为了配合添加的文字内容，也可以适当进行版式调整，让整个版面效果更佳。

图 11-18 所示为 Fastdata 极数发布的《2019 年上半年中国生鲜电商行业发展分析报告》的结束页，由于需要添加的文字内容很少，因此选择了密度较高的图片。

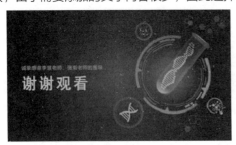

图 11-18

> **小提示**
>
> 在数据分析报告 PPT 的标题页之前，也可以像 Word 报告一样，安排分析背景页，用于阐述项目需求、分析目的、市场情况，让读者了解项目的前因后果；安排项目说明页，用于注明假设、概念、数据来源等，以确保报告数据来源的可靠性与严谨性；安排思路分析页，便于读者理解报告的逻辑线索（图 11-19）。

图 11-19

高手技巧

技巧1 在 Word 文档中使用 Excel 文件

数据分析多是采用 Excel 完成的，而数据分析报告却常常使用 Word 来编写，这就需要将 Excel 中的数据或图表以对象的形式插入 Word 文档。例如，在"管理幅度调查表.xlsx"表格中对企业管理人员及管理人数的相关数据进行了统计，在编写"中层管理人员技能培训需求分析报告"时需要用到这些数据，就可以将这些数据以表格的形式插入文档。

实战操作：打开下载的"Excel 练习文档"中的"中层管理人员技能培训需求分析报告.docx"文档，将"管理幅度调查表.xlsx"表格中的数据导入该文档的合适位置（图 11-20）。

> **小提示**
>
> 如果 Excel 表格中的数据量较大，不方便在 Word 报告中展示，可以选择相关的文字，然后单击"插入"选项卡的"链接"组中的"链接"按钮，并在打开的对话框中进行设置，为选中的文字添加链接。此后，按住【Ctrl】键单击链接文字，就可以调用进行链接处理后的 Excel 文件了。

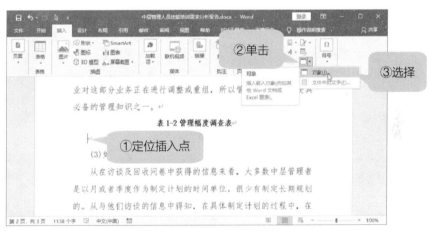

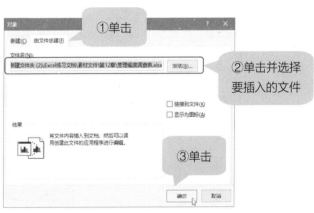

图 11-20

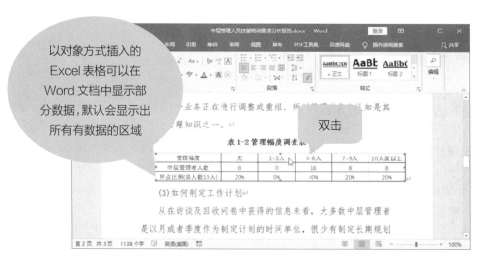

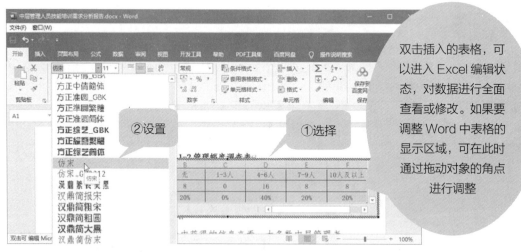

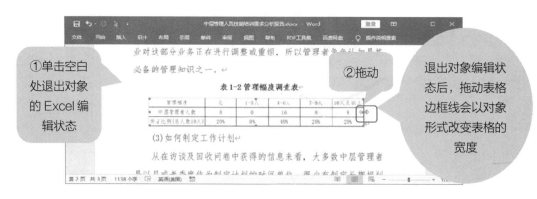

图 11-20（续）

技巧 2　在 PPT 中使用 Excel 文件

在制作 PPT 时，也可以将外部 Excel 文件以对象的形式插入 PPT，方法与上个技巧中介绍的在 Word 文档中插入 Excel 文件的方法类似，即单击"插入"选项卡的"文本"组中的"对象"按钮。

在 PPT 中，还可以为幻灯片中的文字、图片、图形等元素设置超链接，通过超链接来调用外部 Excel 文件。

实战操作：打开下载的"Excel 练习文档"中的"销售部采购部工作总结报告.pptx"演示文稿，将"2021 年产品准时到货率和验收通过率"表格中的数据以链接的形式与该 PPT 中的文本框内容进行关联（图 11-21）。

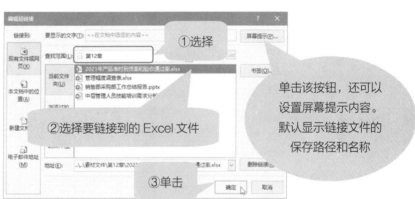

图 11-21

动手练练

打开下载的"Excel 练习文档"中的"动手练一练.pptx"演示文稿,根据 PPT 中的效果创建一个常用的数据分析报告模板,用于日常的工作汇报。报告中可以包含经常需要汇报的工作项目,如工作概述、工作重点、数据分析、销售业绩等模板(日常工作中的报告可能并不会包含前面介绍的所有报告组成部分,根据需要进行设计即可)。完成后的结果如图 11-22 所示。

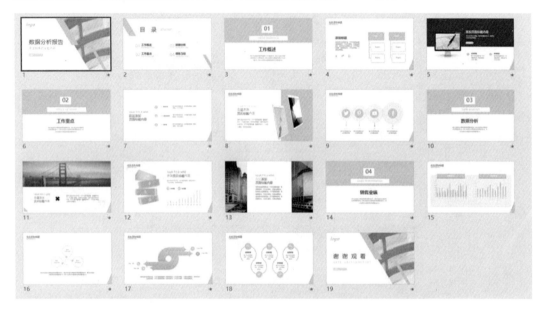

图 11-22